NE 능률

기본 연산 Check-Book

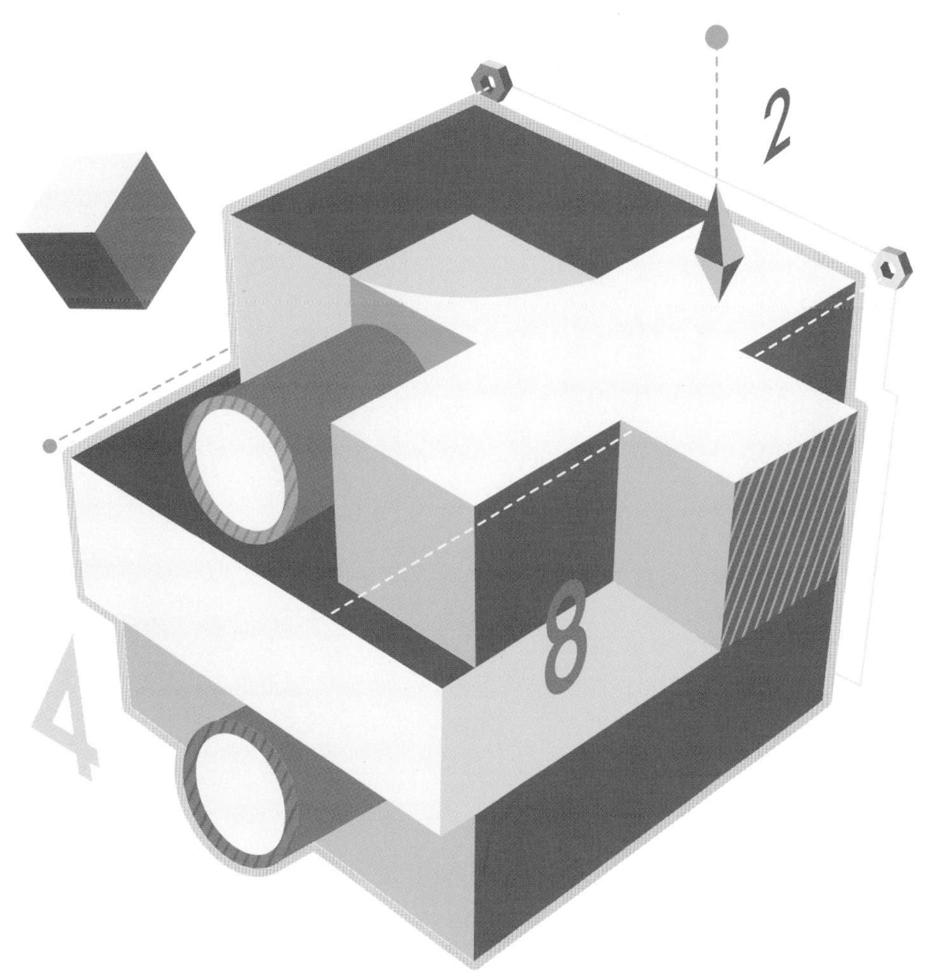

7세 1호

한 자리 수의 덧셈과 뺄셈

1주 한 자리 수의 덧셈

❶ $2+1=\square$ ❷ $3+1=\square$ ❸ $4+2=\square$

❹ $3+6=\square$ ❺ $5+1=\square$ ❻ $2+2=\square$

❼ $6+1=\square$ ❽ $1+3=\square$ ❾ $5+4=\square$

❿ $1+4=\square$ ⓫ $2+6=\square$ ⓬ $3+5=\square$

⓭ $4+5=\square$ ⓮ $2+3=\square$ ⓯ $1+5=\square$

⓰ $7+2=\square$ ⓱ $4+4=\square$ ⓲ $6+3=\square$

⓳ $\begin{array}{r} 4 \\ +\ 3 \\ \hline \square \end{array}$ ⓴ $\begin{array}{r} 6 \\ +\ 2 \\ \hline \square \end{array}$ ㉑ $\begin{array}{r} 3 \\ +\ 4 \\ \hline \square \end{array}$ ㉒ $\begin{array}{r} 7 \\ +\ 1 \\ \hline \square \end{array}$

㉓ $\begin{array}{r} 5 \\ +\ 4 \\ \hline \square \end{array}$ ㉔ $\begin{array}{r} 2 \\ +\ 6 \\ \hline \square \end{array}$ ㉕ $\begin{array}{r} 7 \\ +\ 2 \\ \hline \square \end{array}$ ㉖ $\begin{array}{r} 5 \\ +\ 3 \\ \hline \square \end{array}$

자르는 선

㉗ $3+2=\square$ ㉘ $1+6=\square$ ㉙ $2+4=\square$

㉚ $4+1=\square$ ㉛ $5+2=\square$ ㉜ $2+7=\square$

㉝ $1+8=\square$ ㉞ $3+3=\square$ ㉟ $1+2=\square$

㊱ $5+3=\square$ ㊲ $1+1=\square$ ㊳ $4+3=\square$

㊴ $7+1=\square$ ㊵ $8+1=\square$ ㊶ $3+4=\square$

㊷ $2+5=\square$ ㊸ $6+2=\square$ ㊹ $1+7=\square$

㊺ $\begin{array}{r} 5 \\ +\ 2 \\ \hline \square \end{array}$ ㊻ $\begin{array}{r} 3 \\ +\ 6 \\ \hline \square \end{array}$ ㊼ $\begin{array}{r} 8 \\ +\ 1 \\ \hline \square \end{array}$ ㊽ $\begin{array}{r} 4 \\ +\ 5 \\ \hline \square \end{array}$

㊾ $\begin{array}{r} 4 \\ +\ 4 \\ \hline \square \end{array}$ ㊿ $\begin{array}{r} 6 \\ +\ 3 \\ \hline \square \end{array}$ (51) $\begin{array}{r} 2 \\ +\ 7 \\ \hline \square \end{array}$ (52) $\begin{array}{r} 3 \\ +\ 5 \\ \hline \square \end{array}$

자르는 선

2주 □가 있는 덧셈

❶ $3+\square=5$ ❷ $1+\square=7$ ❸ $2+\square=6$

❹ $2+\square=7$ ❺ $6+\square=8$ ❻ $1+\square=8$

❼ $7+\square=8$ ❽ $8+\square=9$ ❾ $3+\square=7$

❿ $5+\square=8$ ⓫ $1+\square=2$ ⓬ $4+\square=7$

⓭ $1+\square=9$ ⓮ $3+\square=6$ ⓯ $1+\square=3$

⓰ $4+\square=5$ ⓱ $5+\square=7$ ⓲ $2+\square=9$

⓳ $\begin{array}{r} 5 \\ +\ \square \\ \hline 7 \end{array}$ ⓴ $\begin{array}{r} 3 \\ +\ \square \\ \hline 9 \end{array}$ ㉑ $\begin{array}{r} 8 \\ +\ \square \\ \hline 9 \end{array}$ ㉒ $\begin{array}{r} 4 \\ +\ \square \\ \hline 9 \end{array}$

㉓ $\begin{array}{r} 5 \\ +\ \square \\ \hline 9 \end{array}$ ㉔ $\begin{array}{r} 2 \\ +\ \square \\ \hline 8 \end{array}$ ㉕ $\begin{array}{r} 7 \\ +\ \square \\ \hline 9 \end{array}$ ㉖ $\begin{array}{r} 5 \\ +\ \square \\ \hline 8 \end{array}$

자르는 선

2주 □가 있는 덧셈

㉗ $\square+2=9$　　㉘ $\square+4=8$　　㉙ $\square+3=9$

㉚ $\square+5=9$　　㉛ $\square+3=5$　　㉜ $\square+5=6$

㉝ $\square+4=5$　　㉞ $\square+6=8$　　㉟ $\square+5=8$

㊱ $\square+1=7$　　㊲ $\square+3=4$　　㊳ $\square+4=9$

㊴ $\square+6=9$　　㊵ $\square+1=6$　　㊶ $\square+2=4$

㊷ $\square+1=3$　　㊸ $\square+1=4$　　㊹ $\square+2=6$

㊺ $\begin{array}{r} \square \\ +\ 4 \\ \hline 8 \end{array}$　　㊻ $\begin{array}{r} \square \\ +\ 3 \\ \hline 9 \end{array}$　　㊼ $\begin{array}{r} \square \\ +\ 7 \\ \hline 9 \end{array}$　　㊽ $\begin{array}{r} \square \\ +\ 3 \\ \hline 8 \end{array}$

㊾ $\begin{array}{r} \square \\ +\ 3 \\ \hline 7 \end{array}$　　㊿ $\begin{array}{r} \square \\ +\ 2 \\ \hline 8 \end{array}$　　51 $\begin{array}{r} \square \\ +\ 4 \\ \hline 7 \end{array}$　　52 $\begin{array}{r} \square \\ +\ 1 \\ \hline 8 \end{array}$

자르는 선

3주 한 자리 수의 뺄셈

❶ $8-4=\square$ ❷ $7-3=\square$ ❸ $8-7=\square$

❹ $7-2=\square$ ❺ $9-3=\square$ ❻ $8-3=\square$

❼ $6-5=\square$ ❽ $6-2=\square$ ❾ $5-3=\square$

❿ $2-1=\square$ ⓫ $9-8=\square$ ⓬ $7-6=\square$

⓭ $9-4=\square$ ⓮ $6-1=\square$ ⓯ $9-6=\square$

⓰ $4-1=\square$ ⓱ $5-4=\square$ ⓲ $3-1=\square$

⓳ $\begin{array}{r} 7 \\ -\ 2 \\ \hline \square \end{array}$ ⓴ $\begin{array}{r} 9 \\ -\ 6 \\ \hline \square \end{array}$ ㉑ $\begin{array}{r} 5 \\ -\ 2 \\ \hline \square \end{array}$ ㉒ $\begin{array}{r} 8 \\ -\ 3 \\ \hline \square \end{array}$

㉓ $\begin{array}{r} 4 \\ -\ 3 \\ \hline \square \end{array}$ ㉔ $\begin{array}{r} 3 \\ -\ 2 \\ \hline \square \end{array}$ ㉕ $\begin{array}{r} 2 \\ -\ 1 \\ \hline \square \end{array}$ ㉖ $\begin{array}{r} 7 \\ -\ 4 \\ \hline \square \end{array}$

자르는 선

㉗ $6-3=\square$ ㉘ $9-7=\square$ ㉙ $8-1=\square$

㉚ $7-1=\square$ ㉛ $5-1=\square$ ㉜ $6-4=\square$

㉝ $5-2=\square$ ㉞ $8-6=\square$ ㉟ $9-2=\square$

㊱ $9-1=\square$ ㊲ $4-3=\square$ ㊳ $3-2=\square$

㊴ $4-2=\square$ ㊵ $8-2=\square$ ㊶ $8-5=\square$

㊷ $9-5=\square$ ㊸ $7-4=\square$ ㊹ $7-5=\square$

㊺ $\begin{array}{r} 4 \\ -\ 1 \\ \hline \square \end{array}$ ㊻ $\begin{array}{r} 9 \\ -\ 7 \\ \hline \square \end{array}$ ㊼ $\begin{array}{r} 6 \\ -\ 2 \\ \hline \square \end{array}$ ㊽ $\begin{array}{r} 8 \\ -\ 5 \\ \hline \square \end{array}$

㊾ $\begin{array}{r} 8 \\ -\ 2 \\ \hline \square \end{array}$ ㊿ $\begin{array}{r} 7 \\ -\ 5 \\ \hline \square \end{array}$ (51) $\begin{array}{r} 6 \\ -\ 5 \\ \hline \square \end{array}$ (52) $\begin{array}{r} 9 \\ -\ 5 \\ \hline \square \end{array}$

자르는 선

4주 □가 있는 뺄셈

❶ $8-\square=1$ ❷ $5-\square=1$ ❸ $2-\square=1$

❹ $8-\square=5$ ❺ $6-\square=5$ ❻ $4-\square=3$

❼ $5-\square=2$ ❽ $9-\square=1$ ❾ $9-\square=5$

❿ $7-\square=1$ ⓫ $6-\square=4$ ⓬ $6-\square=1$

⓭ $9-\square=3$ ⓮ $9-\square=6$ ⓯ $7-\square=5$

⓰ $3-\square=2$ ⓱ $7-\square=4$ ⓲ $8-\square=4$

⓳ $\begin{array}{r} 9 \\ -\ \square \\ \hline 1 \end{array}$ ⓴ $\begin{array}{r} 7 \\ -\ \square \\ \hline 4 \end{array}$ ㉑ $\begin{array}{r} 6 \\ -\ \square \\ \hline 4 \end{array}$ ㉒ $\begin{array}{r} 8 \\ -\ \square \\ \hline 6 \end{array}$

㉓ $\begin{array}{r} 7 \\ -\ \square \\ \hline 2 \end{array}$ ㉔ $\begin{array}{r} 4 \\ -\ \square \\ \hline 1 \end{array}$ ㉕ $\begin{array}{r} 9 \\ -\ \square \\ \hline 3 \end{array}$ ㉖ $\begin{array}{r} 5 \\ -\ \square \\ \hline 3 \end{array}$

자르는 선

월 일

㉗ □−5=2 ㉘ □−4=3 ㉙ □−5=4

㉚ □−5=3 ㉛ □−2=6 ㉜ □−2=2

㉝ □−2=1 ㉞ □−3=1 ㉟ □−1=8

㊱ □−2=7 ㊲ □−6=2 ㊳ □−2=3

㊴ □−4=2 ㊵ □−1=4 ㊶ □−1=6

㊷ □−1=7 ㊸ □−7=2 ㊹ □−3=3

㊺ $\begin{array}{r} \square \\ -\ 7 \\ \hline 1 \end{array}$ ㊻ $\begin{array}{r} \square \\ -\ 3 \\ \hline 3 \end{array}$ ㊼ $\begin{array}{r} \square \\ -\ 4 \\ \hline 1 \end{array}$ ㊽ $\begin{array}{r} \square \\ -\ 2 \\ \hline 7 \end{array}$

㊾ $\begin{array}{r} \square \\ -\ 2 \\ \hline 2 \end{array}$ ㊿ $\begin{array}{r} \square \\ -\ 5 \\ \hline 4 \end{array}$ 51 $\begin{array}{r} \square \\ -\ 1 \\ \hline 6 \end{array}$ 52 $\begin{array}{r} \square \\ -\ 3 \\ \hline 5 \end{array}$

자르는 선

5주 덧셈과 뺄셈

❶ $3+2=\square$ ❷ $7-1=\square$ ❸ $2+2=\square$

❹ $4+1=\square$ ❺ $5-1=\square$ ❻ $6+1=\square$

❼ $7+1=\square$ ❽ $8-4=\square$ ❾ $5+2=\square$

❿ $5+4=\square$ ⓫ $6-3=\square$ ⓬ $4+3=\square$

⓭ $8+1=\square$ ⓮ $9-3=\square$ ⓯ $3+3=\square$

⓰ $6+2=\square$ ⓱ $7-6=\square$ ⓲ $7+2=\square$

⓳ $\begin{array}{r} 3 \\ +\ 3 \\ \hline \square \end{array}$ ⓴ $\begin{array}{r} 3 \\ +\ 6 \\ \hline \square \end{array}$ ㉑ $\begin{array}{r} 4 \\ +\ 5 \\ \hline \square \end{array}$ ㉒ $\begin{array}{r} 2 \\ +\ 4 \\ \hline \square \end{array}$

㉓ $\begin{array}{r} 9 \\ -\ 2 \\ \hline \square \end{array}$ ㉔ $\begin{array}{r} 3 \\ -\ 1 \\ \hline \square \end{array}$ ㉕ $\begin{array}{r} 7 \\ -\ 4 \\ \hline \square \end{array}$ ㉖ $\begin{array}{r} 6 \\ -\ 2 \\ \hline \square \end{array}$

자르는 선

월 일

㉗ $9-1=\square$ ㉘ $3+1=\square$ ㉙ $8-1=\square$

㉚ $9-7=\square$ ㉛ $4+2=\square$ ㉜ $6-5=\square$

㉝ $8-2=\square$ ㉞ $5+3=\square$ ㉟ $7-2=\square$

㊱ $9-5=\square$ ㊲ $2+1=\square$ ㊳ $4-1=\square$

㊴ $7-3=\square$ ㊵ $6+3=\square$ ㊶ $8-3=\square$

㊷ $3-1=\square$ ㊸ $4+4=\square$ ㊹ $7-5=\square$

㊺ $\begin{array}{r} 3 \\ +\ 5 \\ \hline \square \end{array}$ ㊻ $\begin{array}{r} 2 \\ +\ 7 \\ \hline \square \end{array}$ ㊼ $\begin{array}{r} 1 \\ +\ 6 \\ \hline \square \end{array}$ ㊽ $\begin{array}{r} 3 \\ +\ 4 \\ \hline \square \end{array}$

㊾ $\begin{array}{r} 5 \\ -\ 2 \\ \hline \square \end{array}$ ㊿ $\begin{array}{r} 4 \\ -\ 2 \\ \hline \square \end{array}$ 51 $\begin{array}{r} 8 \\ -\ 5 \\ \hline \square \end{array}$ 52 $\begin{array}{r} 9 \\ -\ 8 \\ \hline \square \end{array}$

자르는 선

6주 덧셈과 뺄셈의 관계

❶
$2+7=\square$
$7+2=\square$
$9-2=\square$
$9-7=\square$

❷
$3+6=\square$
$6+3=\square$
$9-3=\square$
$9-6=\square$

❸
$4+5=\square$
$5+4=\square$
$9-4=\square$
$9-5=\square$

❹
$1+4=\square$
$4+1=\square$
$5-1=\square$
$5-4=\square$

❺
$3+4=\square$
$4+3=\square$
$7-3=\square$
$7-4=\square$

❻
$3+5=\square$
$5+3=\square$
$8-3=\square$
$8-5=\square$

❼
$1+7=\square$
$7+1=\square$
$8-1=\square$
$8-7=\square$

❽
$1+2=\square$
$2+1=\square$
$3-1=\square$
$3-2=\square$

❾
$2+6=\square$
$6+2=\square$
$8-2=\square$
$8-6=\square$

자르는 선

월 일

⑩
$1+5=\square$
$5+1=\square$
$6-1=\square$
$6-5=\square$

⑪
$2+4=\square$
$4+2=\square$
$6-2=\square$
$6-4=\square$

⑫
$1+6=\square$
$6+1=\square$
$7-1=\square$
$7-6=\square$

⑬
$2+3=\square$
$3+2=\square$
$5-2=\square$
$5-3=\square$

⑭
$1+3=\square$
$3+1=\square$
$4-1=\square$
$4-3=\square$

⑮
$1+8=\square$
$8+1=\square$
$9-1=\square$
$9-8=\square$

⑯
$2+2=\square$
$4-2=\square$

⑰
$3+3=\square$
$6-3=\square$

⑱
$4+4=\square$
$8-4=\square$

⑲
$1+1=\square$
$2-1=\square$

⑳
$2+3=\square$
$5-2=\square$

㉑
$5+2=\square$
$7-5=\square$

자르는 선

7주

세 수의 계산 (1)

❶ $2+1+4=\square$

❷ $9-1-1=\square$

❸ $3+2+1=\square$

❹ $8-1-2=\square$

❺ $4+1+4=\square$

❻ $7-2-2=\square$

❼ $7+1+1=\square$

❽ $4-1-1=\square$

❾ $6+1+2=\square$

❿ $6-1-2=\square$

⓫ $1+5+1=\square$

⓬ $7-3-1=\square$

⓭ $3+3+3=\square$

⓮ $9-5-2=\square$

⓯ $4+2+1=\square$

⓰ $8-4-3=\square$

⓱ $2+1+2=\square$

⓲ $5-1-3=\square$

⓳ $2+2+2=\square$

⓴ $7-5-1=\square$

자르는 선

7주 세 수의 계산 (1)

㉑ $7+2-4=\square$

㉒ $9-2+1=\square$

㉓ $8+1-6=\square$

㉔ $3-1+6=\square$

㉕ $3+4-2=\square$

㉖ $5-3+4=\square$

㉗ $6+2-5=\square$

㉘ $4-2+5=\square$

㉙ $2+4-3=\square$

㉚ $7-3+1=\square$

㉛ $5+1-4=\square$

㉜ $8-6+4=\square$

㉝ $3+6-7=\square$

㉞ $2-1+7=\square$

㉟ $2+5-1=\square$

㊱ $6-4+3=\square$

㊲ $6+1-5=\square$

㊳ $9-6+3=\square$

㊴ $3+4-4=\square$

㊵ $5-2+6=\square$

자르는 선

8주 세 수의 계산 (2)

❶ $3+1+\square=7$

❷ $8-1-\square=5$

❸ $2+2+\square=6$

❹ $7-5-\square=1$

❺ $2+1+\square=5$

❻ $5-1-\square=2$

❼ $4+2+\square=7$

❽ $8-4-\square=3$

❾ $3+3+\square=9$

❿ $9-5-\square=2$

⓫ $2+1+\square=7$

⓬ $9-1-\square=6$

⓭ $3+2+\square=6$

⓮ $8-1-\square=5$

⓯ $4+1+\square=9$

⓰ $7-2-\square=4$

⓱ $7+1+\square=9$

⓲ $4-1-\square=2$

⓳ $6+1+\square=9$

⓴ $6-1-\square=3$

자르는 선

8주 세 수의 계산 (2)

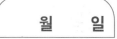

월 일

㉑ $1+7-\square=5$

㉒ $7-1+\square=8$

㉓ $3+4-\square=3$

㉔ $5-2+\square=9$

㉕ $6+1-\square=2$

㉖ $9-6+\square=6$

㉗ $2+5-\square=6$

㉘ $6-4+\square=7$

㉙ $3+6-\square=2$

㉚ $2-1+\square=8$

㉛ $7+2-\square=5$

㉜ $8-6+\square=7$

㉝ $8+1-\square=3$

㉞ $7-3+\square=9$

㉟ $3+4-\square=5$

㊱ $3-2+\square=6$

㊲ $2+4-\square=3$

㊳ $6-3+\square=7$

㊴ $5+1-\square=2$

㊵ $8-2+\square=8$

자르는 선

정 답

1주 한 자리 수의 덧셈

1~2쪽

(1) 3 (2) 4 (3) 6 (4) 9 (5) 6 (6) 4 (7) 7 (8) 4 (9) 9 (10) 5 (11) 8 (12) 8
(13) 9 (14) 5 (15) 6 (16) 9 (17) 8 (18) 9 (19) 7 (20) 8 (21) 7 (22) 8 (23) 9 (24) 8
(25) 9 (26) 8 (27) 5 (28) 7 (29) 6 (30) 5 (31) 7 (32) 9 (33) 9 (34) 6 (35) 3 (36) 8
(37) 2 (38) 7 (39) 8 (40) 9 (41) 7 (42) 7 (43) 8 (44) 8 (45) 7 (46) 9 (47) 9 (48) 9
(49) 8 (50) 9 (51) 9 (52) 8

2주 □가 있는 덧셈

3~4쪽

(1) 2 (2) 6 (3) 4 (4) 5 (5) 2 (6) 7 (7) 1 (8) 1 (9) 4 (10) 3 (11) 1 (12) 3
(13) 8 (14) 3 (15) 2 (16) 1 (17) 2 (18) 7 (19) 2 (20) 6 (21) 1 (22) 5 (23) 4 (24) 6
(25) 2 (26) 3 (27) 7 (28) 4 (29) 6 (30) 4 (31) 2 (32) 1 (33) 1 (34) 2 (35) 3 (36) 6
(37) 1 (38) 5 (39) 3 (40) 5 (41) 2 (42) 2 (43) 3 (44) 4 (45) 4 (46) 6 (47) 2 (48) 5
(49) 4 (50) 6 (51) 3 (52) 7

3주 한 자리 수의 뺄셈

5~6쪽

(1) 4 (2) 4 (3) 1 (4) 5 (5) 6 (6) 5 (7) 1 (8) 4 (9) 2 (10) 1 (11) 1 (12) 1
(13) 5 (14) 5 (15) 3 (16) 3 (17) 1 (18) 2 (19) 5 (20) 3 (21) 3 (22) 5 (23) 1 (24) 1
(25) 1 (26) 3 (27) 3 (28) 2 (29) 7 (30) 6 (31) 4 (32) 2 (33) 3 (34) 2 (35) 7 (36) 8
(37) 1 (38) 1 (39) 2 (40) 6 (41) 3 (42) 4 (43) 3 (44) 2 (45) 3 (46) 2 (47) 4 (48) 3
(49) 6 (50) 2 (51) 1 (52) 4

4주 □가 있는 뺄셈

7~8쪽

(1) 7 (2) 4 (3) 1 (4) 3 (5) 1 (6) 1 (7) 3 (8) 8 (9) 4 (10) 6 (11) 2 (12) 5
(13) 6 (14) 3 (15) 2 (16) 1 (17) 3 (18) 4 (19) 8 (20) 3 (21) 2 (22) 2 (23) 5 (24) 3
(25) 6 (26) 2 (27) 7 (28) 7 (29) 9 (30) 8 (31) 8 (32) 4 (33) 3 (34) 4 (35) 9 (36) 9
(37) 8 (38) 5 (39) 6 (40) 5 (41) 7 (42) 8 (43) 9 (44) 6 (45) 8 (46) 6 (47) 5 (48) 9
(49) 4 (50) 9 (51) 7 (52) 8

5주 덧셈과 뺄셈

9~10쪽

(1) 5 (2) 6 (3) 4 (4) 5 (5) 4 (6) 7 (7) 8 (8) 4 (9) 7 (10) 9 (11) 3 (12) 7
(13) 9 (14) 6 (15) 6 (16) 8 (17) 1 (18) 9 (19) 6 (20) 9 (21) 9 (22) 6 (23) 7 (24) 2
(25) 3 (26) 4 (27) 8 (28) 4 (29) 7 (30) 2 (31) 6 (32) 1 (33) 6 (34) 8 (35) 5 (36) 4
(37) 3 (38) 3 (39) 4 (40) 9 (41) 5 (42) 2 (43) 8 (44) 2 (45) 8 (46) 9 (47) 7 (48) 7
(49) 3 (50) 2 (51) 3 (52) 1

6주 덧셈과 뺄셈의 관계

11~12쪽

(1) 9, 9, 7, 2 (2) 9, 9, 6, 3 (3) 9, 9, 5, 4 (4) 5, 5, 4, 1 (5) 7, 7, 4, 3 (6) 8, 8, 5, 3
(7) 8, 8, 7, 1 (8) 3, 3, 2, 1 (9) 8, 8, 6, 2 (10) 6, 6, 5, 1 (11) 6, 6, 4, 2 (12) 7, 7, 6, 1
(13) 5, 5, 3, 2 (14) 4, 4, 3, 1 (15) 9, 9, 8, 1 (16) 4, 2 (17) 6, 3 (18) 8, 4 (19) 2, 1 (20) 5, 3 (21) 7, 2

7주 세 수의 계산 (1)

13~14쪽

(1) 7 (2) 7 (3) 6 (4) 5 (5) 9 (6) 3 (7) 9 (8) 2 (9) 9 (10) 3 (11) 7 (12) 3
(13) 9 (14) 2 (15) 7 (16) 1 (17) 5 (18) 1 (19) 6 (20) 1 (21) 5 (22) 8 (23) 3 (24) 8
(25) 5 (26) 6 (27) 3 (28) 7 (29) 3 (30) 5 (31) 2 (32) 6 (33) 2 (34) 8 (35) 6 (36) 5
(37) 2 (38) 6 (39) 3 (40) 9

8주 세 수의 계산 (2)

15~16쪽

(1) 3 (2) 2 (3) 2 (4) 1 (5) 2 (6) 2 (7) 1 (8) 1 (9) 3 (10) 2 (11) 4 (12) 2
(13) 1 (14) 2 (15) 4 (16) 1 (17) 1 (18) 1 (19) 2 (20) 2 (21) 3 (22) 2 (23) 4 (24) 6
(25) 5 (26) 3 (27) 1 (28) 5 (29) 7 (30) 7 (31) 4 (32) 5 (33) 6 (34) 5 (35) 2 (36) 5
(37) 3 (38) 4 (39) 4 (40) 2

사고셈

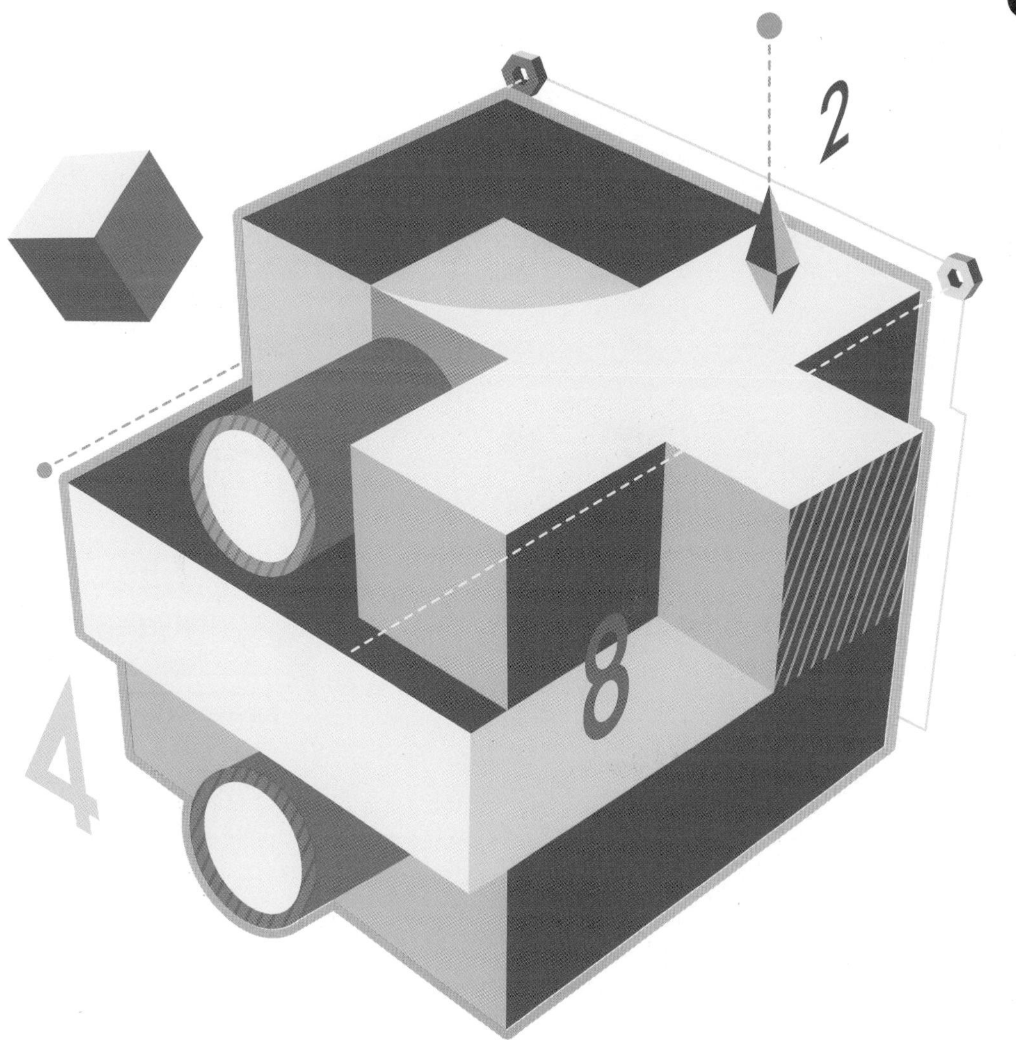

7세 1호

이 책의 **구성과 특징**

생각의 힘을 키우는 사고(思考)셈은 1주 4개, 8주 32개의 사고력 유형 학습을 통해 수와 연산에 대한 개념의 응용력(추론 및 문제해결능력)을 키울 수 있도록 하였습니다.

사고력 연산

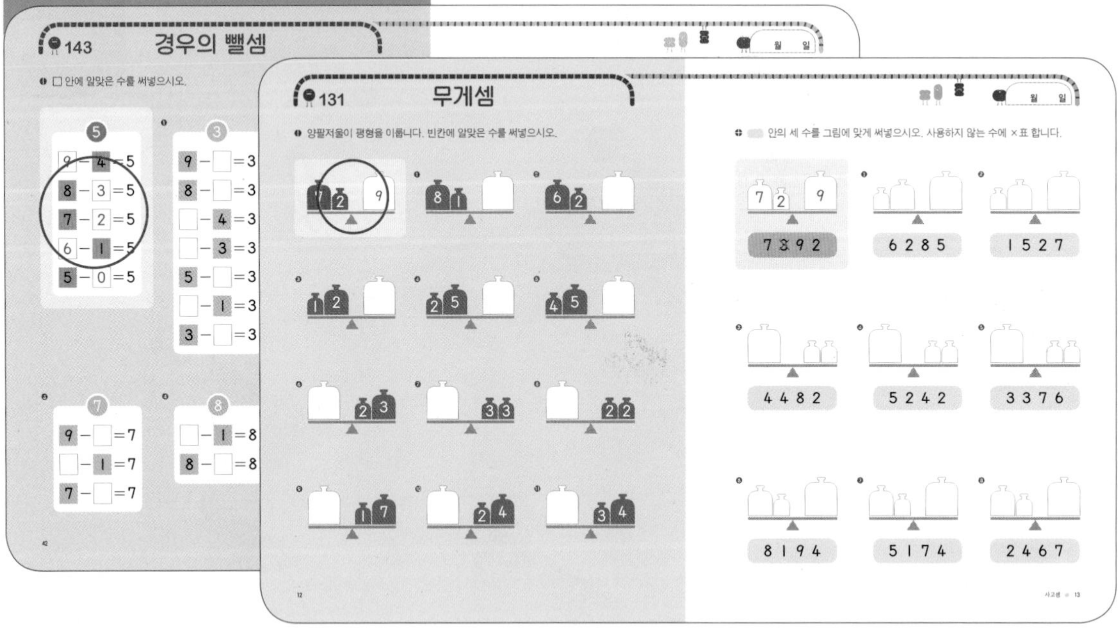
143 경우의 뺄셈

❶ □ 안에 알맞은 수를 써넣으시오.

9 − 4 = 5
8 − 3 = 5
7 − 2 = 5
6 − 1 = 5
5 − 0 = 5

131 무게셈

❶ 양팔저울이 평형을 이룹니다. 빈칸에 알맞은 수를 써넣으시오.

❷ 안의 세 수를 그림에 맞게 써넣으시오. 사용하지 않는 수에 ×표 합니다.

7 3 9 2 | 6 2 8 5 | 1 5 2 7
4 4 8 2 | 5 2 4 2 | 3 3 7 6
8 1 9 4 | 5 1 7 4 | 2 4 6 7

- 대표 사고력 유형으로 연산 원리를 쉽게쉽게
- 1~4일차: 다양한 유형의 주 진도 학습

잘 공부했는지 알아봅시다.

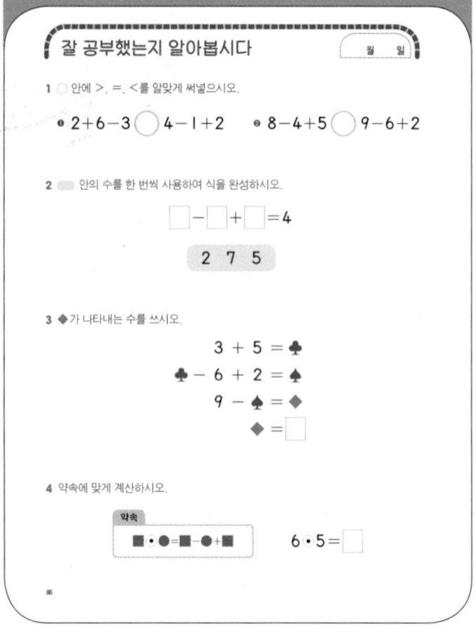
잘 공부했는지 알아봅시다

1 ○ 안에 >, =, <를 알맞게 써넣으시오.

❶ 2+6−3 ○ 4−1+2 ❷ 8−4+5 ○ 9−6+2

2 안의 수를 한 번씩 사용하여 식을 완성하시오.

□−□+□=4

2 7 5

3 ◆가 나타내는 수를 쓰시오.

3 + 5 = ♣
♣ − 6 + 2 = ♠
9 − ♠ = ◆
◆ = □

4 약속에 맞게 계산하시오.

약속 ■•●=■−●+■

6•5=□

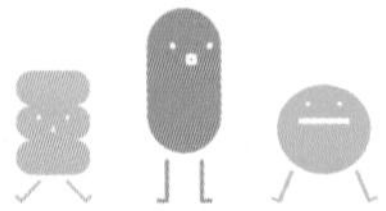

- 5일차 점검 학습: 주 진도 학습 확인

권두부록 (기본연산 Check-Book)

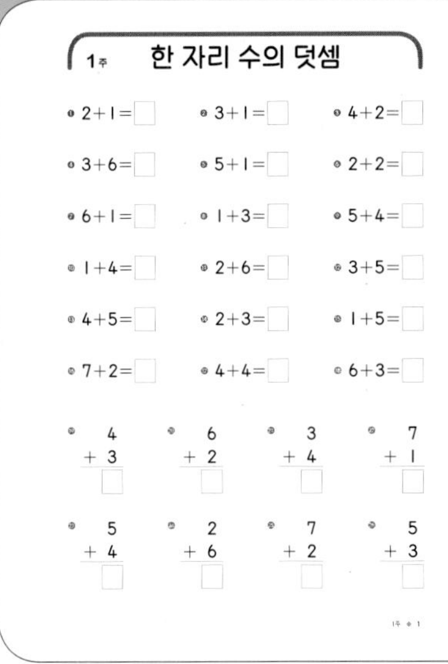

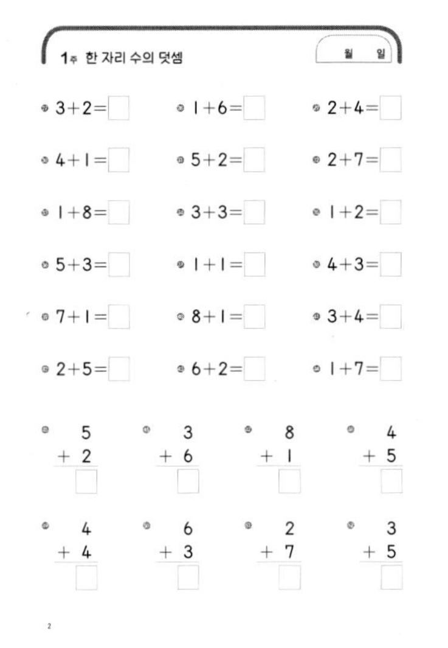

- 본 학습 전 기본연산 실력 진단

권말부록 (G-Book)

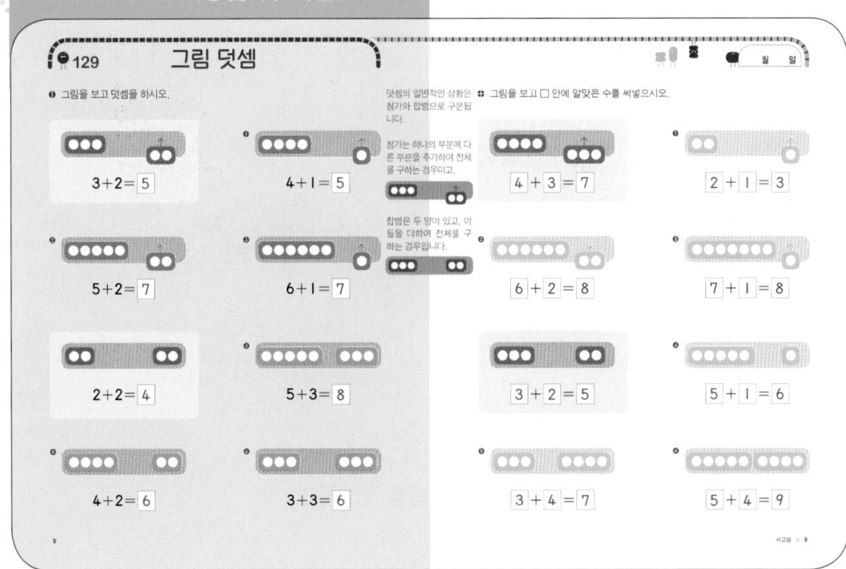

- 문제와 답을 한 눈에!
- 상세한 풀이와 친절한 해설, 답

학습 효과 및 활용법

학습 효과

수학적 사고력 향상

생각의 다양성 향상

스스로 생각을 만드는 직관 학습

추론능력, 문제해결력 향상

연산의 원리 이해

수·연산 영역 완벽 대비

다양한 유형으로 수 조작력 향상

진도 학습 및 점검 학습으로 연산 학습 완성

사고셈

주차별 활용법

1단계 : 기본연산 Check-Book으로 사고력 연산을 위한 준비 학습을 합니다.

2단계 : 사고력 유형으로 사고력 연산의 진도 학습을 합니다.

3단계 : 한 주마다 점검 학습(잘 공부했는지 알아봅시다)으로 사고력 향상을 확인합니다.

학습 구성

6세

1호	10까지의 수
2호	더하기 빼기 1과 2
3호	합이 9까지인 덧셈
4호	한 자리 수의 뺄셈과 세 수의 계산

7세

1호	한 자리 수의 덧셈과 뺄셈
2호	10 만들기
3호	50까지의 수
4호	더하기 빼기 1과 2, 10과 20

초등 1

1호	덧셈구구
2호	뺄셈구구와 덧셈, 뺄셈 혼합
3호	100까지의 수, 1000까지의 수
4호	받아올림, 받아내림 없는 두 자리 수의 계산

초등 2

1호	두 자리 수와 한 자리 수의 덧셈과 뺄셈
2호	두 자리 수의 덧셈과 뺄셈
3호	곱셈구구
4호	곱셈과 나눗셈 구구

초등 3

1호	세·네 자리 수의 덧셈과 뺄셈
2호	분수와 소수의 기초
3호	두 자리 수의 곱셈과 나눗셈
4호	분수

초등 4

1호	분수의 덧셈과 뺄셈
2호	혼합 계산
3호	소수의 덧셈과 뺄셈
4호	어림하기

이 책의 학습 로드맵

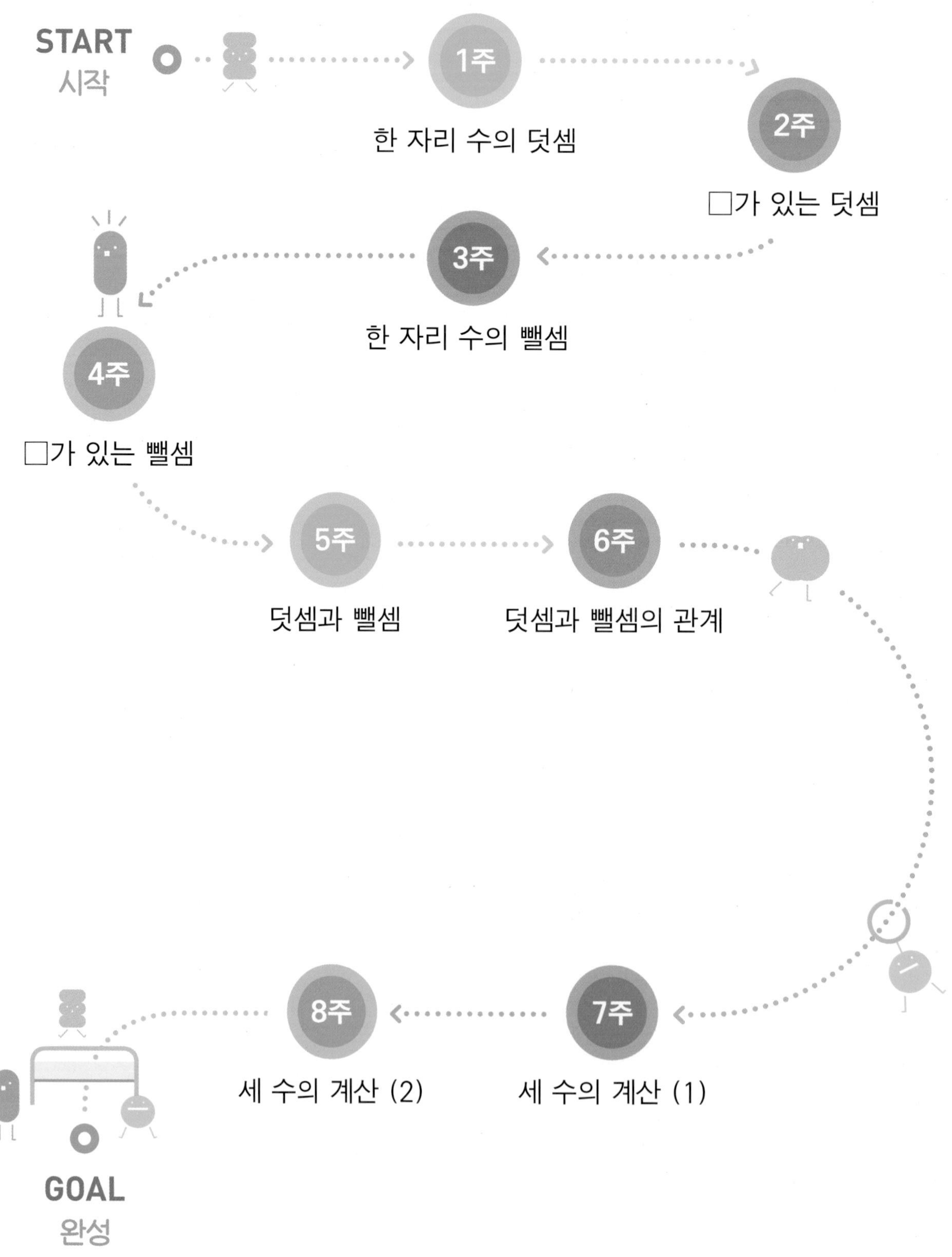

START
시작
1주
한 자리 수의 덧셈
2주
□가 있는 덧셈
3주
한 자리 수의 뺄셈
4주
□가 있는 뺄셈
5주
덧셈과 뺄셈
6주
덧셈과 뺄셈의 관계
7주
세 수의 계산 (1)
8주
세 수의 계산 (2)
GOAL
완성

1 한 자리 수의 덧셈

129 그림 덧셈

130 갈림길

131 무게셈

132 자물쇠

129 그림 덧셈

◐ 그림을 보고 덧셈을 하시오.

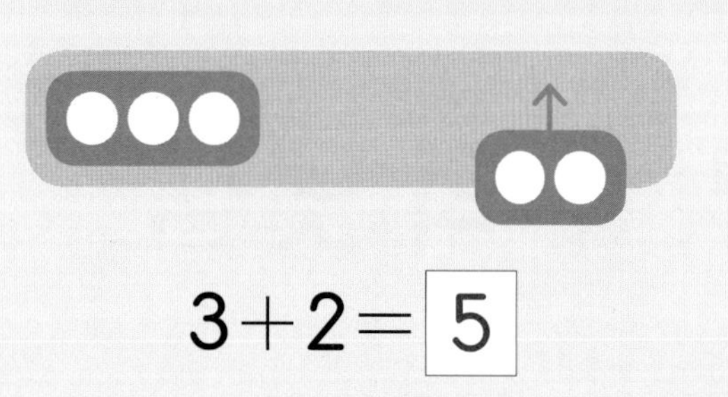

$3+2=\boxed{5}$

❶

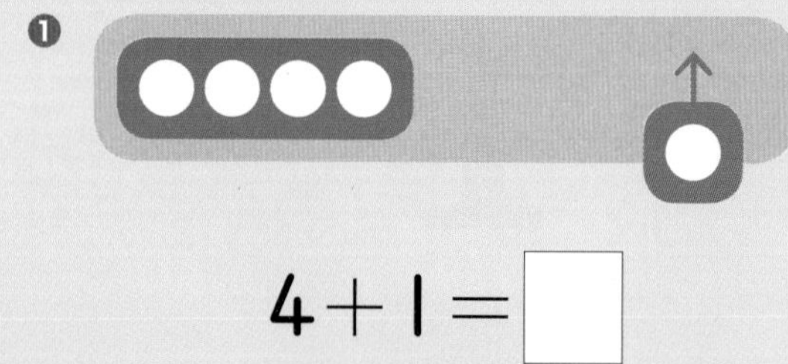

$4+1=\boxed{}$

❷

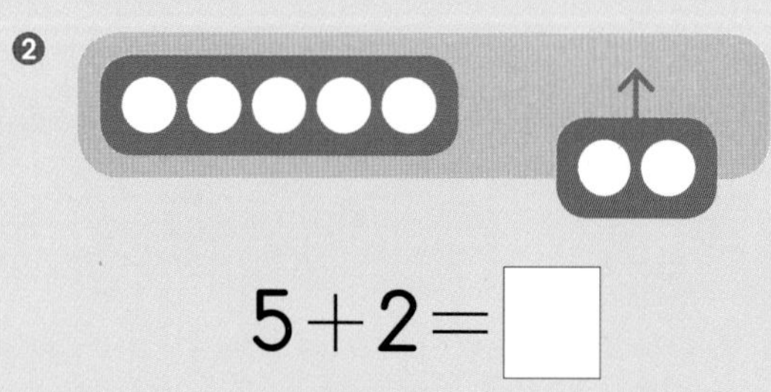

$5+2=\boxed{}$

❸

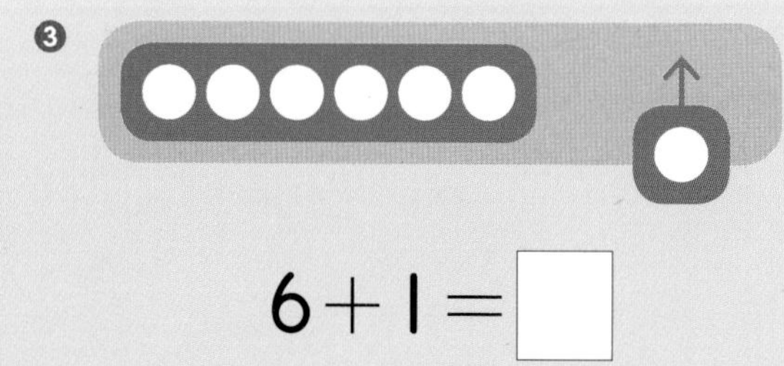

$6+1=\boxed{}$

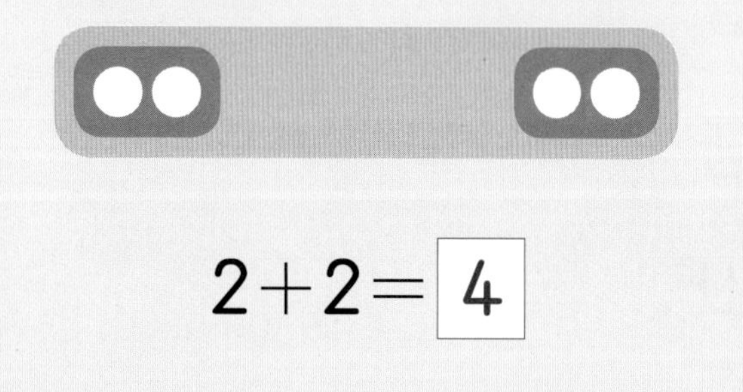

$2+2=\boxed{4}$

❹

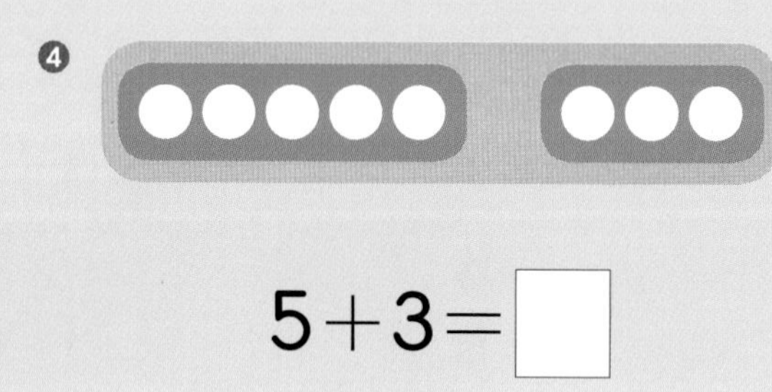

$5+3=\boxed{}$

❺

$4+2=\boxed{}$

❻

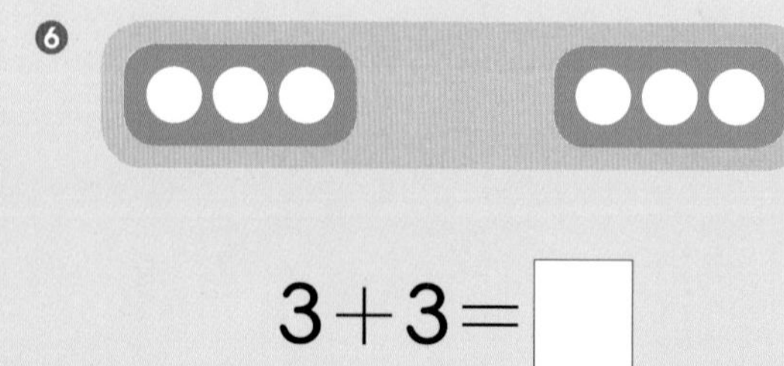

$3+3=\boxed{}$

⊕ 그림을 보고 □ 안에 알맞은 수를 써넣으시오.

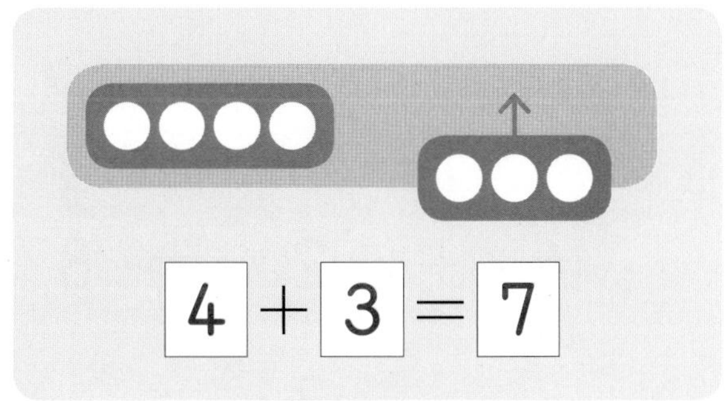

4 + 3 = 7

❶ 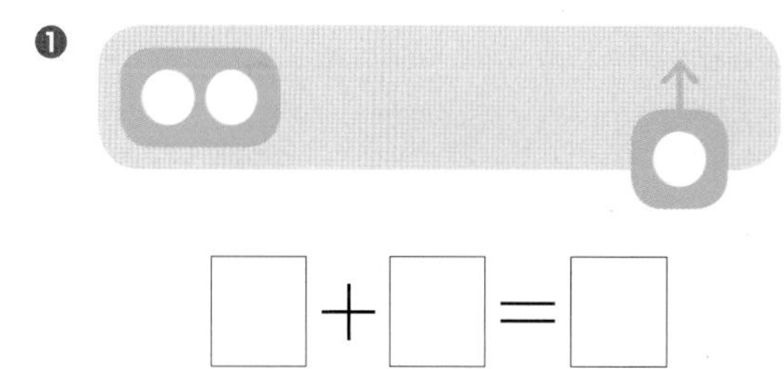

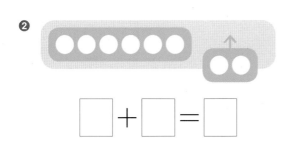

□ + □ = □

❷ 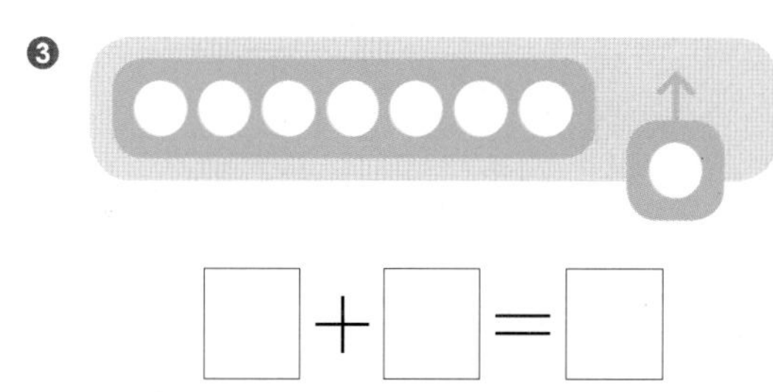

□ + □ = □

❸

□ + □ = □

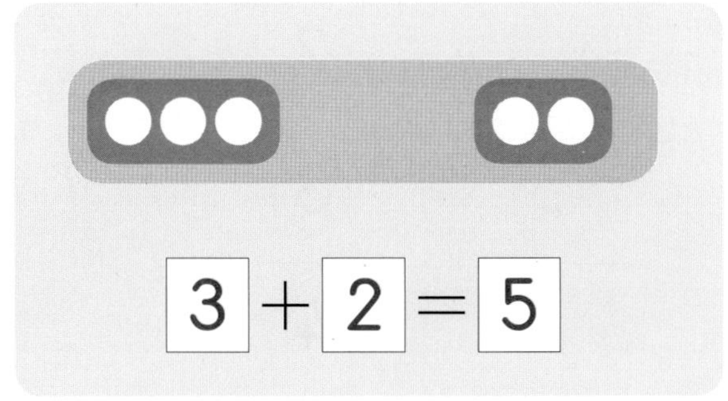

3 + 2 = 5

❹ 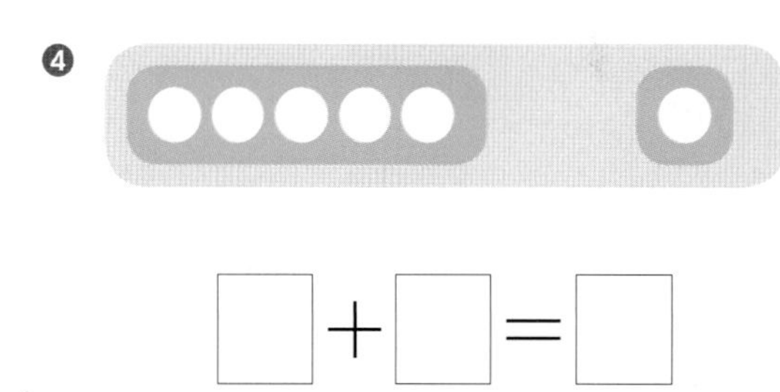

□ + □ = □

❺ 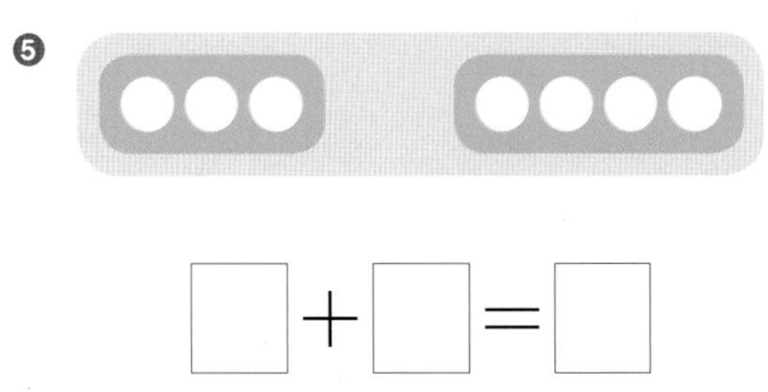

□ + □ = □

❻ 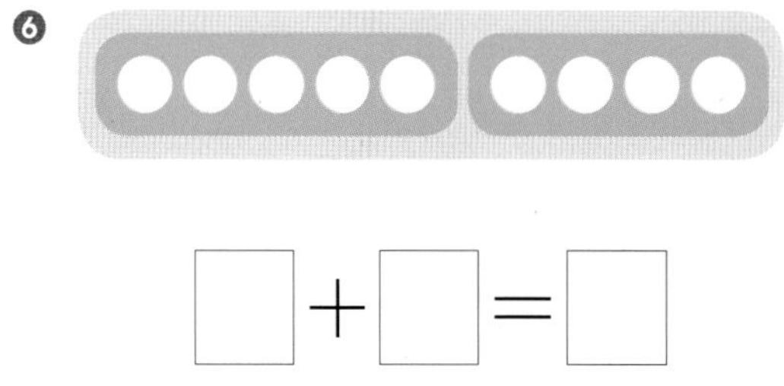

□ + □ = □

갈림길

◐ 계산에 맞게 선을 그으시오.

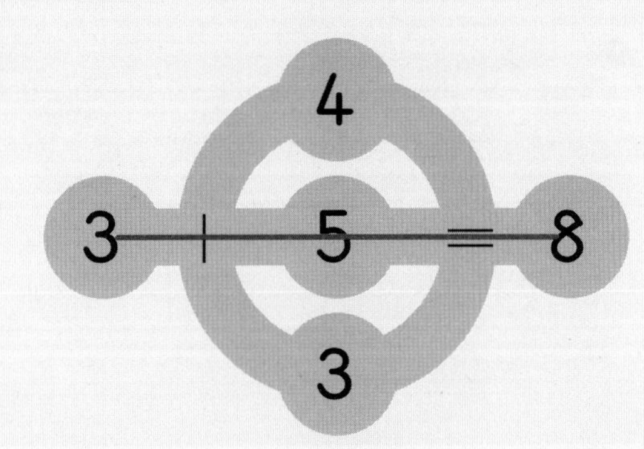

❶ 위 1, 가운데 2, 아래 3: 6 + □ = 8

❷ 위 2, 가운데 3, 아래 4: 2 + □ = 6

❸ 위 1, 가운데 5, 아래 4: 4 + □ = 5

❹ 위 7, 가운데 1, 아래 4: 1 + □ = 5

❺ 위 2, 가운데 3, 아래 4: 5 + □ = 7

❻ 위 2, 가운데 1, 아래 3: 6 + □ = 7

❼ 위 1, 가운데 2, 아래 0: 7 + □ = 9

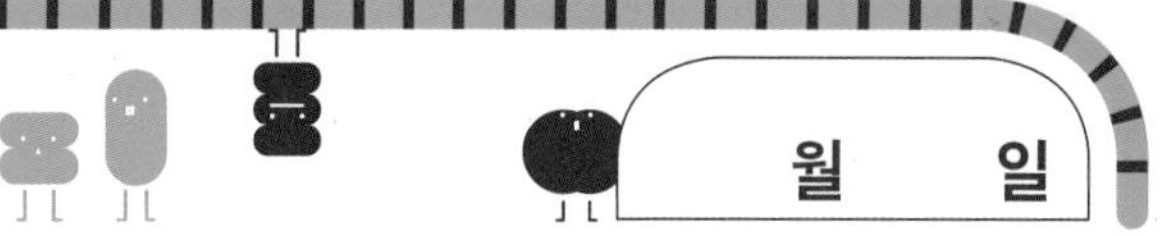

계산에 맞게 빈칸에 알맞은 수를 써넣으시오.

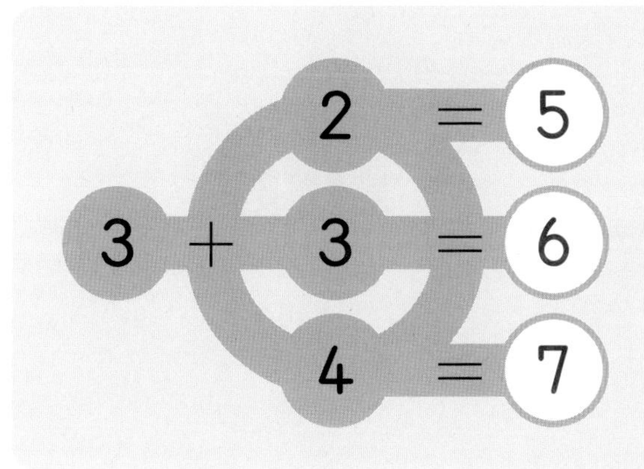

❶
5 + 2 =
3 =
4 =

❷
4 + 1 =
2 =
5 =

❸
6 + 1 =
2 =
3 =

❹
2 + 7 =
5 =
3 =

❺
3 + 3 =
1 =
4 =

무게셈

◐ 양팔저울이 평형을 이룹니다. 빈칸에 알맞은 수를 써넣으시오.

안의 세 수를 그림에 맞게 써넣으시오. 사용하지 않는 수에 ×표 합니다.

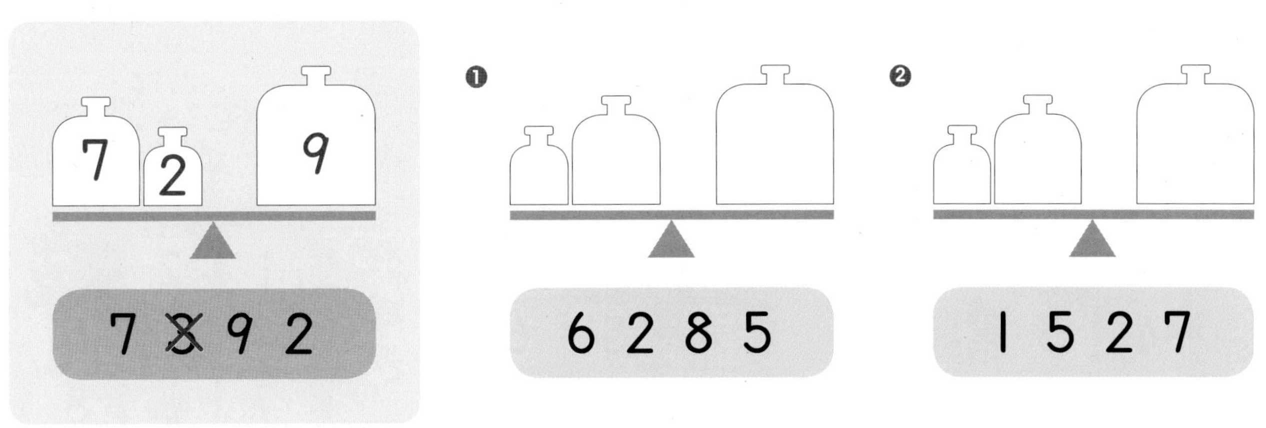

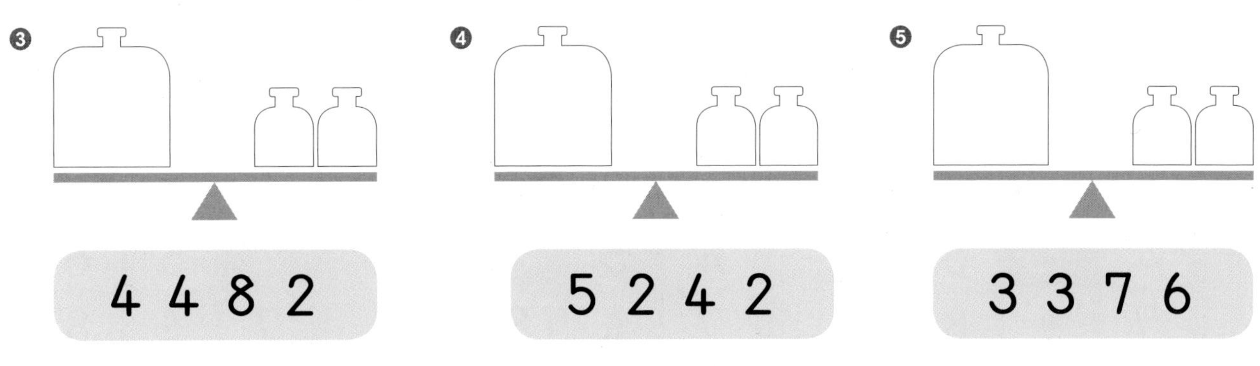

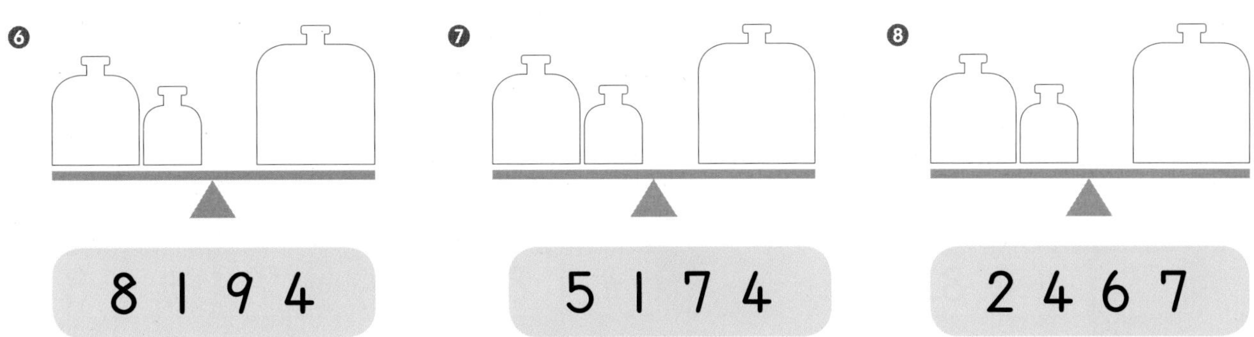

132 자물쇠

◐ 색칠한 두 수의 합을 빈칸에 써넣으시오.

❶

1 2 3
4 5 6
7 # 8

❷

❸

❹

1 2 3
4 5 6
7 # 8

❺

❻

❼

1 2 3
4 5 6
7 # 8

❽

⊕ 고리 안의 수가 합이 되는 두 수를 찾아 칠하시오.

❶ 7

1	2	3
8	7	9
※	6	#

❷

❸ 6

6	4	7
5	2	3
※	8	#

❹ 8

6	1	4
7	5	8
※	9	#

❺ 4

2	5	1
4	3	7
※	8	#

❻ 7

6	5	4
7	8	9
※	2	#

❼ 6

1	6	3
8	5	4
※	7	#

❽ 9

1	6	7
5	1	3
※	9	#

잘 공부했는지 알아봅시다

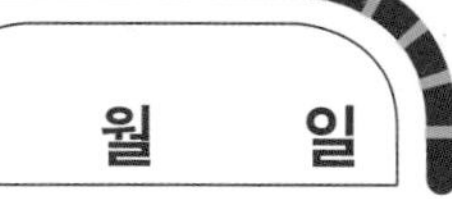

1 그림을 보고 덧셈을 하시오.

❶ 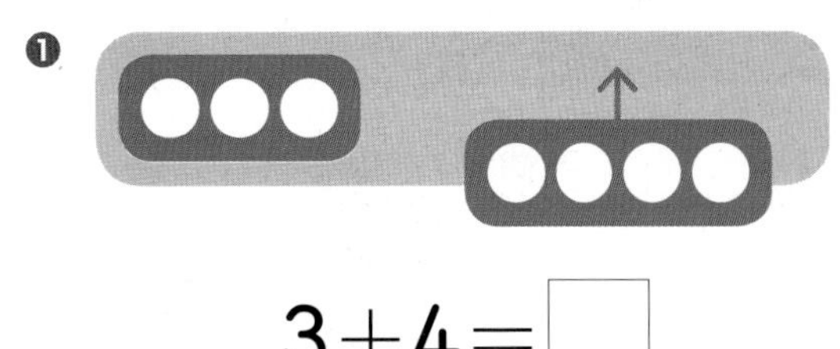

3+4=□

❷ 

5+3=□

2 도미노를 보고 덧셈을 하시오.

❶ 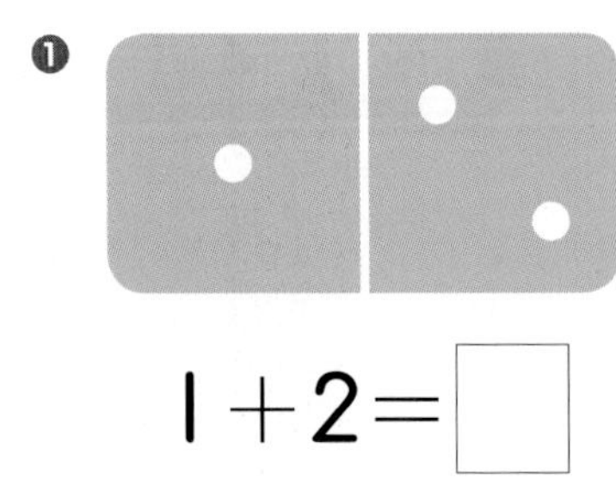

1+2=□

❷ 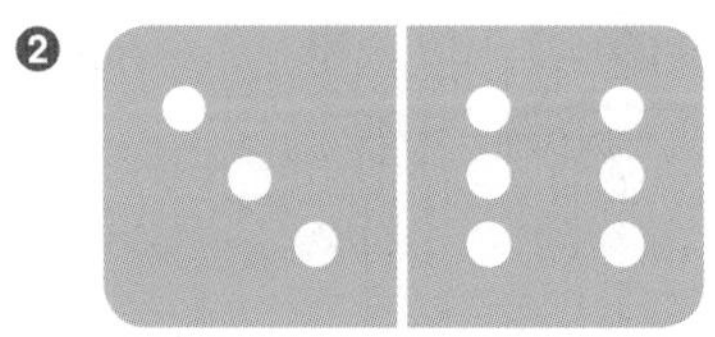

3+□=□

3 계산에 맞게 선을 그으시오.

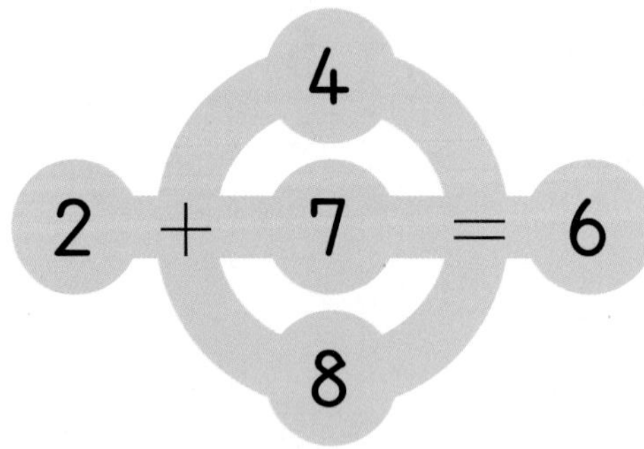

4 ■ 안의 수 중 세 수를 그림에 맞게 써넣으시오.

□가 있는 덧셈

133 네모셈

◐ □ 안에 들어갈 수만큼 ○표 하고, 알맞은 수를 써넣으시오.

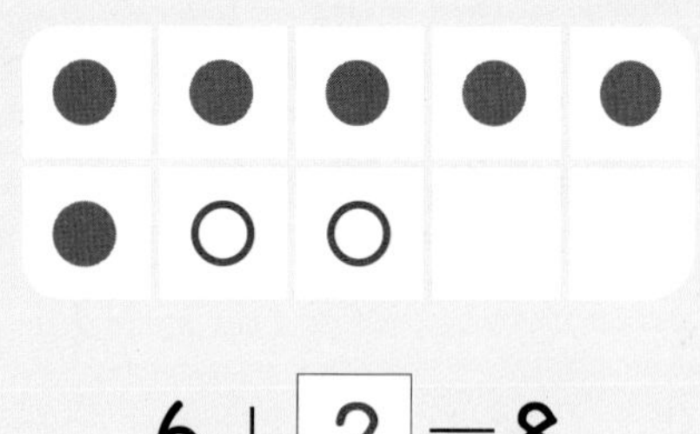

6+ 2 =8

❶

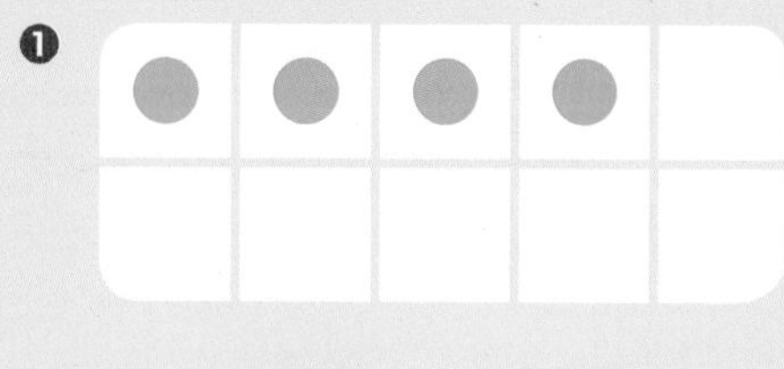

4+□=9

❷

3+□=6

❸

5+□=7

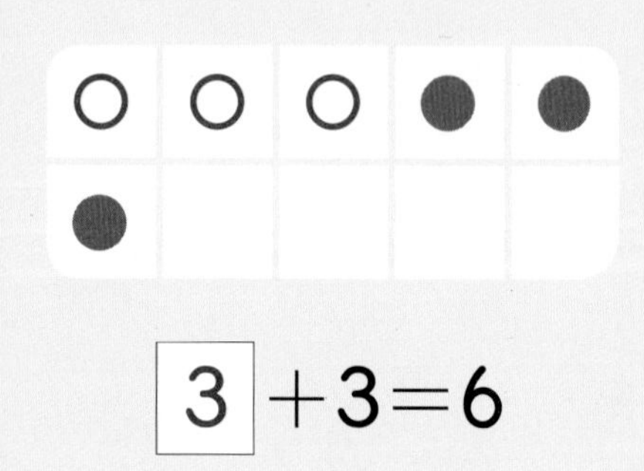

3 +3=6

❹

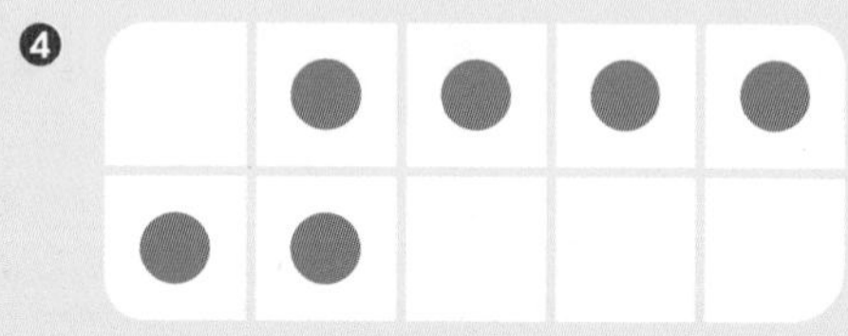

□+6=7

❺

□+4=8

❻

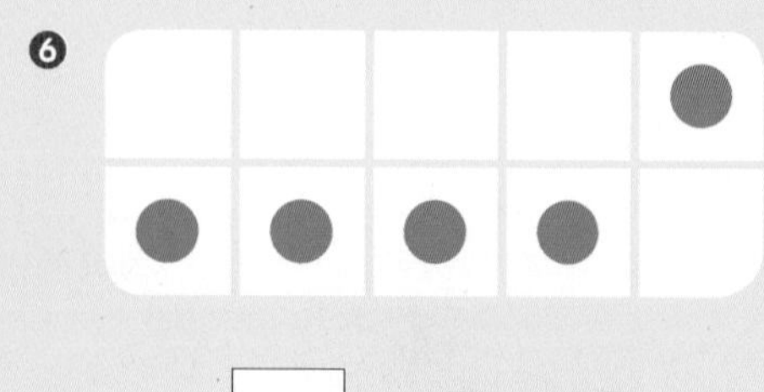

□+5=9

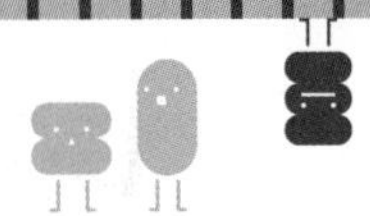

안의 세 수 중에서 □ 안에 들어갈 수에 ○표 하고, 알맞은 수를 써넣으시오.

6 + [2] = 8
3 1 ②

❶ 3 + □ = 7
4 5 6

❷ 1 + □ = 6
2 5 4

❸ 4 + □ = 8
5 4 3

❹ □ + 2 = 9
8 6 7

❺ □ + 2 = 4
2 5 4

[2] + 5 = 7
4 1 ②

❻ □ + 2 = 5
3 2 4

❼ □ + 2 = 8
6 8 5

❽ 8 + □ = 9
7 1 2

❾ 3 + □ = 8
5 4 3

❿ 6 + □ = 9
1 4 3

134 길이셈

◐ 빈칸에 알맞은 수를 써넣으시오.

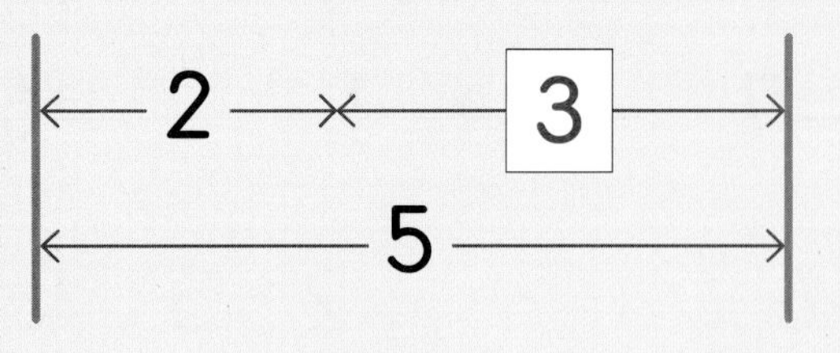

❶

❷
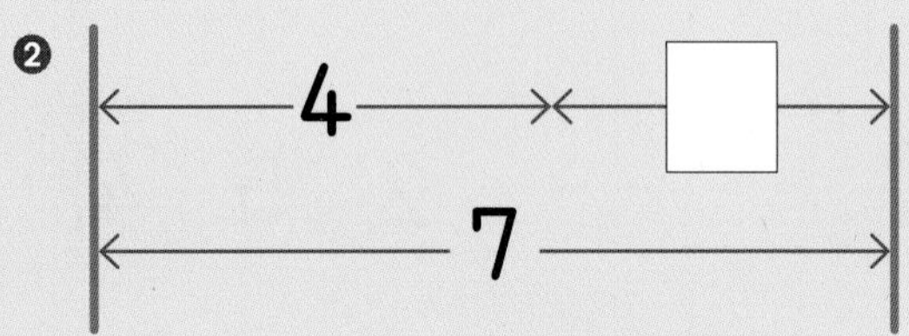

❸
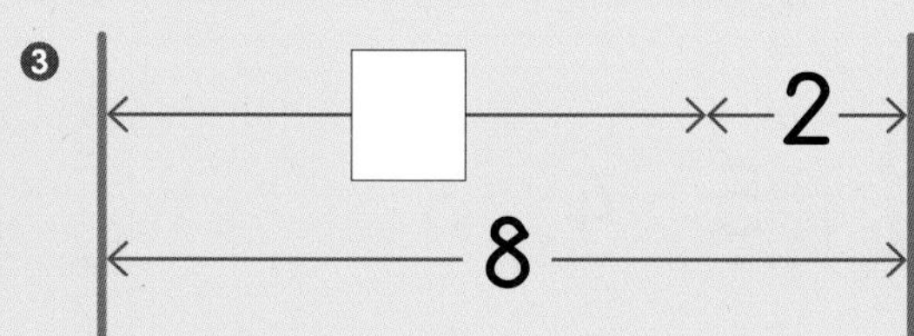

❹
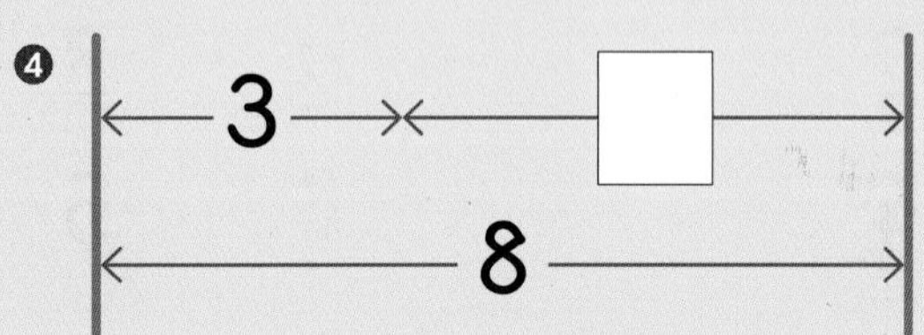

❺
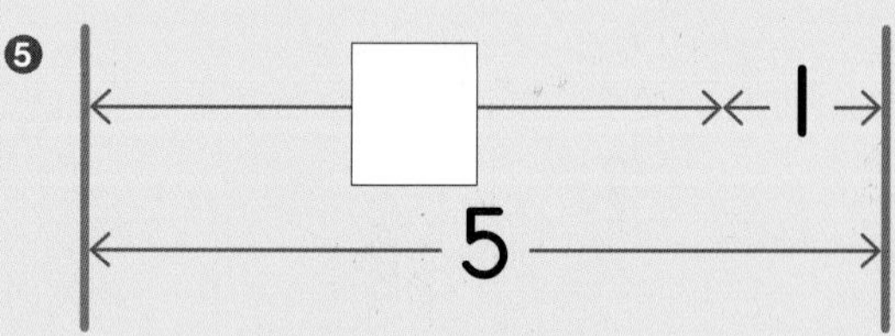

❻
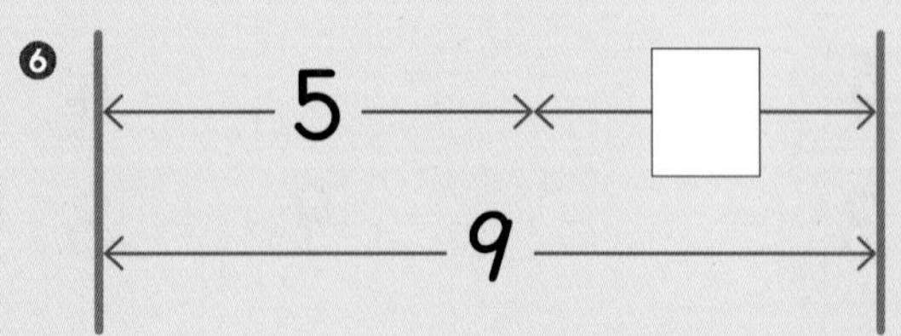

❼
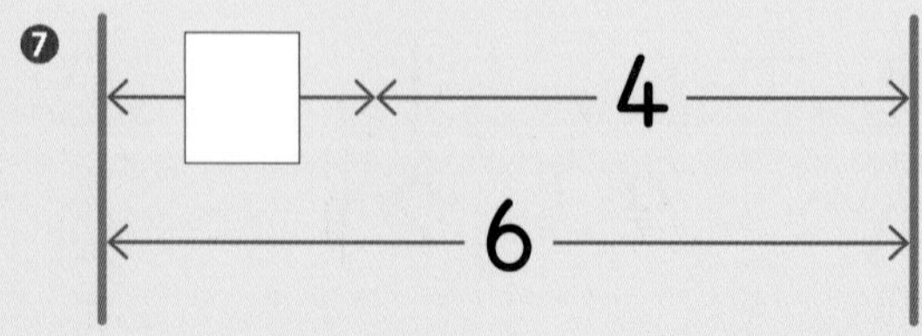

⊕ 안의 세 수를 그림에 맞게 써넣으시오. 사용하지 않는 수에 ×표 합니다.

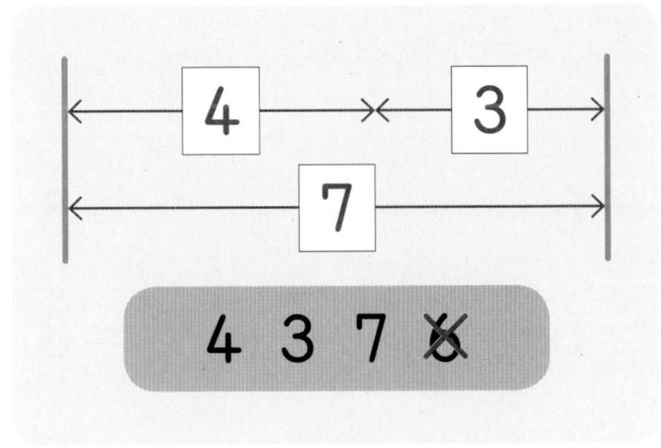

❶ 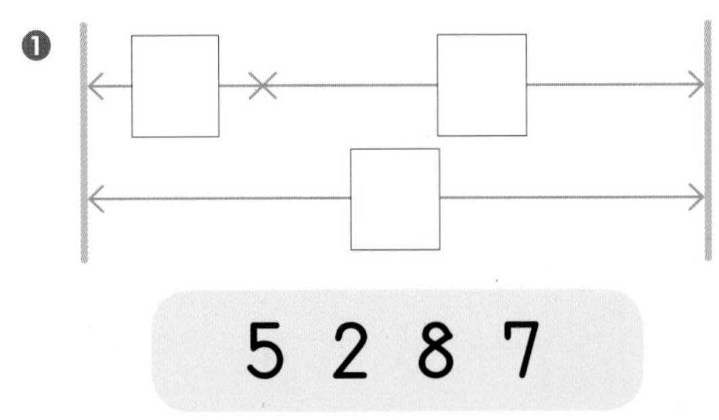

5 2 8 7

❷ 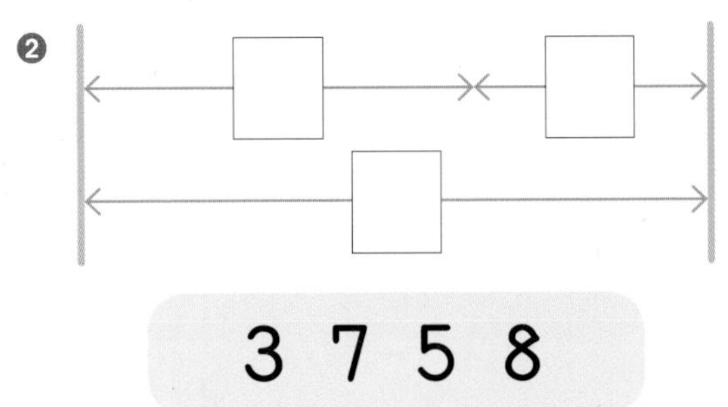

3 7 5 8

❸ 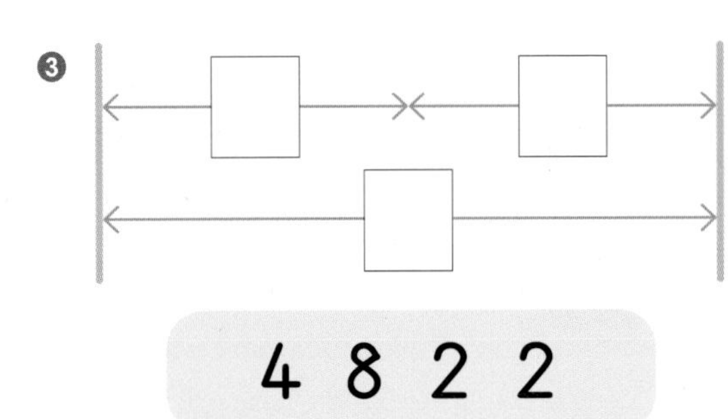

4 8 2 2

❹ 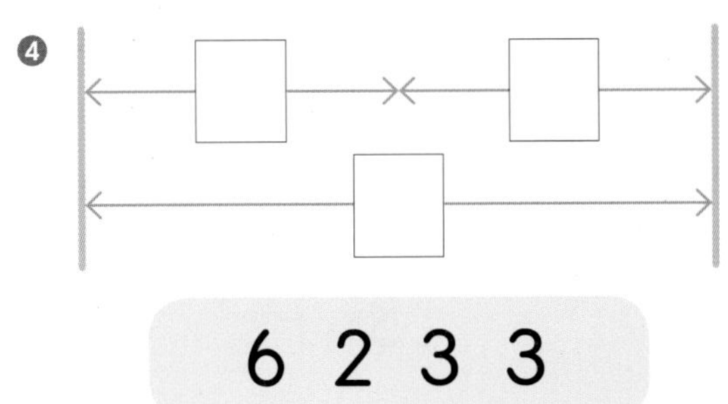

6 2 3 3

❺ 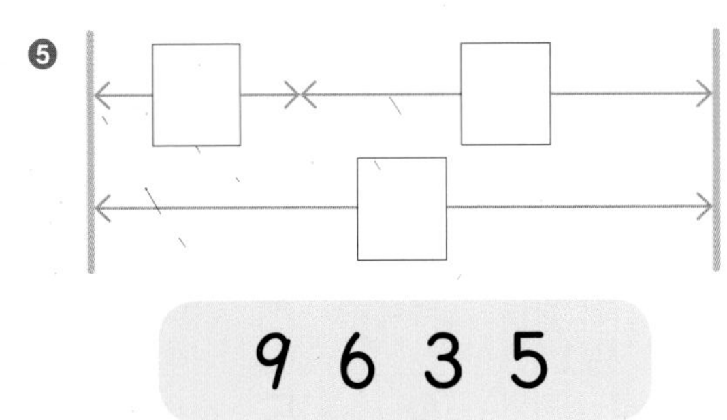

9 6 3 5

❻ 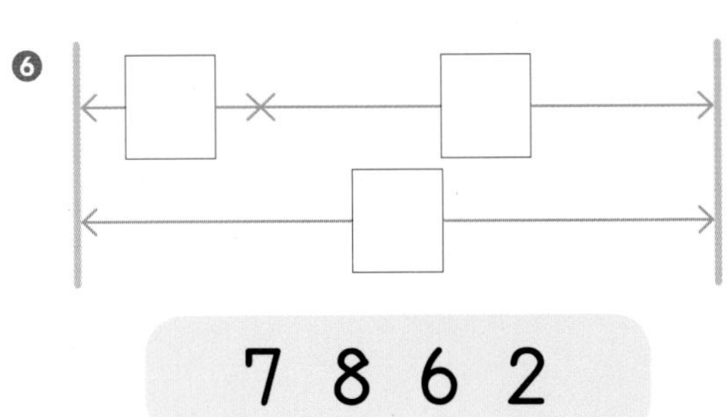

7 8 6 2

❼ 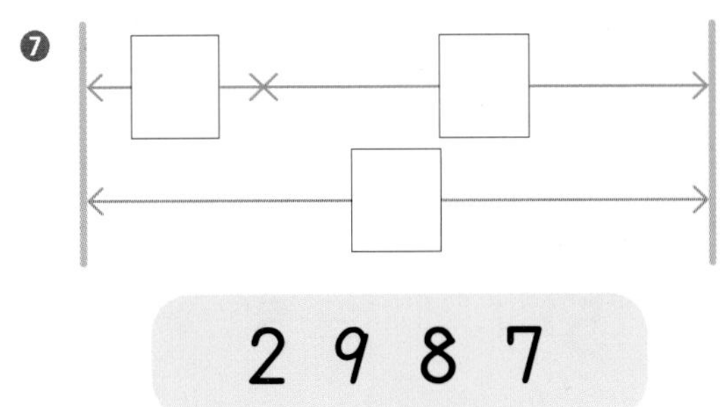

2 9 8 7

135 경우의 덧셈

◐ □ 안에 알맞은 수를 써넣으시오.

4

0 + 4 = 4

1 + 3 = 4

2 + 2 = 4

3 + 1 = 4

4 + 0 = 4

❶ **6**

□ + 6 = 6

1 + □ = 6

□ + 4 = 6

3 + □ = 6

□ + 2 = 6

5 + □ = 6

6 + □ = 6

❷ **8**

0 + □ = 8

□ + 7 = 8

2 + □ = 8

□ + 5 = 8

4 + □ = 8

□ + 3 = 8

6 + □ = 8

□ + 1 = 8

8 + □ = 8

❸ **5**

0 + □ = 5

□ + 4 = 5

□ + 3 = 5

3 + □ = 5

□ + 1 = 5

5 + □ = 5

❹ **2**

0 + □ = 2

□ + 1 = 2

2 + □ = 2

두 수의 합이 ● 안의 수가 되는 여러 가지 덧셈식을 만드시오.

③

0 + 3 = 3

1 + 2 = 3

2 + 1 = 3

3 + 0 = 3

❶

⑦

□ + □ = 7

□ + □ = 7

□ + □ = 7

□ + □ = 7

□ + □ = 7

□ + □ = 7

□ + □ = 7

□ + □ = 7

❷

⑨

□ + □ = 9

□ + □ = 9

□ + □ = 9

□ + □ = 9

□ + □ = 9

□ + □ = 9

□ + □ = 9

□ + □ = 9

□ + □ = 9

□ + □ = 9

136 계단 덧셈표

◐ 가로, 세로로 더하여 빈칸에 알맞은 수를 써넣으시오.

+	5	6	7
2	7	8	9
3	8	9	
4	9		

❶

+	1	3	4
1			
4			
8			

❷

+	2	5	7
2			
3			
6			

❸

+	3	4	7
2			
3			
4			

❹

+	2	5	6
1			
4			
7			

❺

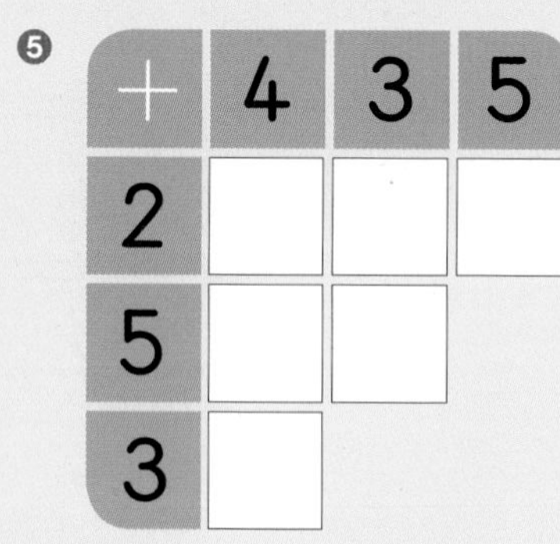

+	4	3	5
2			
5			
3			

❻

+	6	7	8
1			
2			
3			

❼

+	1	4	7
2			
5			
8			

❽

+	2	3	4
5			
6			
7			

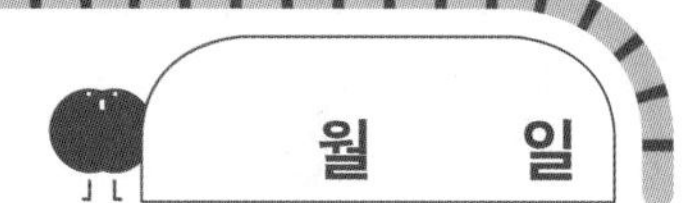

덧셈표의 빈칸에 알맞은 수를 써넣으시오.

+	3	5	7
1	4	6	8
3	6	8	
5	8		

❶

+		3	4
	7	8	
6			
	9		

❷

+			5
4	5	7	
5			
	7		

❸

+	4		
	6	7	9
3			
4			

❹

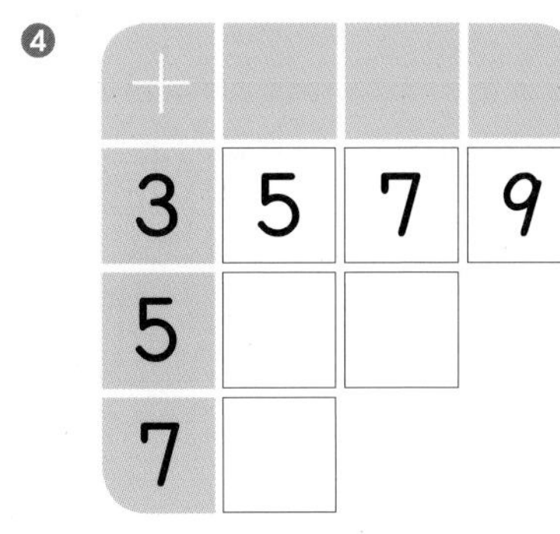

+			
3	5	7	9
5			
7			

❺

+	1	3	
	2		9
	3		
	9		

❻

+		3	
	3	5	8
3			
8			

❼

+			7
1	3	6	
4			
	9		

❽

+		4	5
	7	8	
5	8		
	9		

잘 공부했는지 알아봅시다

월 일

1 아래의 수는 위 두 수의 합입니다. 빈칸에 알맞은 수를 써넣으시오.

❶ 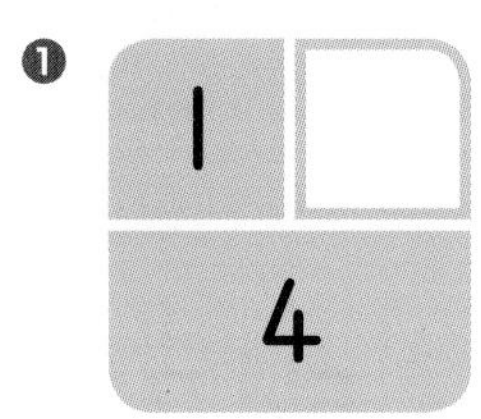

❷ 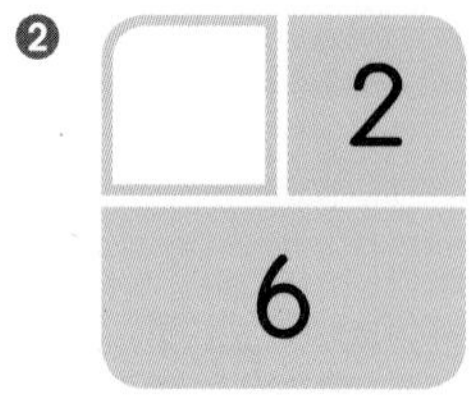

❸ 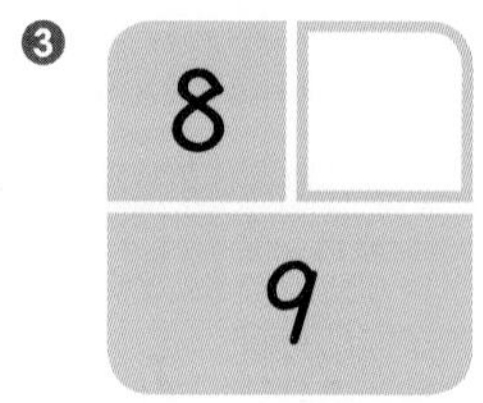

2 빈칸에 알맞은 수를 써넣으시오.

4 → □
9

$4 + \square = 9$

3 두 수의 합이 3이 되는 네 가지 덧셈식을 완성하시오.

$\square + \square = 3$ $\square + \square = 3$

$\square + \square = 3$ $\square + \square = 3$

4 덧셈표의 빈칸에 알맞은 수를 써넣으시오.

+		
2	7	
4		6

3 한 자리 수의 뺄셈

137 그림 뺄셈

◐ 그림을 보고 뺄셈을 하시오.

6 − 2 = 4

❶ 

8 − 5 = □

❷ 

2 − 1 = □

❸ 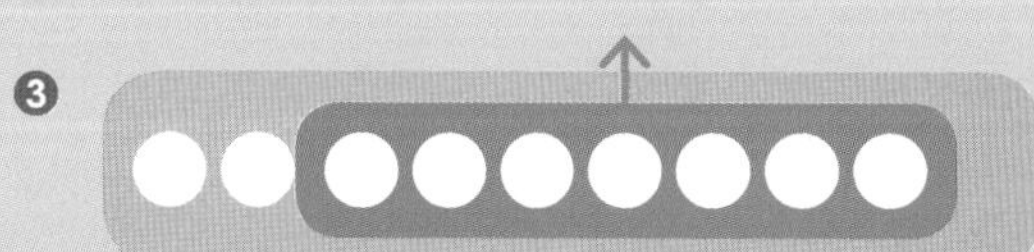

9 − 7 = □

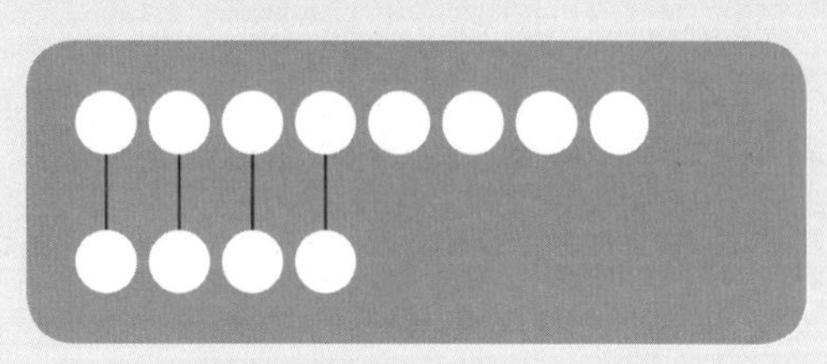

8 − 4 = 4

❹ 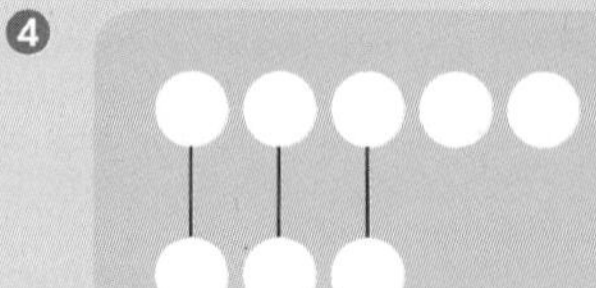

5 − 3 = □

❺ 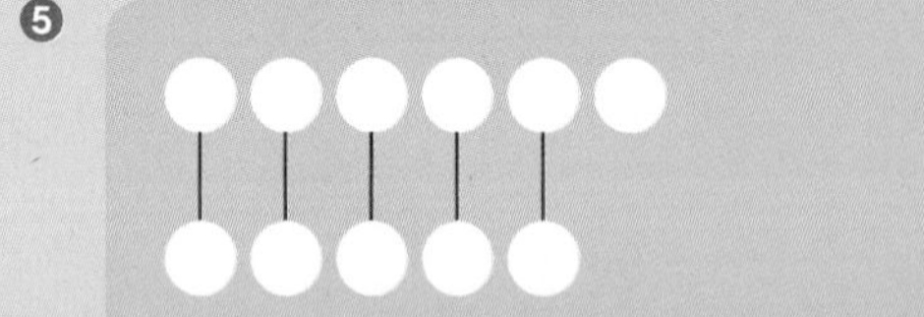

6 − 5 = □

❻ 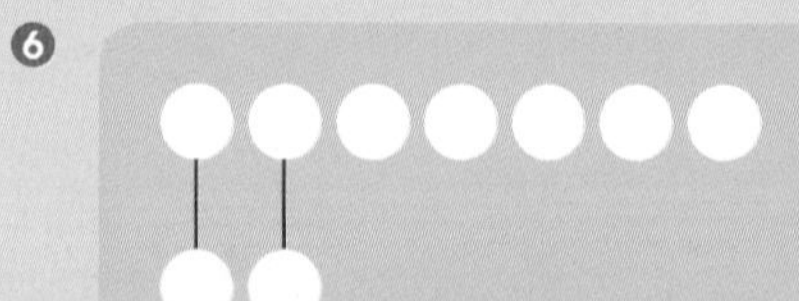

7 − 2 = □

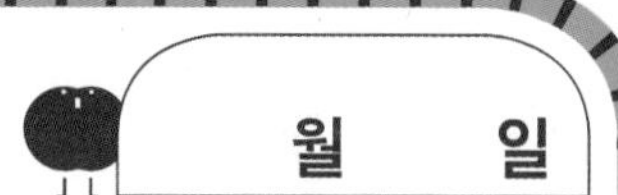

⊕ 그림을 보고 □ 안에 알맞은 수를 써넣으시오.

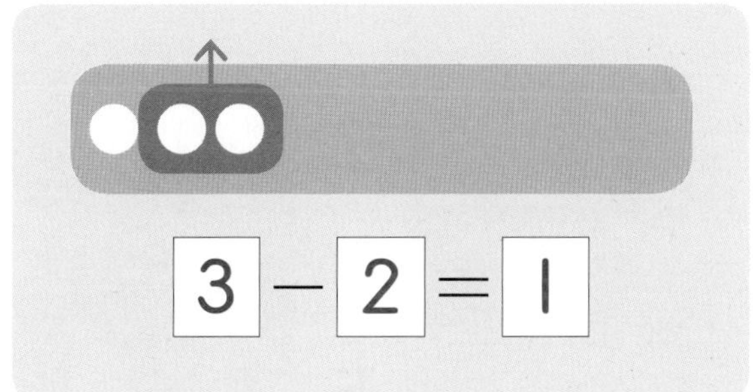

❶
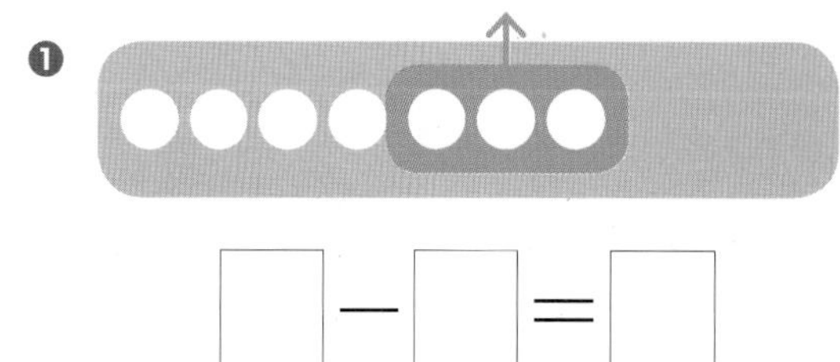

□ − □ = □

❷
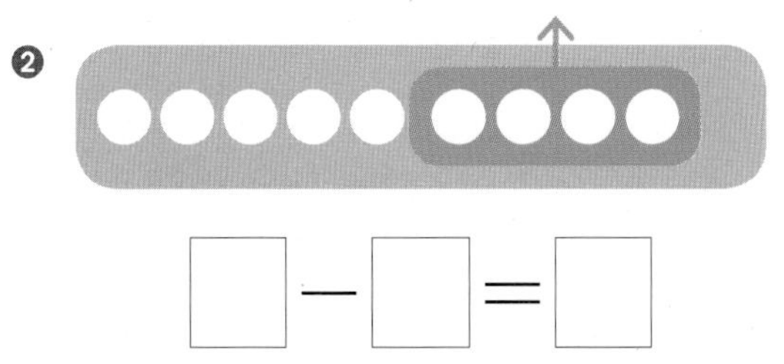

□ − □ = □

❸
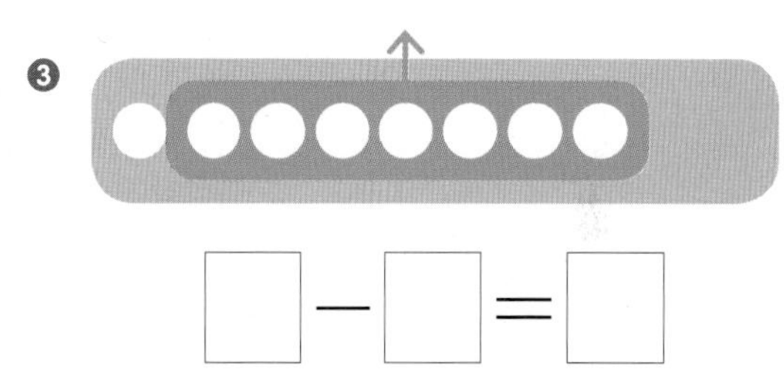

□ − □ = □

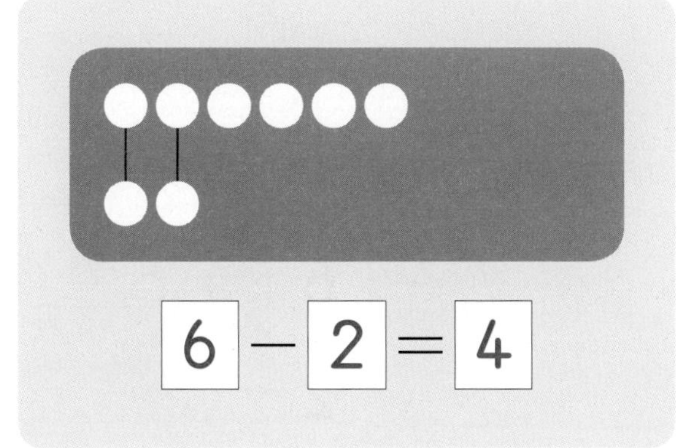

❹
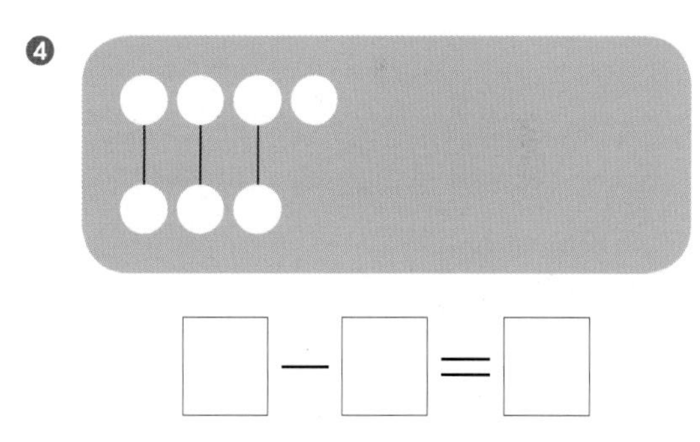

□ − □ = □

❺
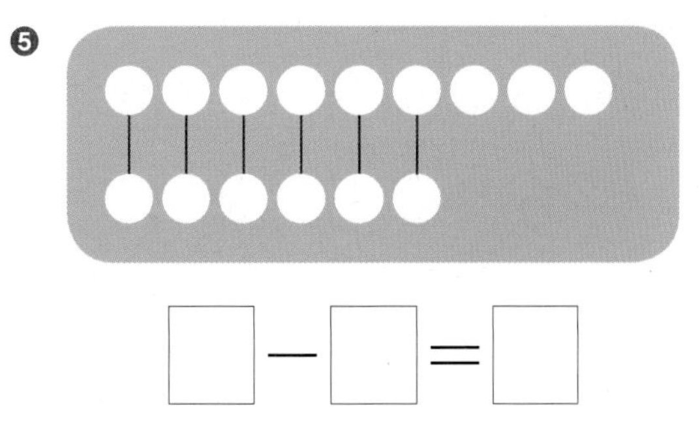

□ − □ = □

❻
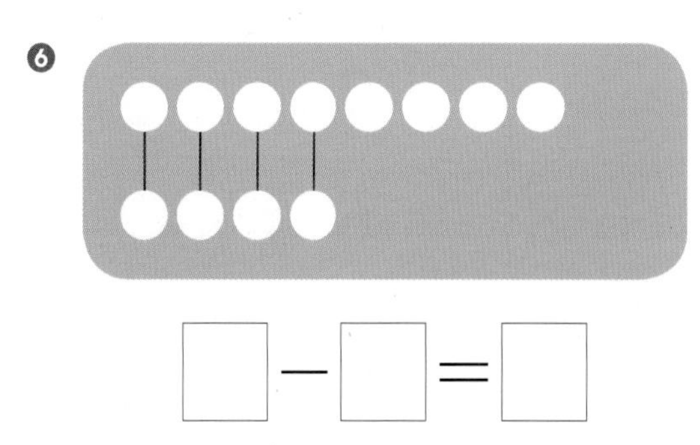

□ − □ = □

비행기

◐ 뺄셈식에 맞게 ○표 하시오.

보기

		3		
7	−	④	=	3
		5		

❶

		2		
8	−	3	=	6
		5		

❷

		1		
6	−	3	=	4
		2		

❸

		1		
5	−	3	=	1
		4		

❹

		2		
9	−	3	=	6
		5		

❺

		1		
7	−	6	=	5
		2		

❻

		7		
8	−	6	=	4
		4		

❼

		4		
6	−	5	=	1
		2		

⊕ 뺄셈을 하여 빈칸에 알맞은 수를 써넣으시오.

(보기)

2, 3 / 8 − 4 = 4 / 6, 5

- 8 − 2 = 6
- 8 − 4 = 4
- 8 − 3 = 5

❶

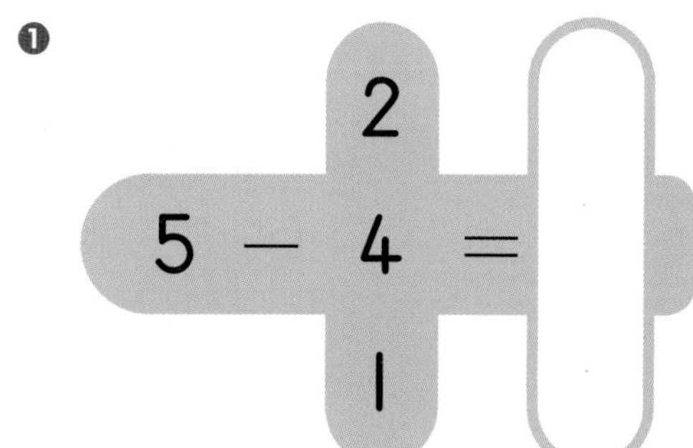

❷ 7 − 6 = ☐ (2, 5)

- 7 − 2 = ☐
- 7 − 6 = ☐
- 7 − 5 = ☐

❸ 6 − 3 = ☐ (1, 5)

- 6 − 1 = ☐
- 6 − 3 = ☐
- 6 − 5 = ☐

❹ 9 − 5 = ☐ (8, 7)

- 9 − 8 = ☐
- 9 − 5 = ☐
- 9 − 7 = ☐

❺ 8 − 6 = ☐ (3, 1)

- 8 − 3 = ☐
- 8 − 6 = ☐
- 8 − 1 = ☐

❻ 4 − 3 = ☐ (2, 1)

- 4 − 2 = ☐
- 4 − 3 = ☐
- 4 − 1 = ☐

❼ 7 − 3 = ☐ (4, 1)

- 7 − 4 = ☐
- 7 − 3 = ☐
- 7 − 1 = ☐

139 거리셈

◐ 빈칸에 알맞은 수를 쓰고, 두 점 사이의 거리를 구하시오.

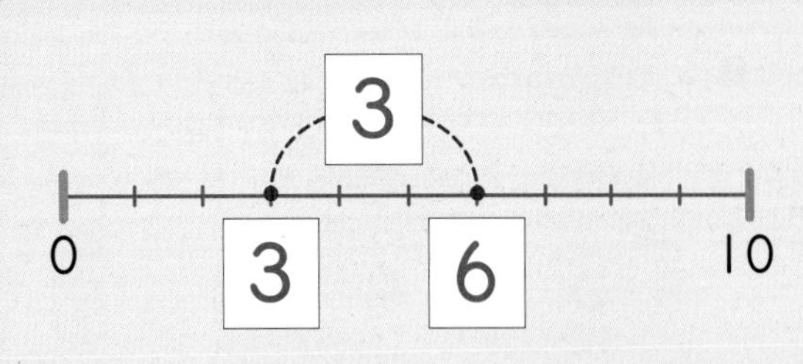

❶

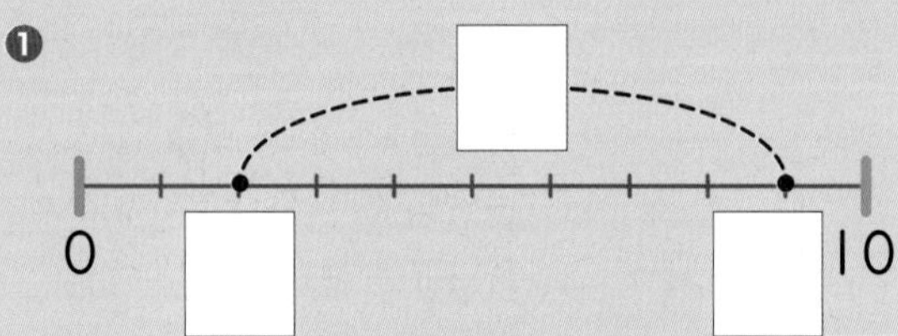

❷

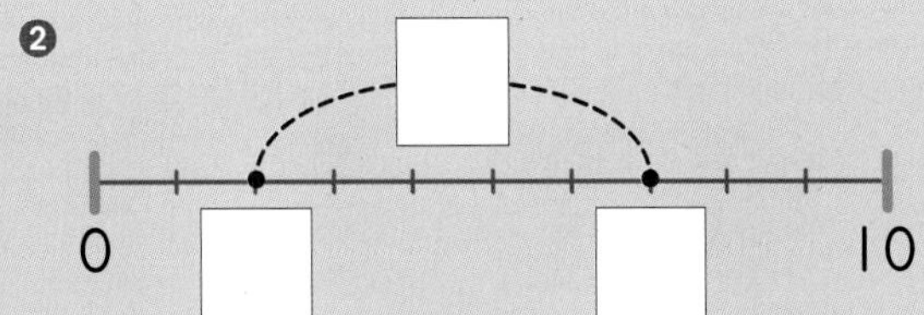

❸

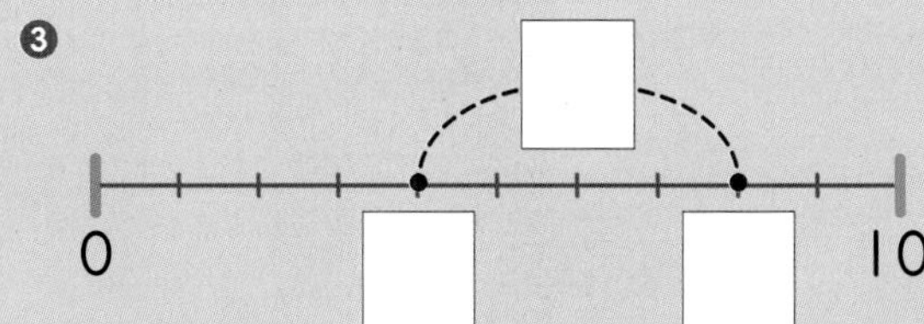

❹

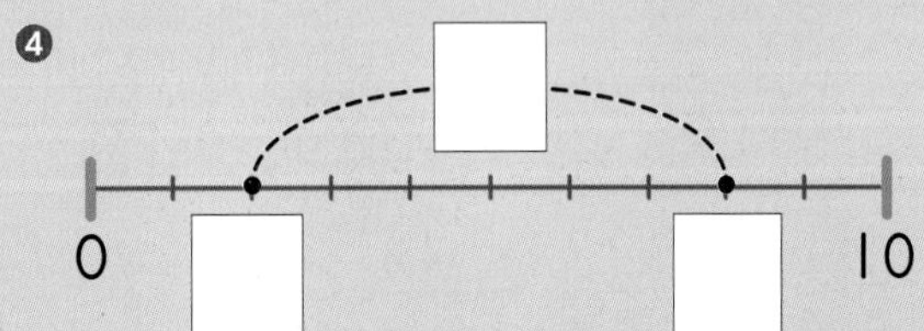

❺

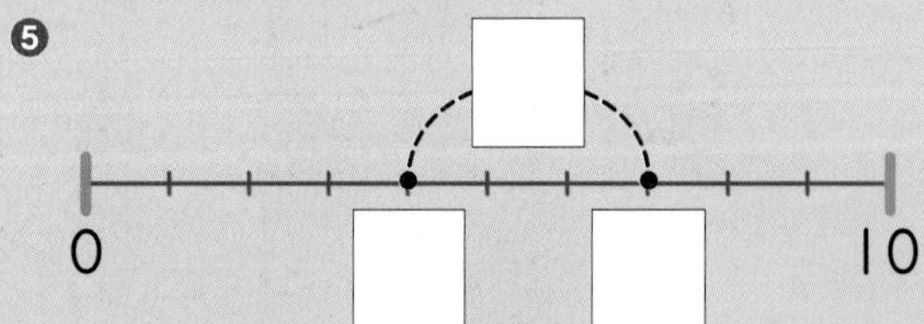

❻

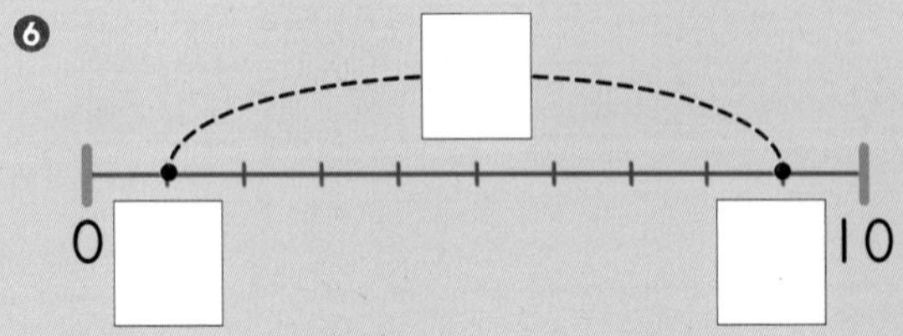

❼

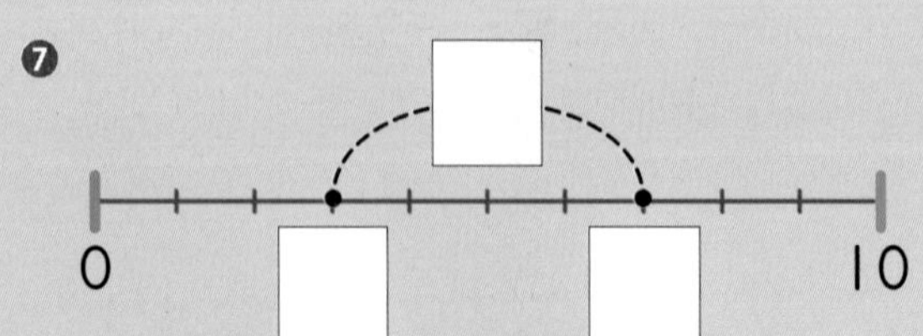

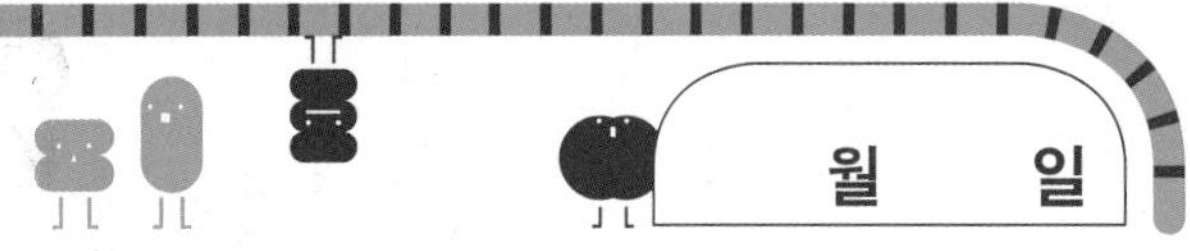

◆ 안의 두 수를 수직선에 표시하고, 표시된 두 곳의 거리를 구하시오.

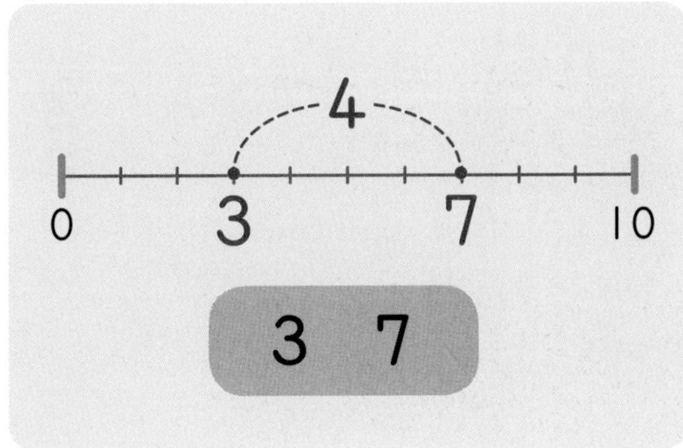

❶

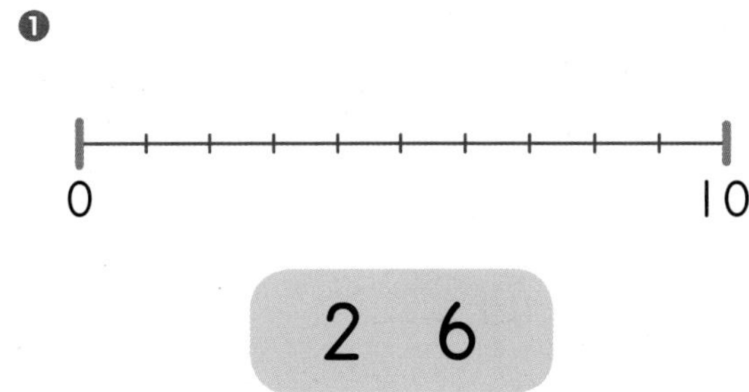

❷

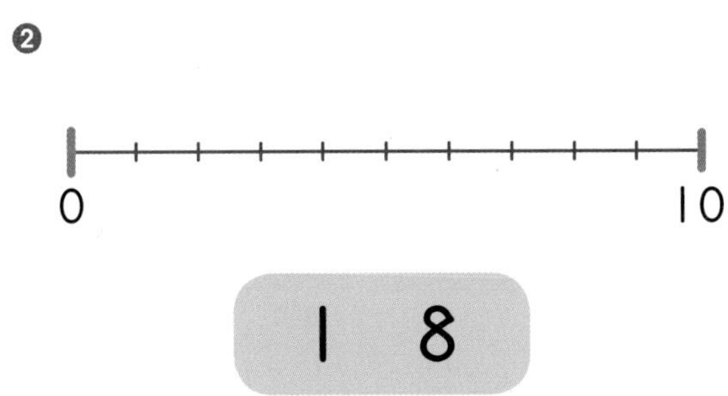

❸

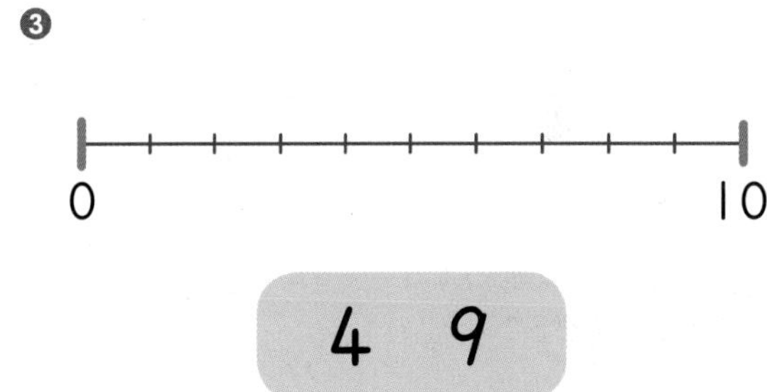

❹

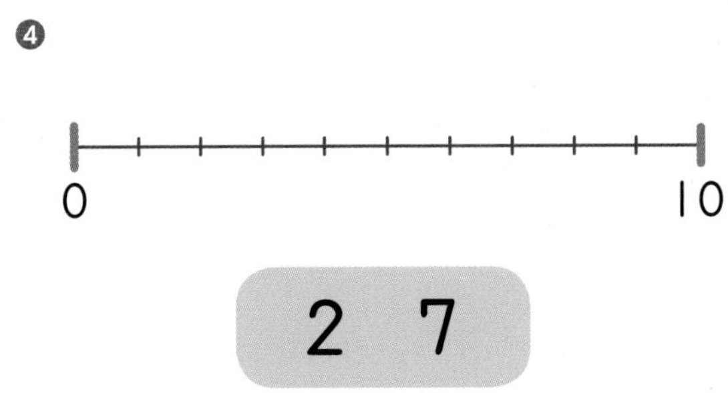

❺

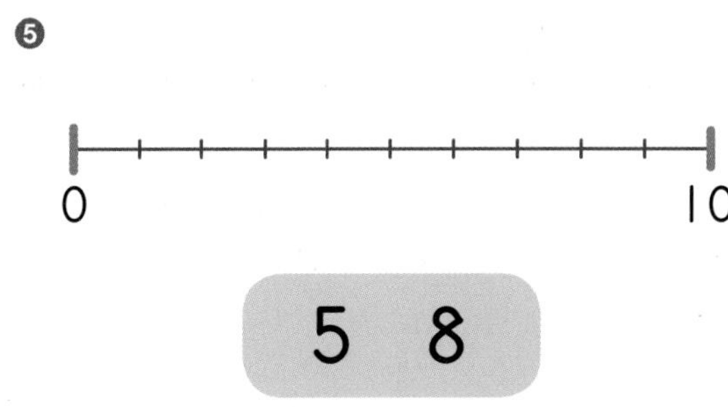

❻

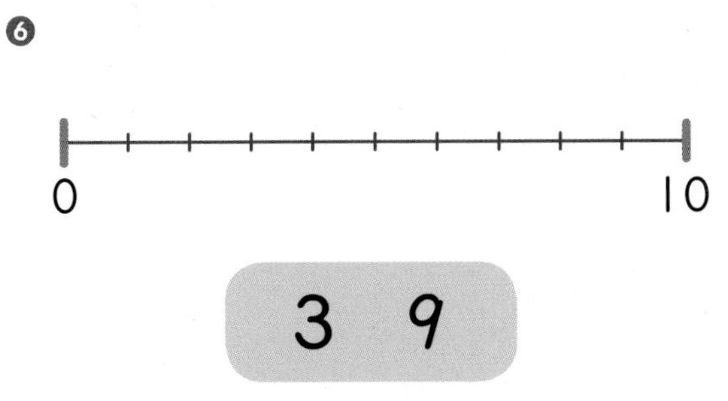

❼

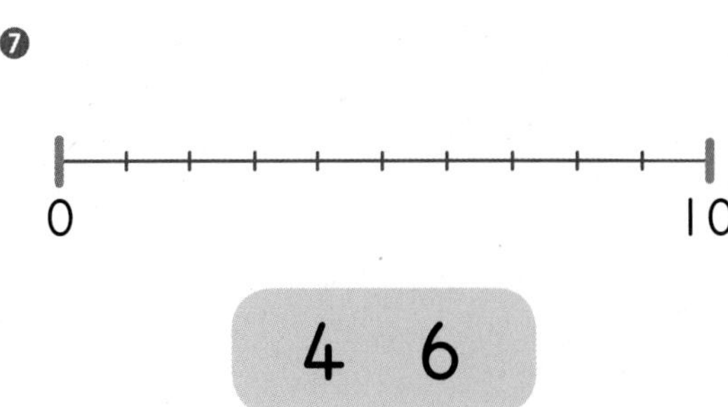

140 역피라미드

◐ 아래의 수는 위 두 수의 차입니다. 빈칸을 채우시오.

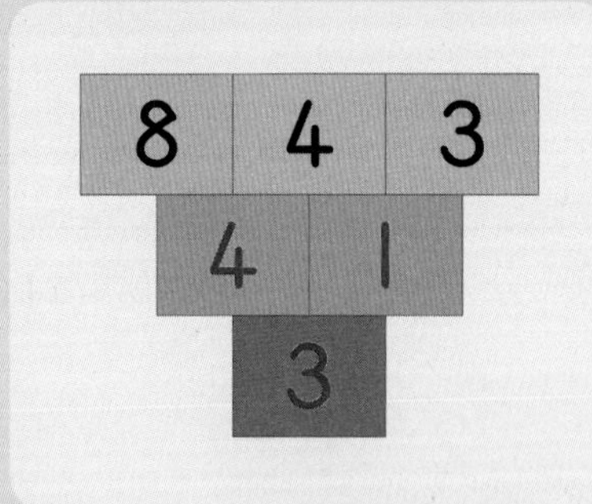

❶

❷
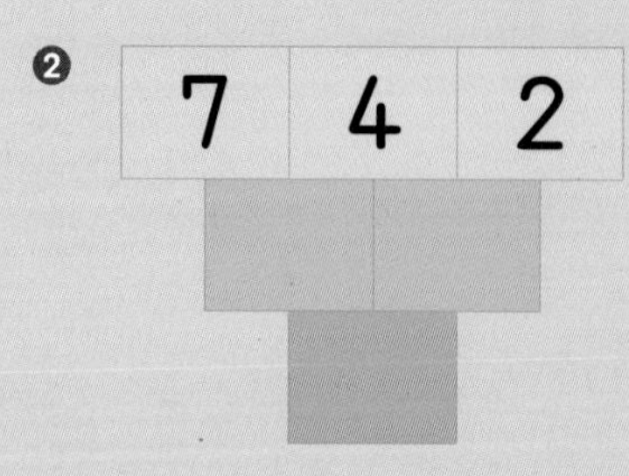

❸

❹

❺

❻

❼

❽

❾

❿

⓫

아래의 수는 위 두 수의 차입니다. 빈칸을 채우시오.

❶
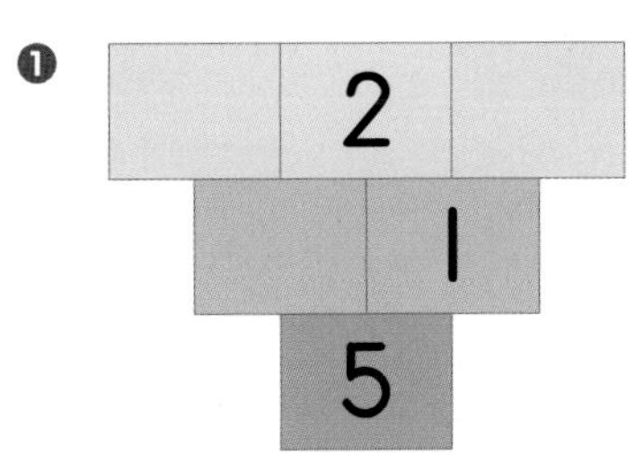

❷
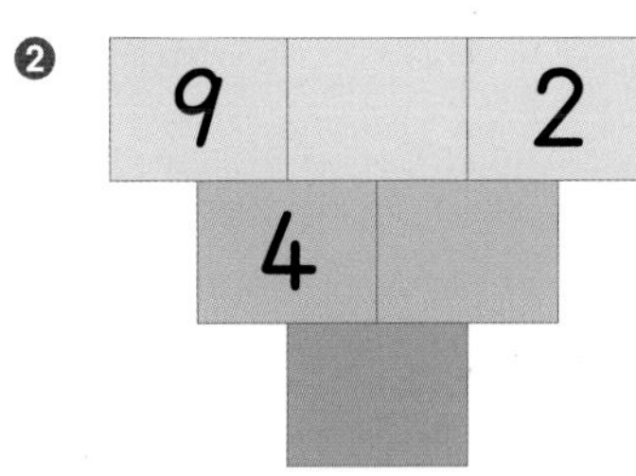

❸

❹
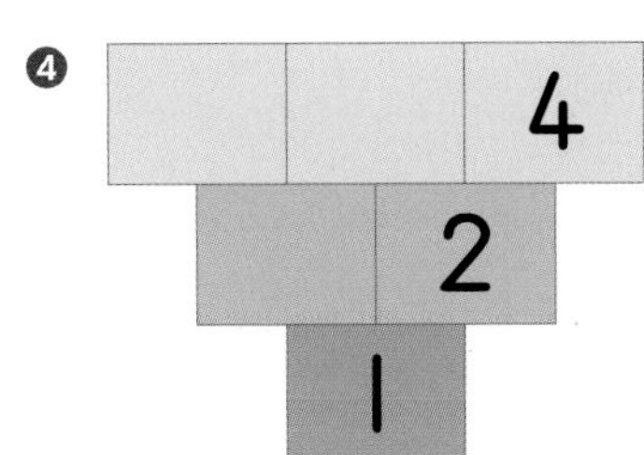

❺
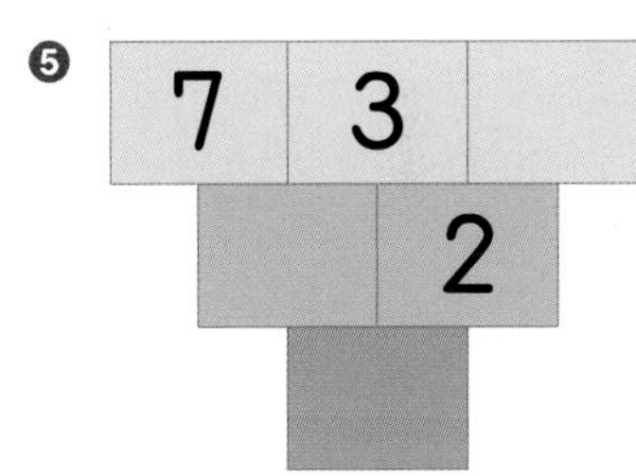

❻
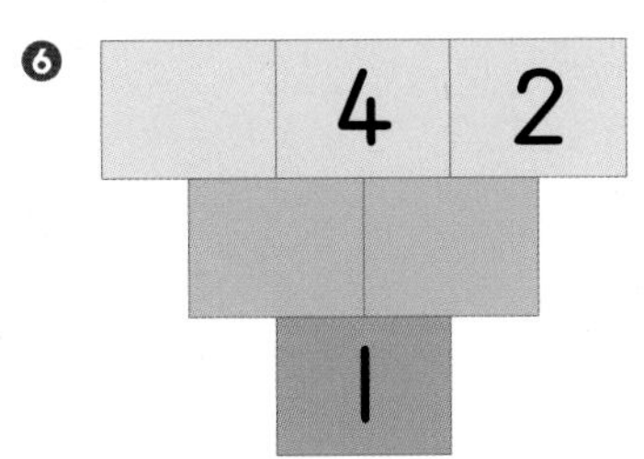

❼

❽
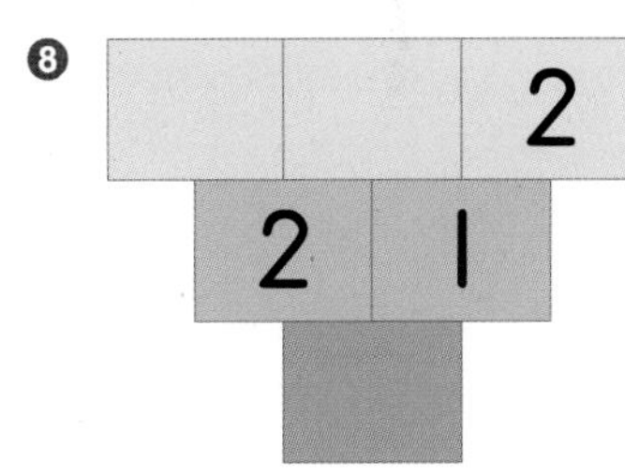

❾
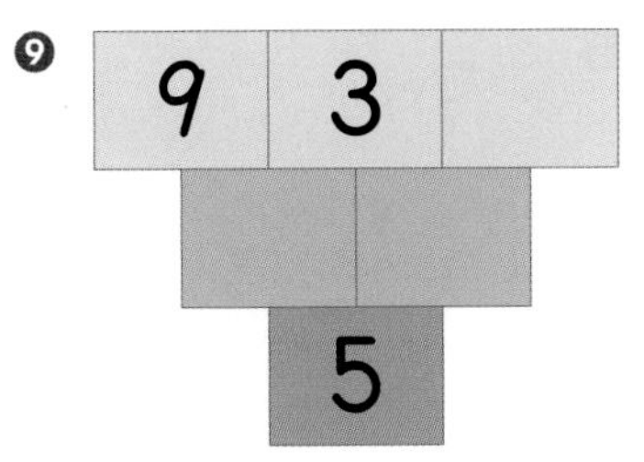

❿
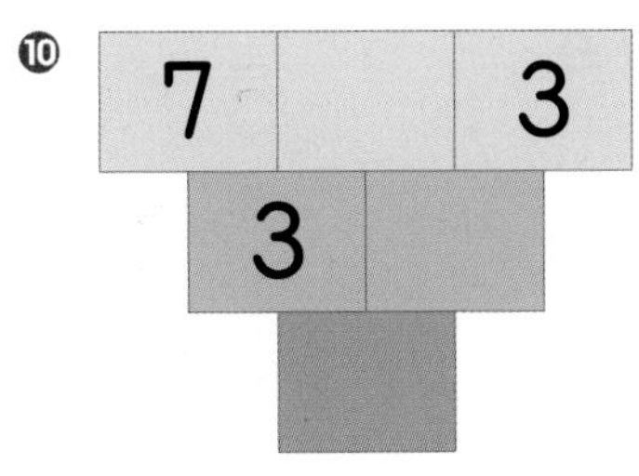

⓫
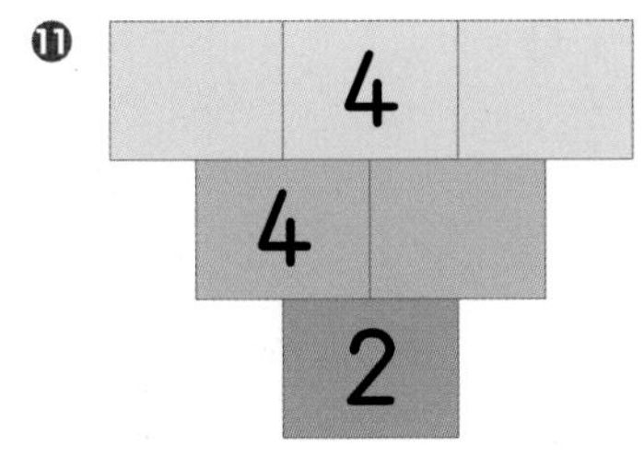

잘 공부했는지 알아봅시다

1 그림을 보고 뺄셈을 하시오.

❶

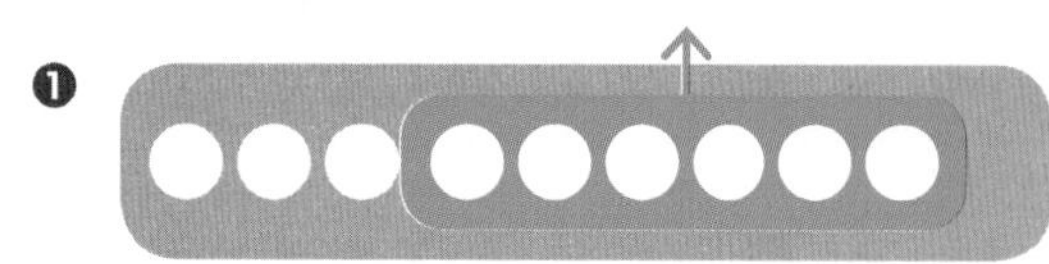

$9-6=\square$

❷

$7-2=\square$

2 빈칸에 알맞은 수를 쓰고 두 점 사이의 거리를 구하시오.

❶

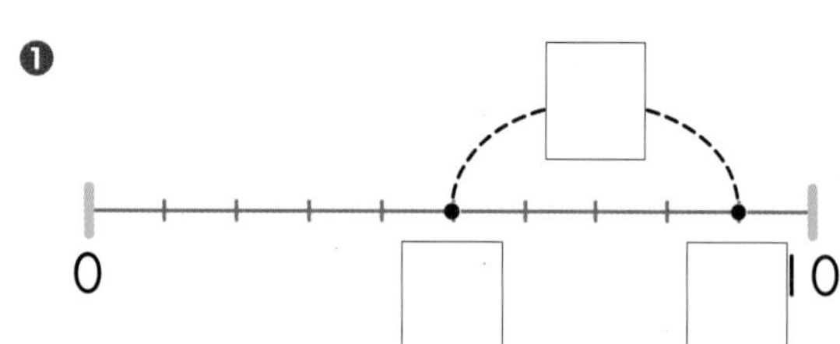

❷

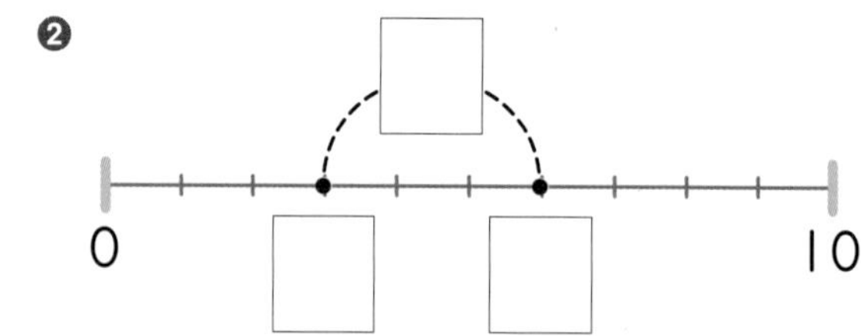

3 아래의 수는 위 두 수의 차입니다. 빈칸을 채우시오.

❶

❷

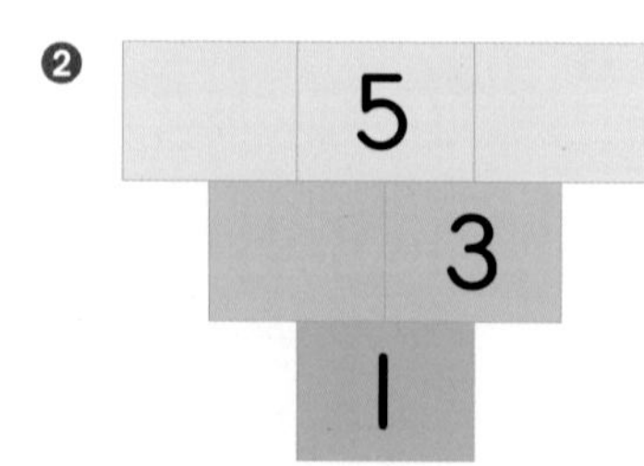

❸

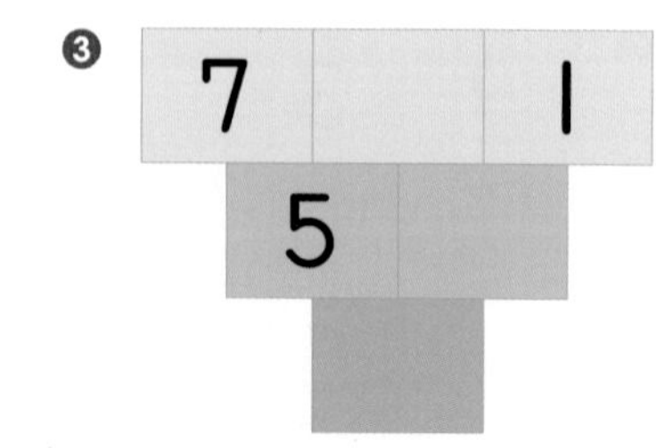

□가 있는 뺄셈

141 네모셈

142 사탕셈

143 경우의 뺄셈

144 계단 뺄셈표

141 네모셈

◐ □ 안에 들어갈 수만큼 /로 지우고, 알맞은 수를 써넣으시오.

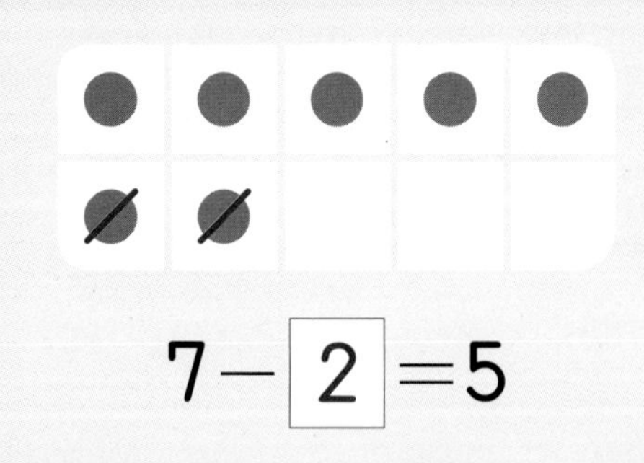

7－ 2 ＝5

❶ 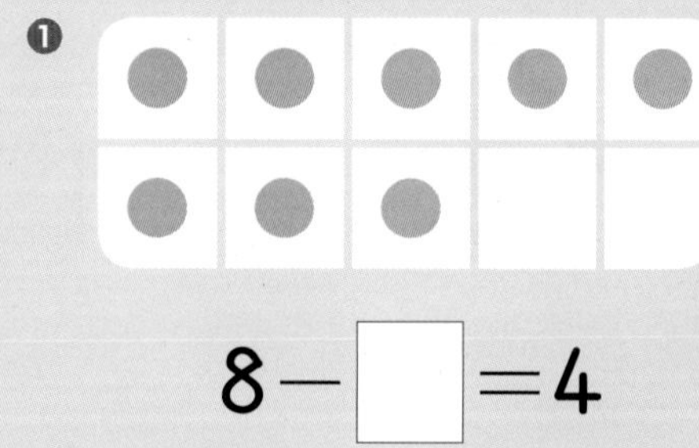

8－□＝4

❷ 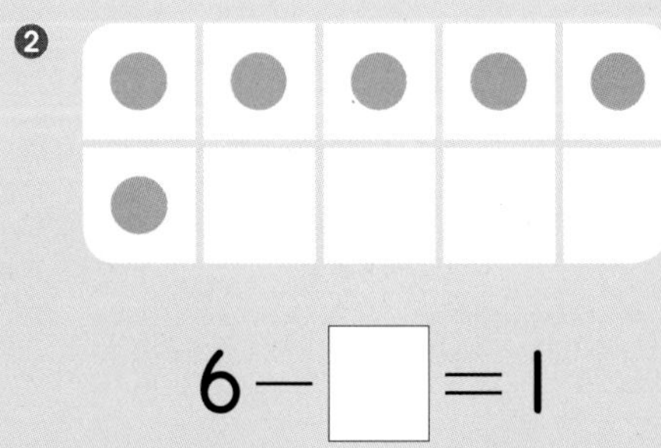

6－□＝1

❸ 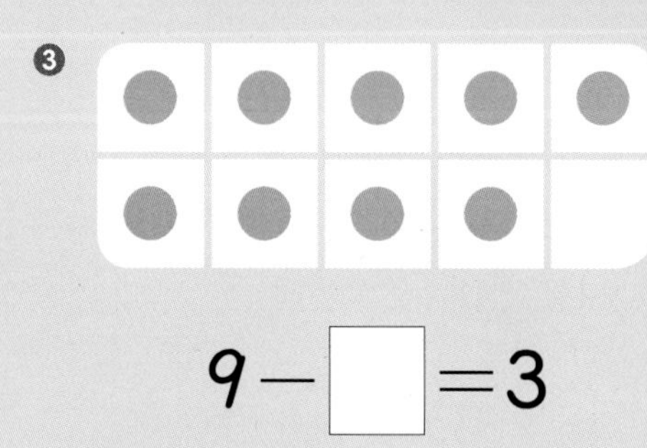

9－□＝3

◐ □ 안에 들어갈 수만큼 ○를 그리고, 알맞은 수를 써넣으시오.

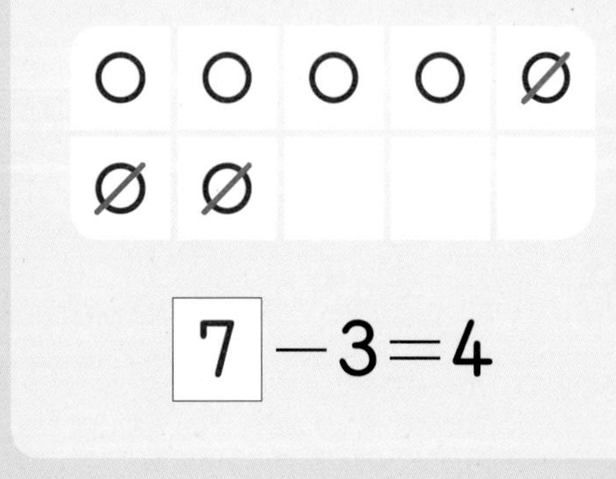

7 －3＝4

❹ 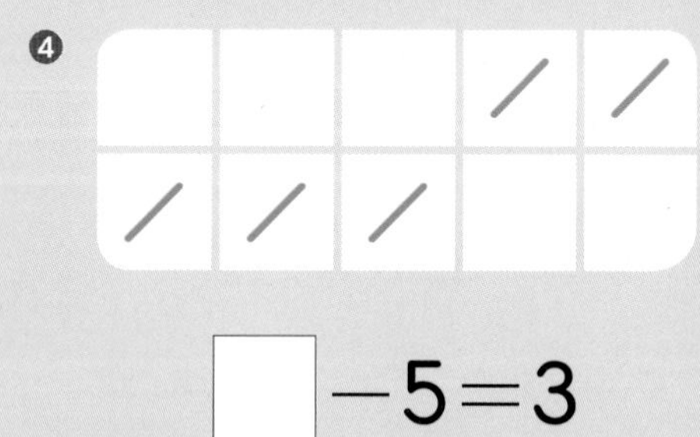

□－5＝3

❺ 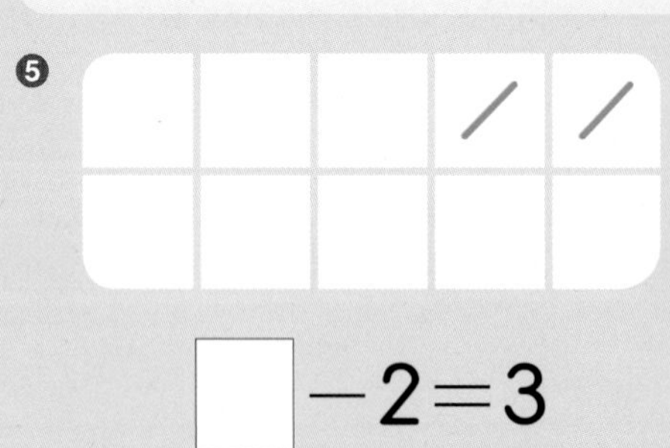

□－2＝3

❻ 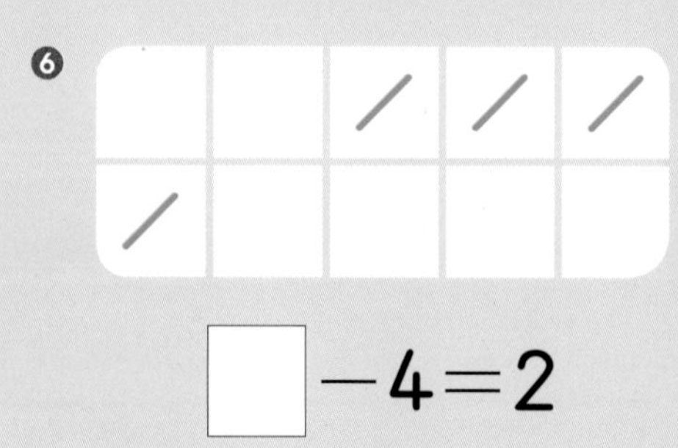

□－4＝2

◆ (　) 안의 세 수 중에서 □ 안에 들어갈 수에 ○표 하고, 알맞은 수를 써넣으시오.

$8-\boxed{3}=5$

2 ③ 4

❶ $7-\square=3$

4 3 2

❷ $5-\square=4$

3 2 1

❸ $\square-5=1$

4 6 3

❹ $\square-2=6$

8 4 7

❺ $\square-2=7$

7 5 9

$\begin{array}{r} \boxed{8} \\ -\ 5 \\ \hline 3 \end{array}$

7 ⑧ 6

❻ $\begin{array}{r} \square \\ -\ 1 \\ \hline 5 \end{array}$

2 6 3

❼ $\begin{array}{r} \square \\ -\ 3 \\ \hline 4 \end{array}$

5 1 7

❽ $\begin{array}{r} 9 \\ -\ \square \\ \hline 2 \end{array}$

1 7 4

❾ $\begin{array}{r} 5 \\ -\ \square \\ \hline 1 \end{array}$

4 1 3

❿ $\begin{array}{r} 8 \\ -\ \square \\ \hline 7 \end{array}$

1 4 5

142 사탕셈

◐ 위에서 아래로, 왼쪽에서 오른쪽으로 뺄셈을 하시오.

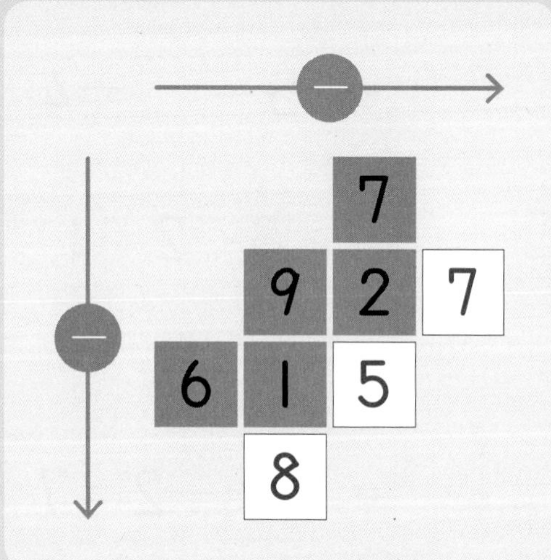

❶

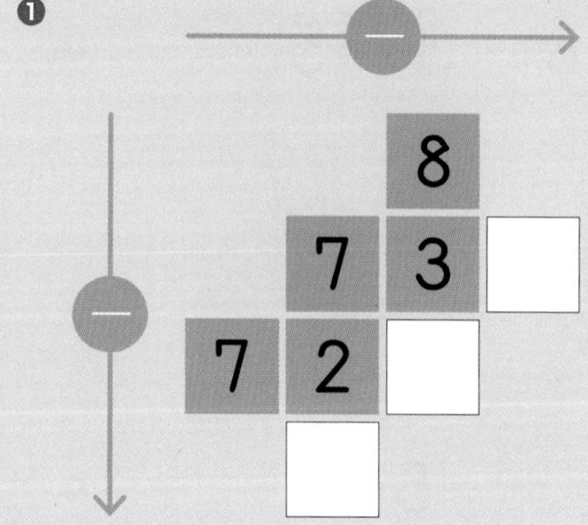

❷

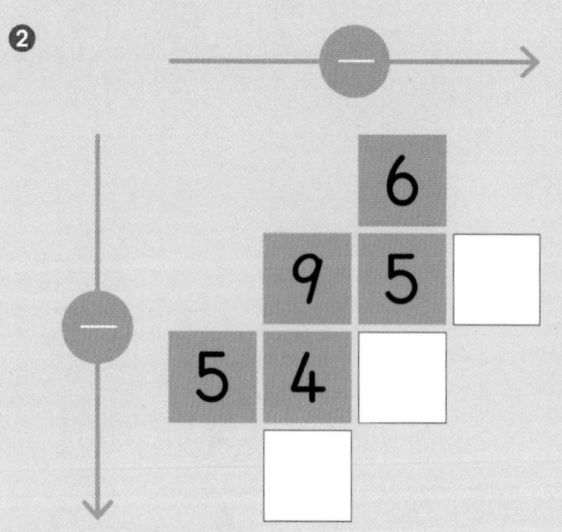

❸

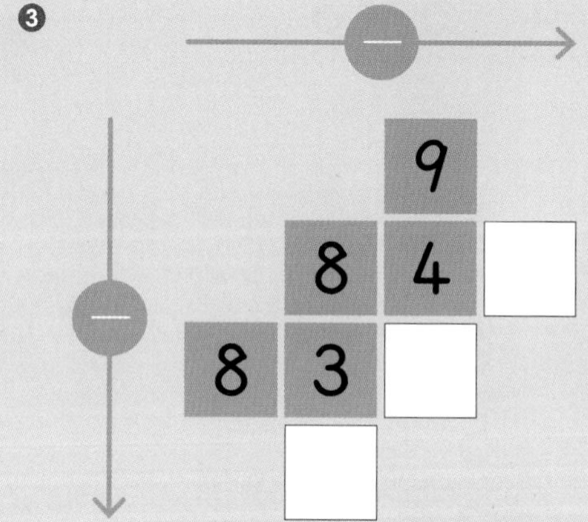

❹

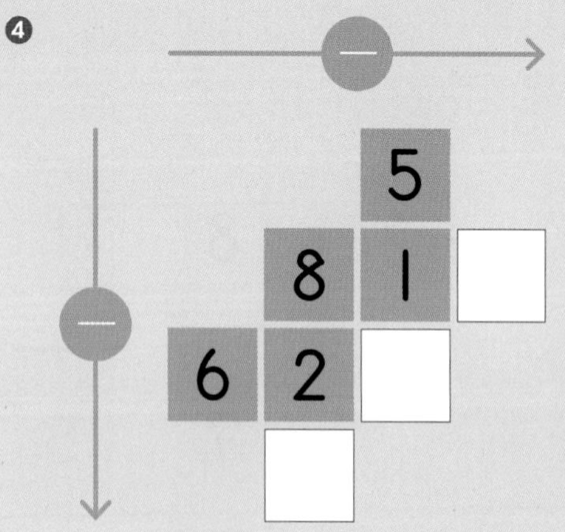

❺

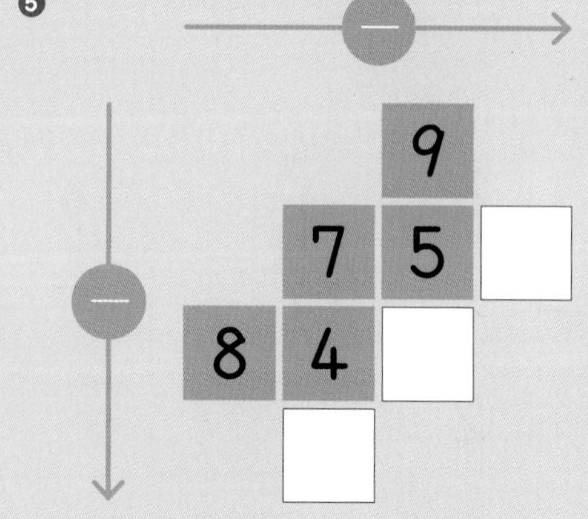

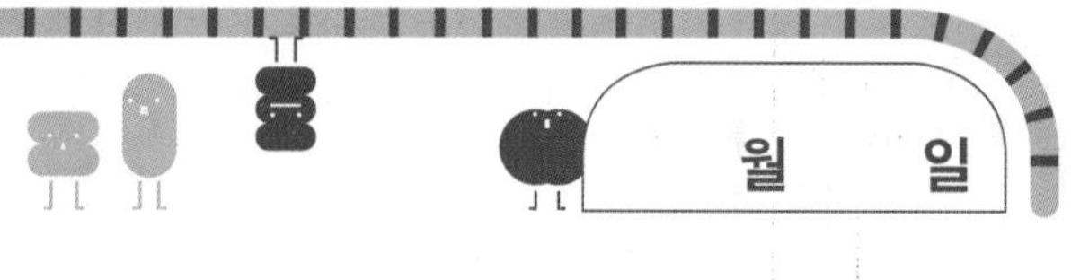

빈칸에 알맞은 수를 써넣으시오.

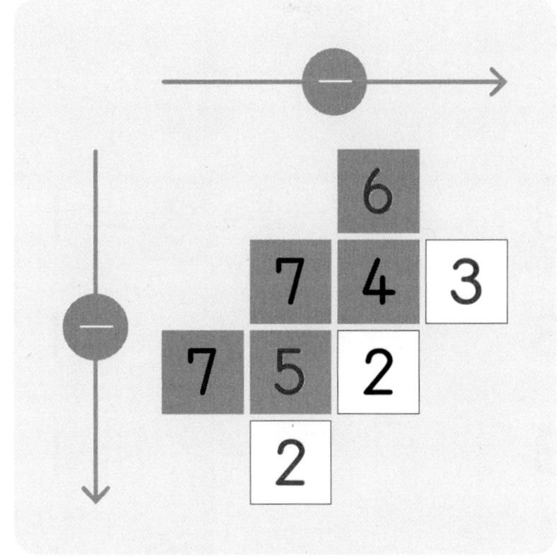

❶

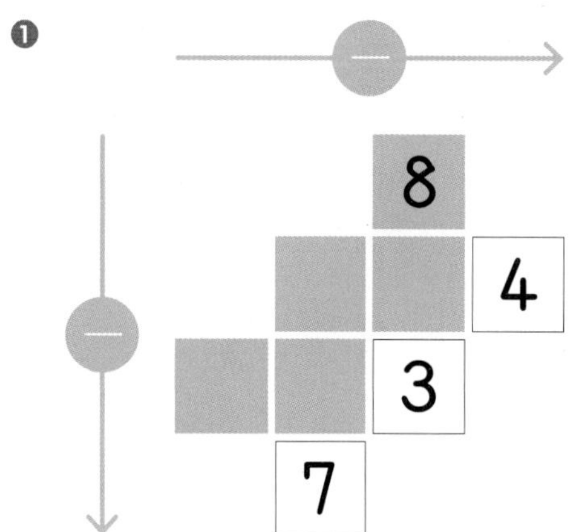

❷

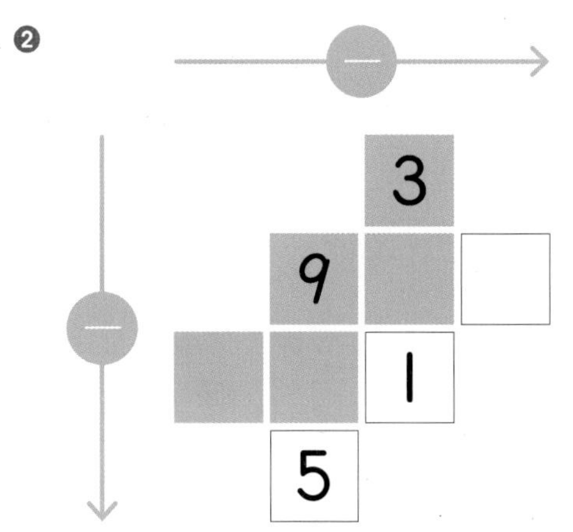

❸

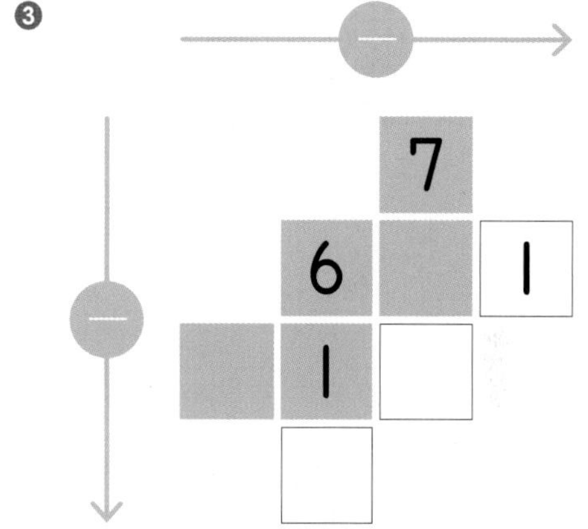

❹

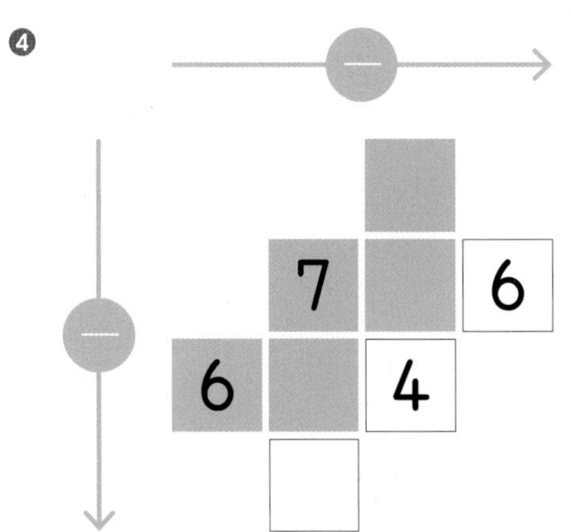

❺

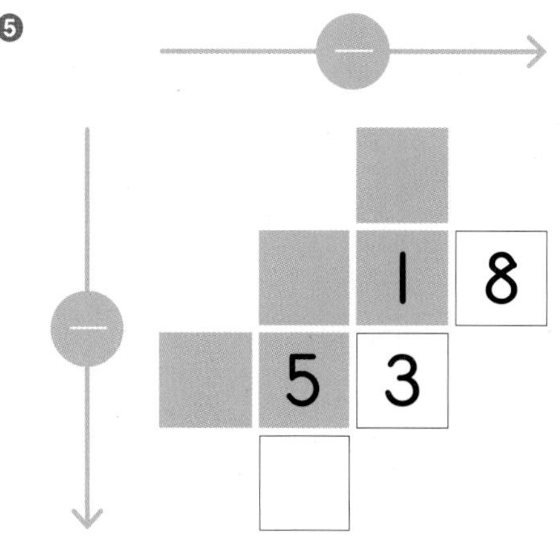

143 경우의 뺄셈

◐ □ 안에 알맞은 수를 써넣으시오.

5

9 − 4 = 5
8 − 3 = 5
7 − 2 = 5
6 − 1 = 5
5 − 0 = 5

❶ **3**

9 − □ = 3
8 − □ = 3
□ − 4 = 3
□ − 3 = 3
5 − □ = 3
□ − 1 = 3
3 − □ = 3

❷ 

□ − 8 = 1
8 − □ = 1
7 − □ = 1
□ − 5 = 1
□ − 4 = 1
4 − □ = 1
□ − 2 = 1
2 − □ = 1
□ − 0 = 1

❸ **7**

9 − □ = 7
□ − 1 = 7
7 − □ = 7

❹ **8**

□ − 1 = 8
8 − □ = 8

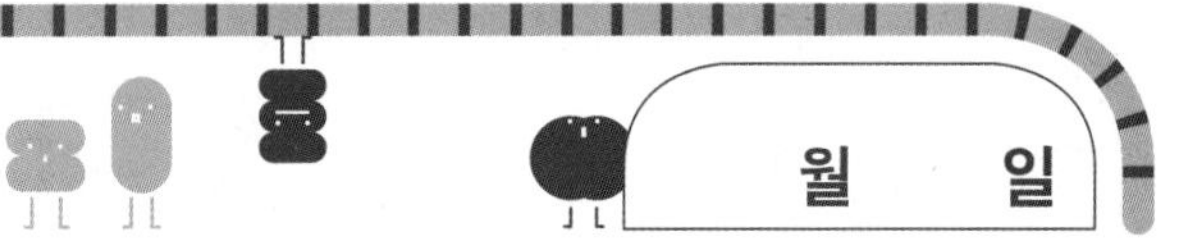

10보다 작은 수를 써서 두 수의 차가 ● 안의 수가 되는 뺄셈식을 쓰시오.

⑥

$\boxed{9}-\boxed{3}=6$ $\boxed{7}-\boxed{1}=6$

$\boxed{8}-\boxed{2}=6$ $\boxed{6}-\boxed{0}=6$

❶ ④

$\square-\square=4$ $\square-\square=4$

$\square-\square=4$ $\square-\square=4$

$\square-\square=4$ $\square-\square=4$

❷ ②

$\square-\square=2$ $\square-\square=2$

$\square-\square=2$ $\square-\square=2$

$\square-\square=2$ $\square-\square=2$

$\square-\square=2$ $\square-\square=2$

144 계단 뺄셈표

◐ 가로, 세로로 빼서 빈칸에 알맞은 수를 써넣으시오.

—	3	4	7
9	6	5	2
5	2	1	
4	1		

❶

—	1	3	7
9			
7			
5			

❷

—	2	4	6
8			
7			
5			

❸

—	1	2	4
6			
3			
2			

❹

—	2	5	6
7			
6			
4			

❺

—	5	6	8
9			
8			
7			

❻

—	2	4	6
9			
5			
4			

❼

—	1	3	5
6			
4			
2			

❽

—	2	6	7
8			
7			
6			

◆ 뺄셈표의 빈칸에 알맞은 수를 써넣으시오.

−	2	3	6
8	6	5	2
3	1	0	
5	3		

❶

−	1	4	5
	5		
	4		
	1		

❷

−			
9	7	4	2
6			
3			

❸

−			8
9		4	
7	4		
	3		

❹

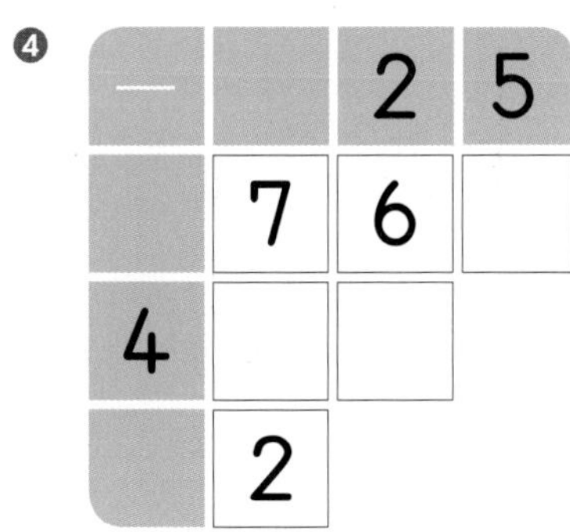

−		2	5
	7	6	
4			
	2		

❺

−		4	
	6		1
5	4		
	3		

❻

−	2		
	6	2	1
		1	
5			

❼

−	3	4	
6			1
	2		
4			

❽

−			8
	4		
8	3	1	
6			

잘 공부했는지 알아봅시다

월 일

1 □ 안에 들어갈 수에 ○표 하시오.

❶ $8-\square=3$

4 5 6

❷ $\square-4=2$

6 7 8

❸ $\square-2=7$

7 8 9

2 그림을 보고 뺄셈을 하시오.

$9-6=\square$

3 9까지의 수를 사용하여 두 수의 차가 6인 뺄셈식을 네 개 쓰시오.

$\square-\square=6$ $\square-\square=6$

$\square-\square=6$ $\square-\square=6$

4 뺄셈표의 빈칸에 알맞은 수를 써넣으시오.

−	3	
	4	
4		3

덧셈과 뺄셈

145 다리 잇기

◐ 계산을 한 다음 알맞게 선으로 이으시오.

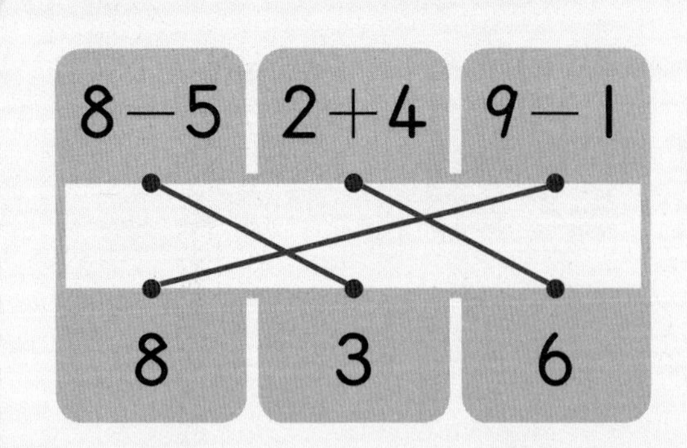

❶
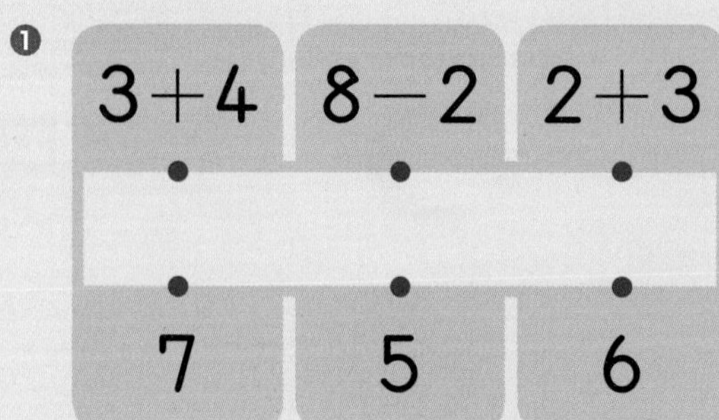

❷

9−5	8−7	7+2
1	9	4

❸

❹

5+1	9−2	4+5
7	6	9

❺
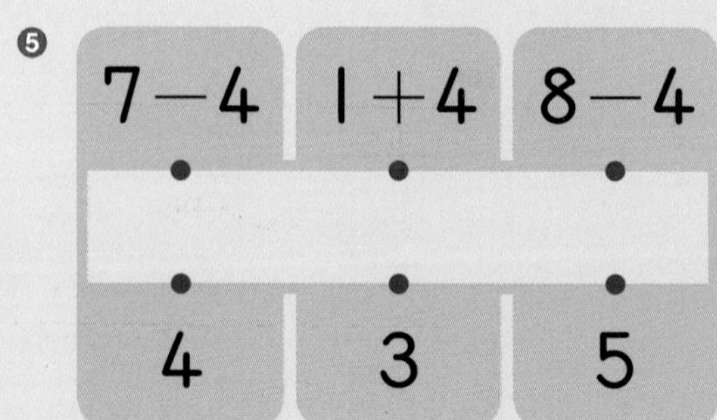

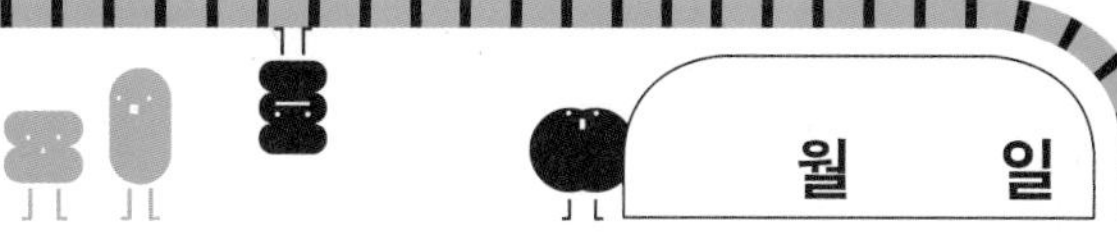

⊕ 계산 결과가 같은 것끼리 선으로 이으시오.

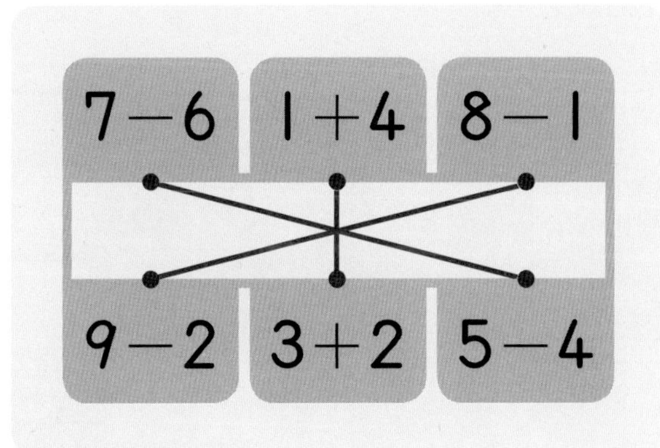

❶

7−4	4+4	8−2
9−1	5+1	1+2

❷

2+1	7−5	3+3
4+2	4−1	8−6

❸

9−2	8−7	4+1
3+4	7−2	3−2

❹

3+1	1+5	2−1
6−2	9−3	4−3

❺

3+6	5−2	6−2
2+2	8−5	7+2

146 믹스셈

◐ 가로로 덧셈, 세로로 뺄셈을 하여 빈칸에 알맞은 수를 써넣으시오.

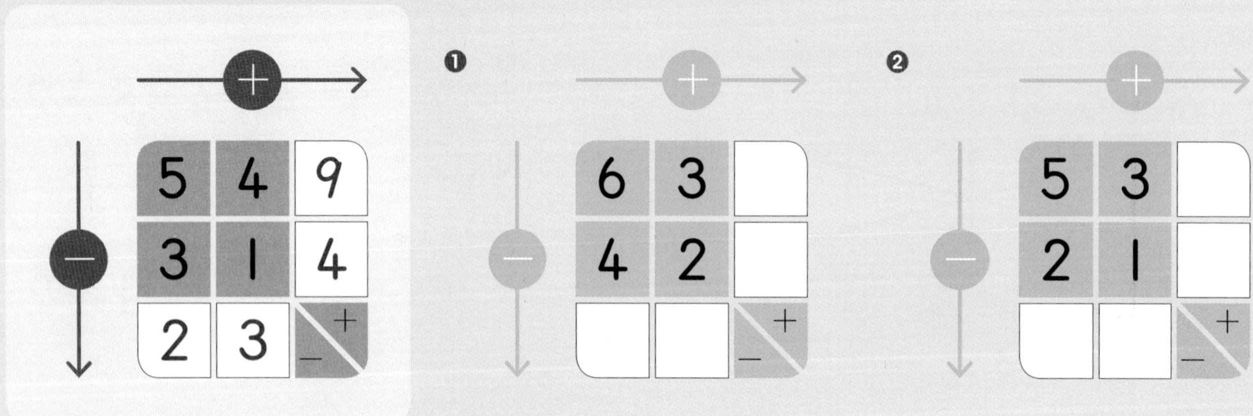

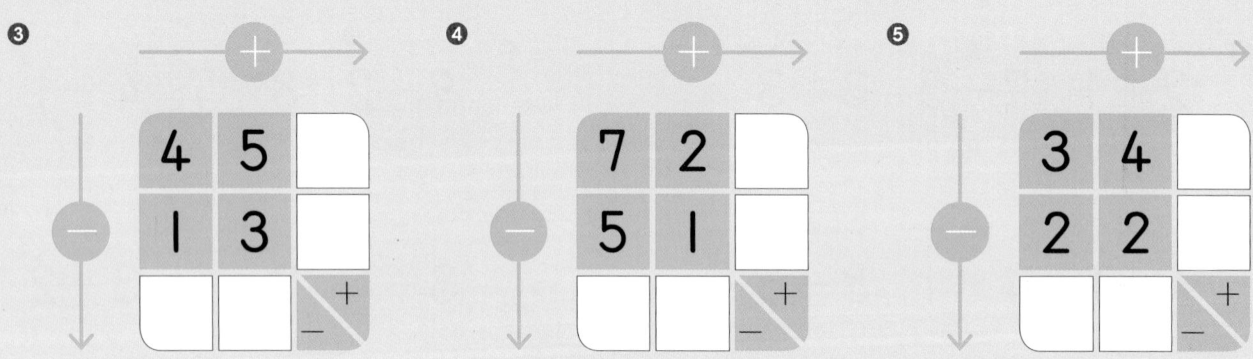

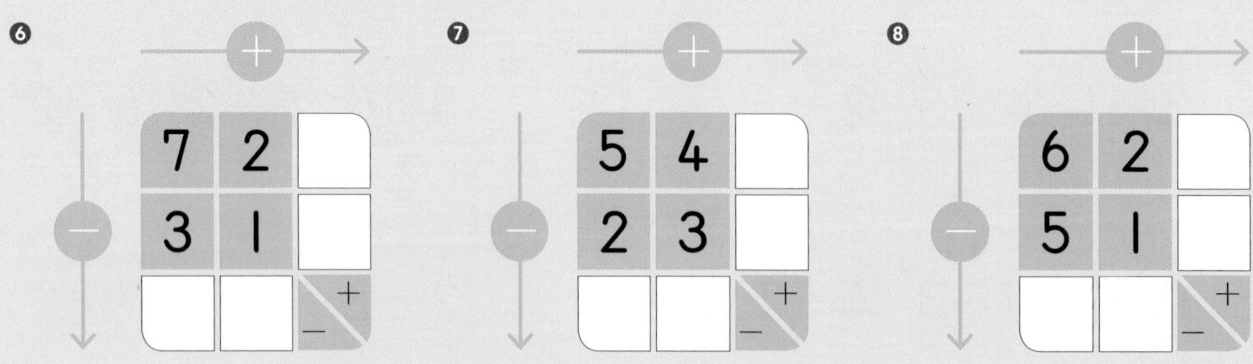

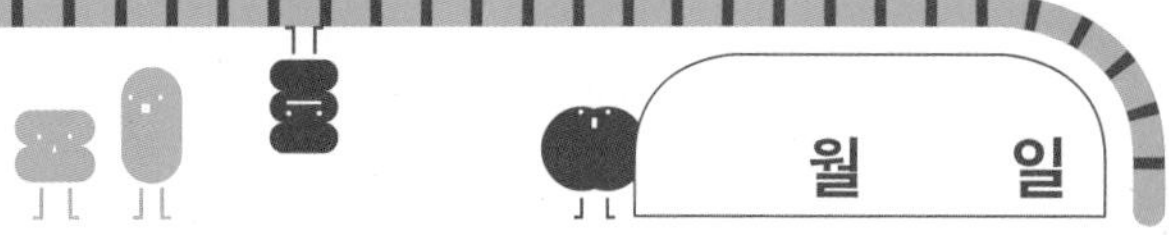

규칙에 맞게 빈칸에 알맞은 수를 써넣으시오.

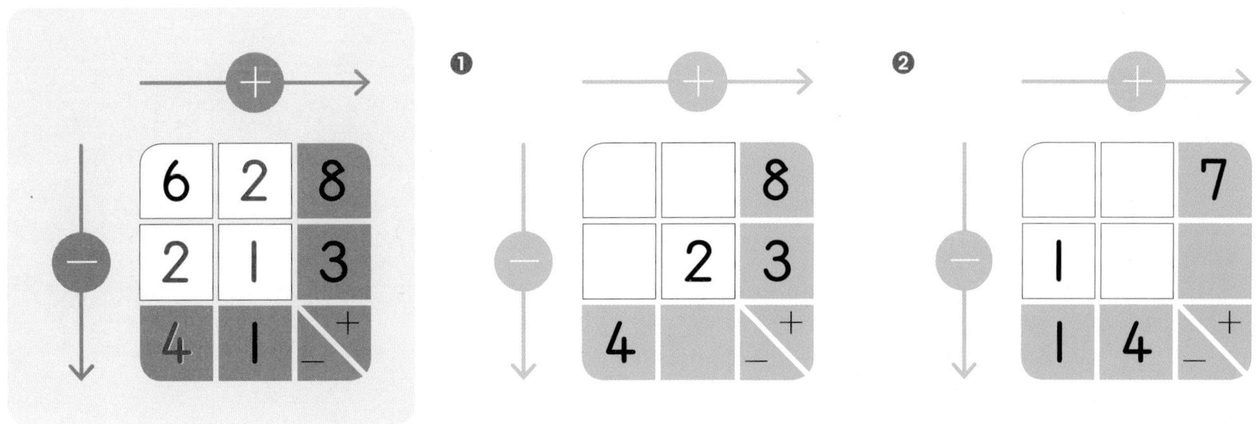

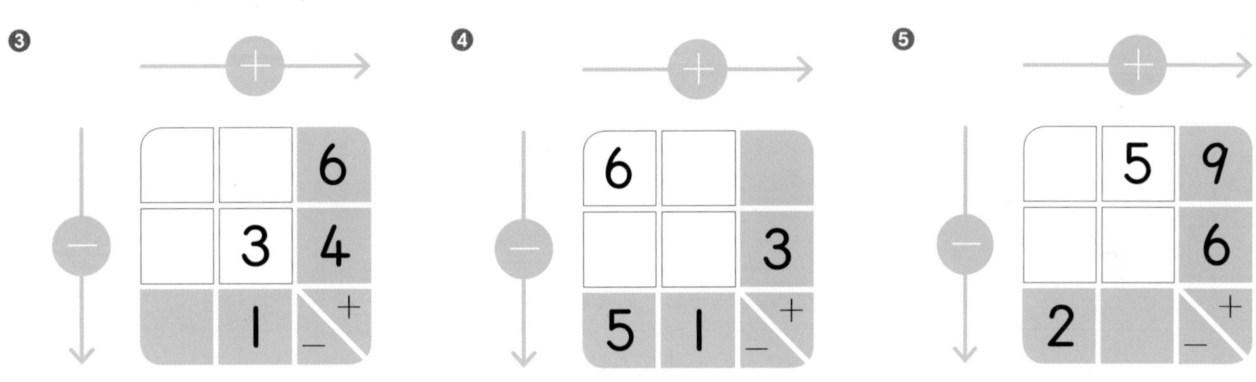

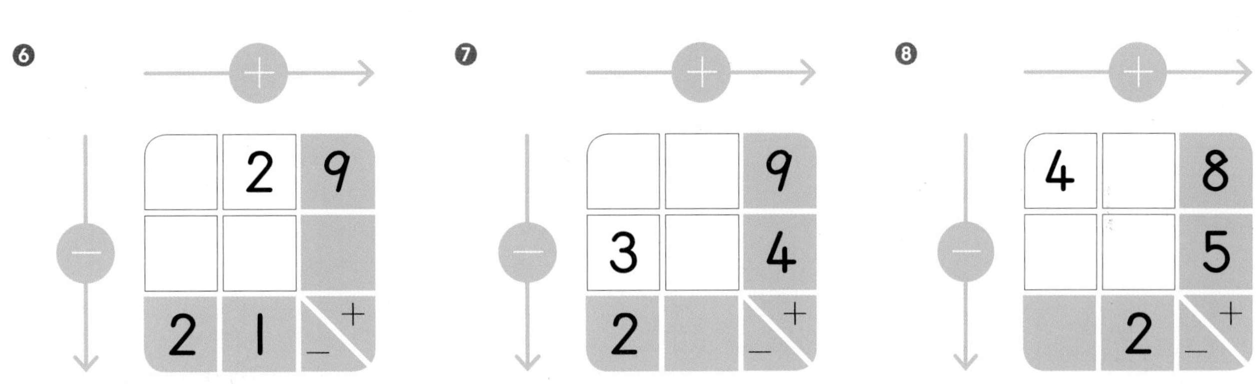

147 두 색깔 양궁

◐ [진한 색]에 꽂히면 점수를 더하고, [연한 색]에 꽂히면 뺍니다. 빈칸을 채우시오.

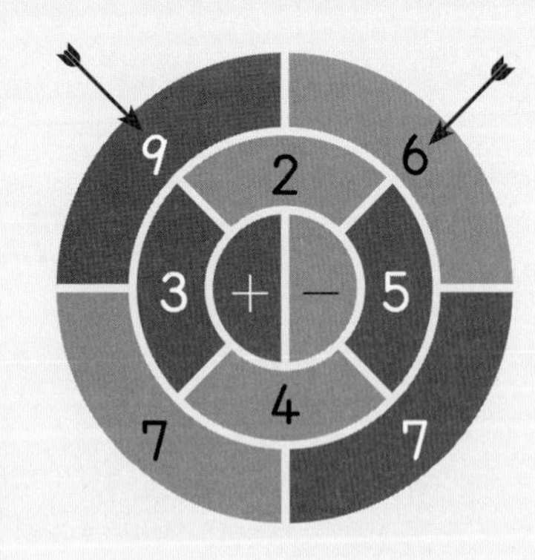

9 − 6 = 3

❶

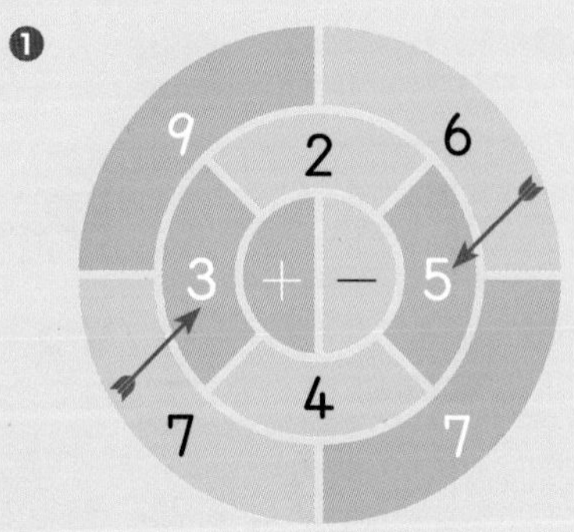

□ + □ = □

❷

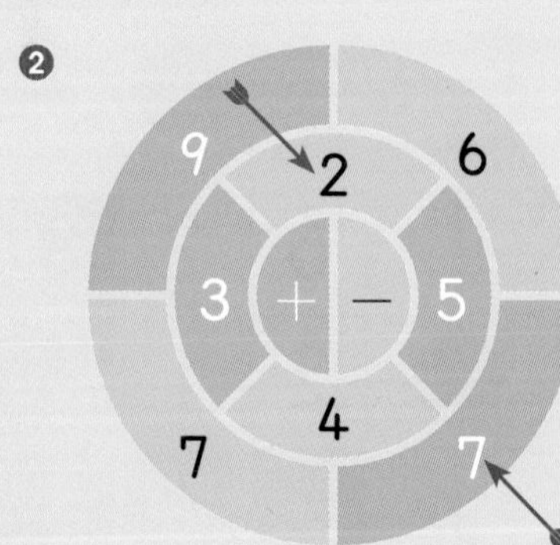

□ − □ = □

❸

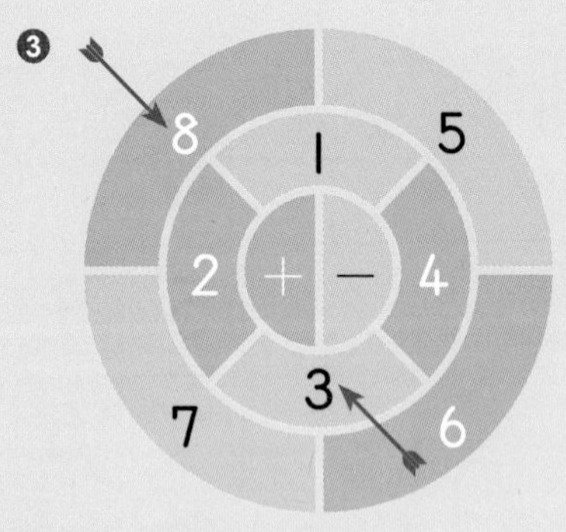

□ − □ = □

❹

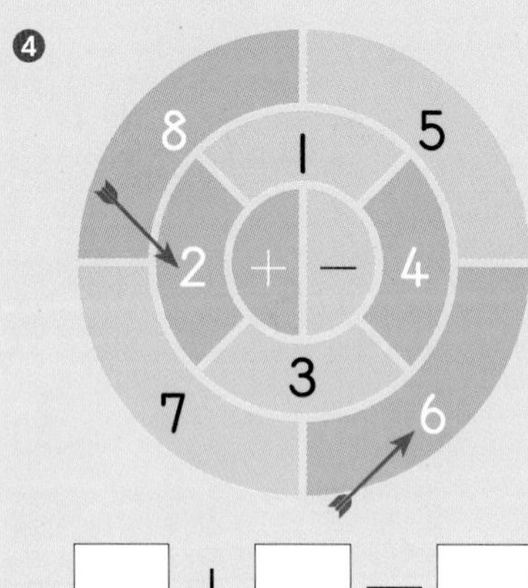

□ + □ = □

❺

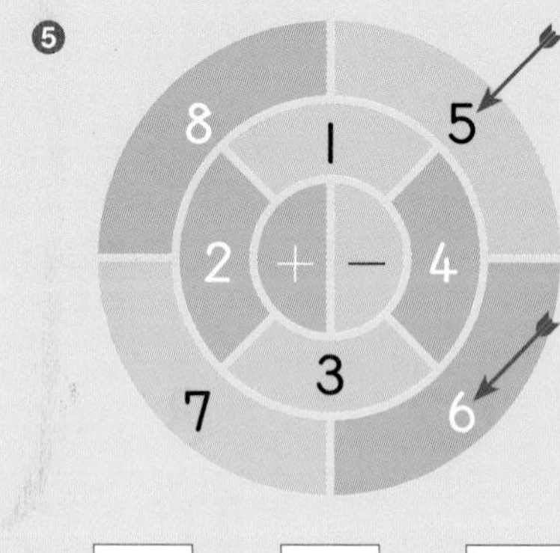

□ − □ = □

❻

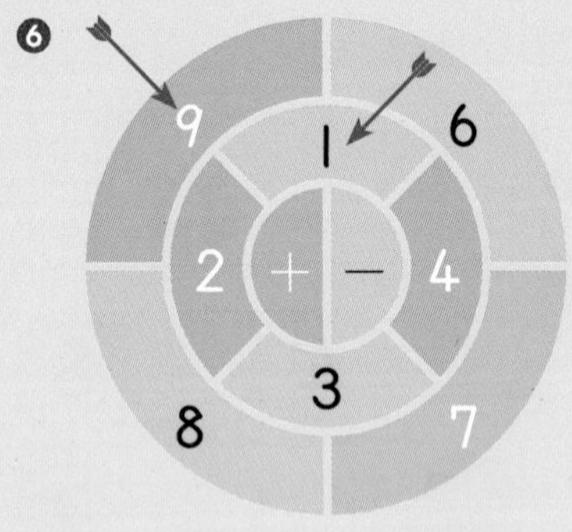

□ − □ = □

❼

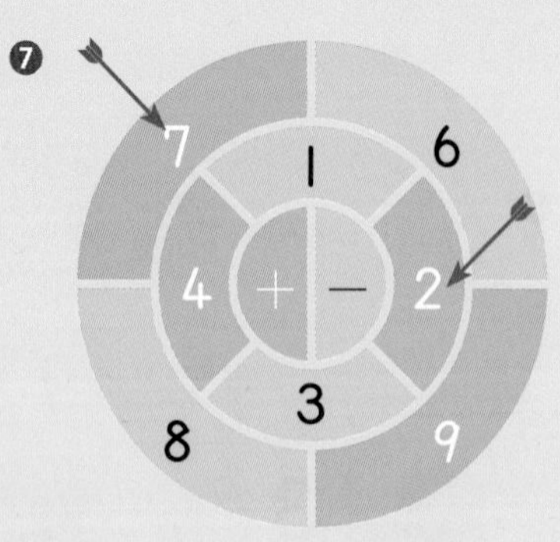

□ + □ = □

❽

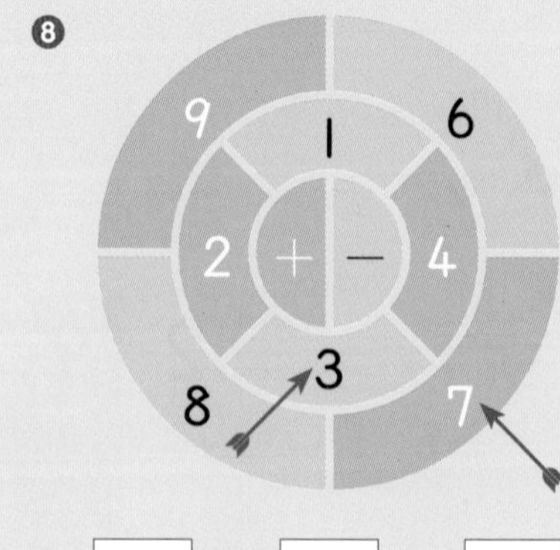

□ − □ = □

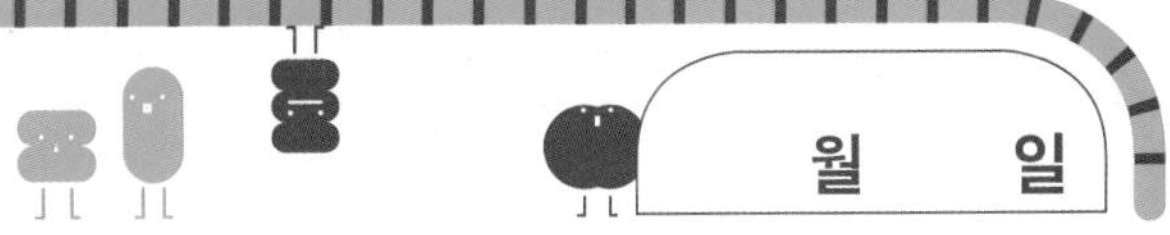

⊕ 점수에 맞게 화살을 두 개 그리시오.

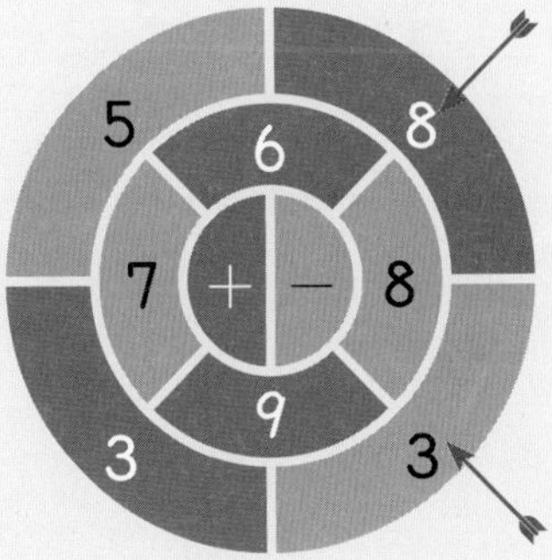

5, 6, 8, 7, + − 8, 9, 3, 3

5 점

❶ 1, 6, 4, 7, + − 8, 5, 2, 3

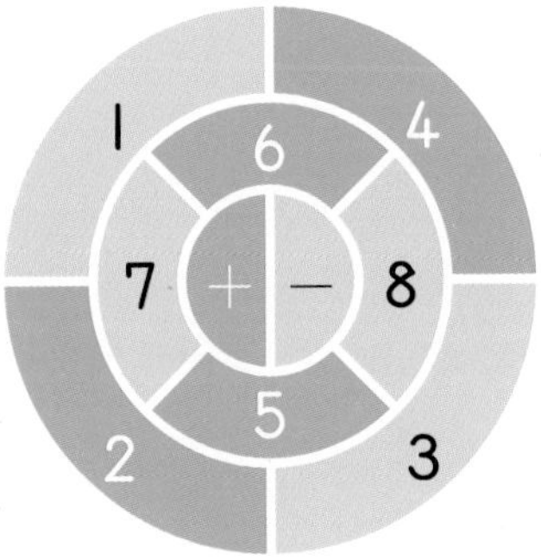

9 점

❷ 1, 6, 4, 7, + − 8, 5, 2, 3

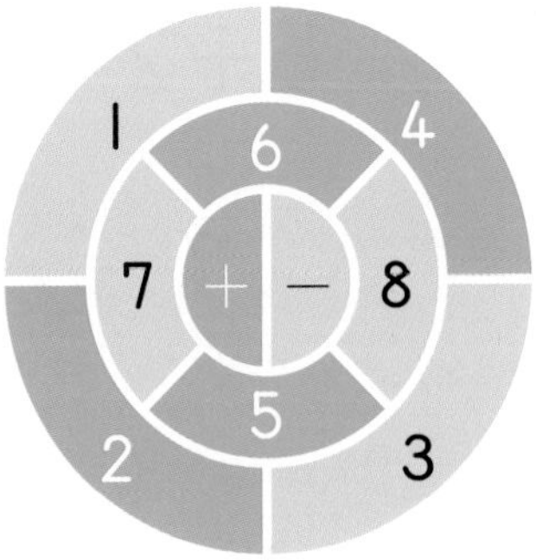

2 점

❸ 2, 7, 1, 9, + − 8, 5, 3, 4

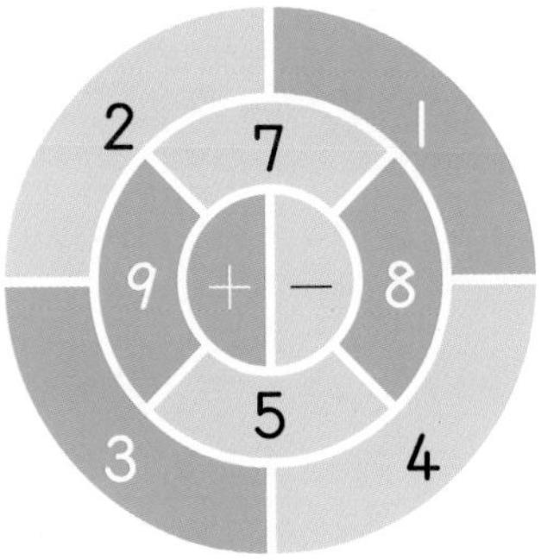

2 점

❹ 2, 7, 1, 9, + − 8, 5, 3, 4

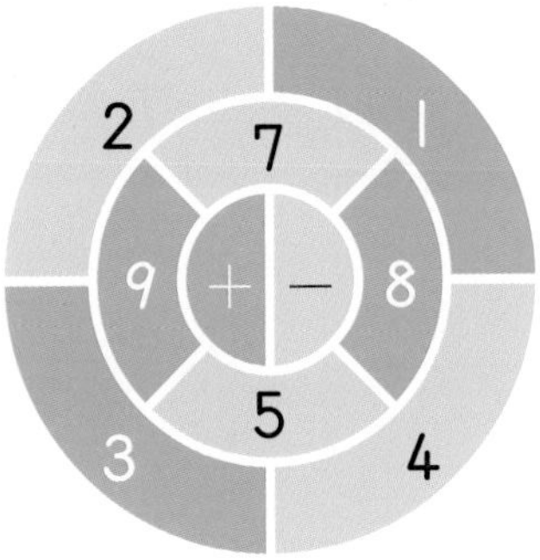

9 점

❺ 2, 7, 1, 9, + − 8, 5, 7, 4

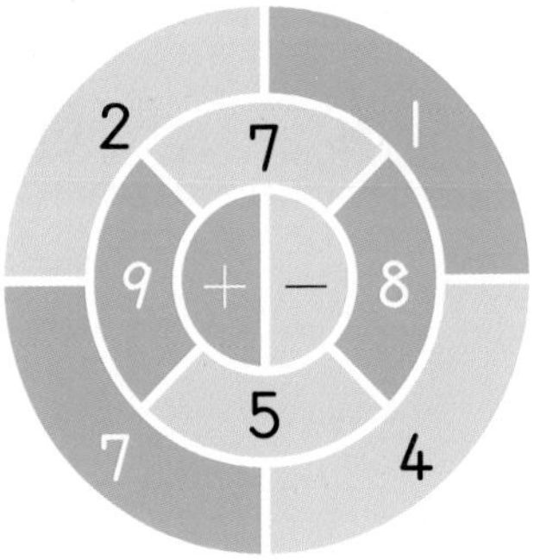

6 점

❻ 5, 9, 2, 7, + − 8, 6, 3, 4

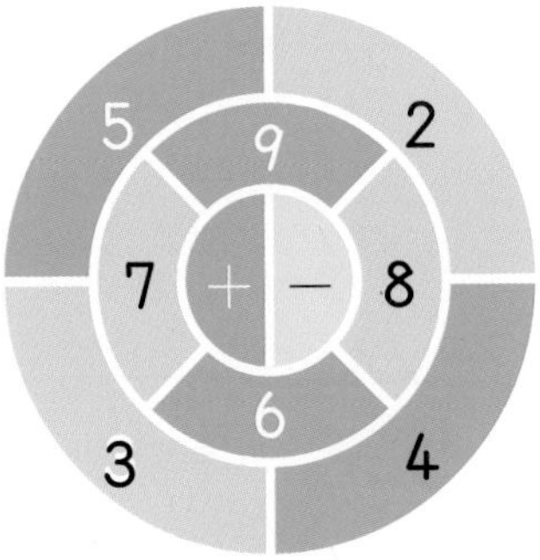

7 점

❼ 5, 9, 2, 7, + − 8, 6, 3, 4

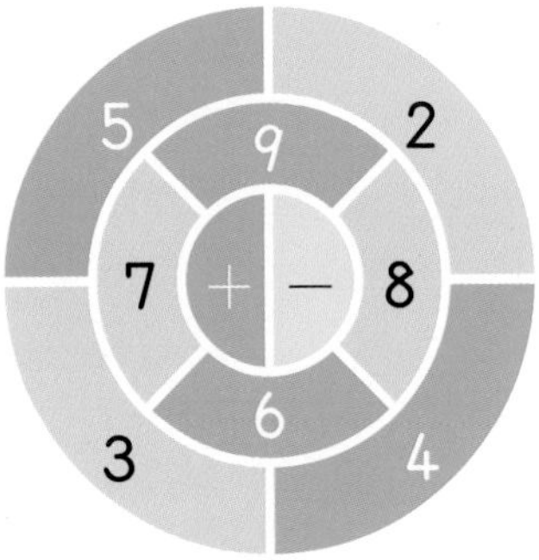

9 점

❽ 5, 9, 2, 7, + − 8, 6, 3, 4

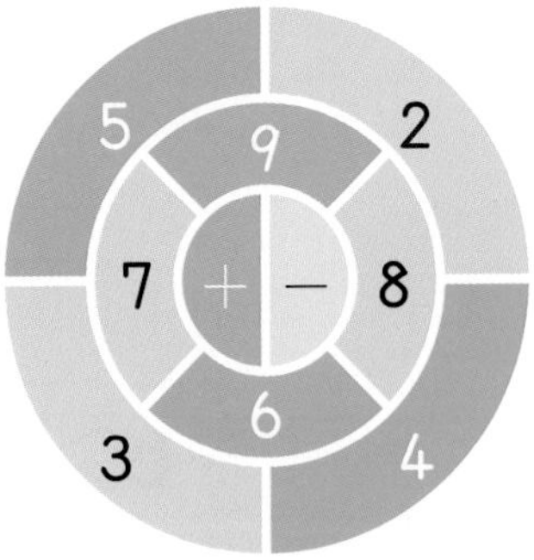

4 점

148 네모 대소

◐ □ 안에 들어갈 수 있는 수를 두 개 찾아 ○표 하시오.

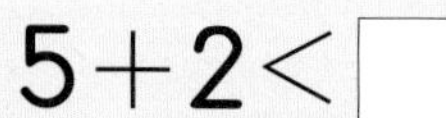

$5+2<\square$

6 7 ⑧ ⑨

❶ 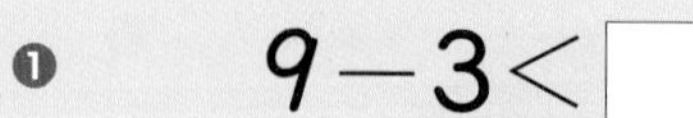

$9-3<\square$

5 6 7 8

❷ $4+2>\square$

4 5 6 7

❸ $6-2>\square$

2 3 4 5

❹ $2+3<\square$

4 5 6 7

❺ $7-1<\square$

5 6 7 8

❻ $1+6>\square$

5 6 7 8

❼ $8-5>\square$

1 2 3 4

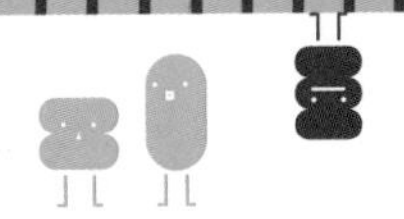

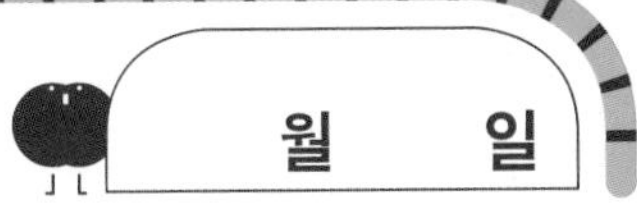

□ 안에 들어갈 수 있는 수를 찾아 ○표 하시오.

$3+\square<6$

② 3 4

❶ $9-\square<4$

4 5 6

❷ $5+\square<9$

3 4 5

❸ $3+\square>8$

4 5 6

❹ $8-\square>1$

6 7 8

❺ $1+\square>7$

5 6 7

❻ $7+\square<9$

1 2 3

❼ $7-\square<3$

3 4 5

❽ $4+\square<8$

3 4 5

❾ $1+\square>8$

6 7 8

❿ $5-\square>2$

2 3 4

⓫ $2+\square>4$

1 2 3

잘 공부했는지 알아봅시다

월 일

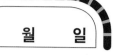

1 왼쪽 과녁의 점수는 더하고, 오른쪽 과녁의 점수는 뺍니다. 점수를 구하시오.

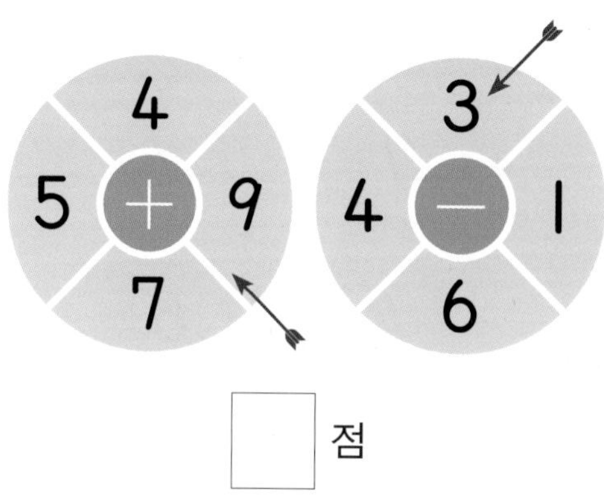

□ 점

2 1부터 9까지의 수 중 □ 안에 들어갈 수 있는 수를 모두 쓰시오.

❶ $5+2<\square$

❷ $8-\square>5$

3 빈칸에 알맞은 수를 써넣으시오.

❶

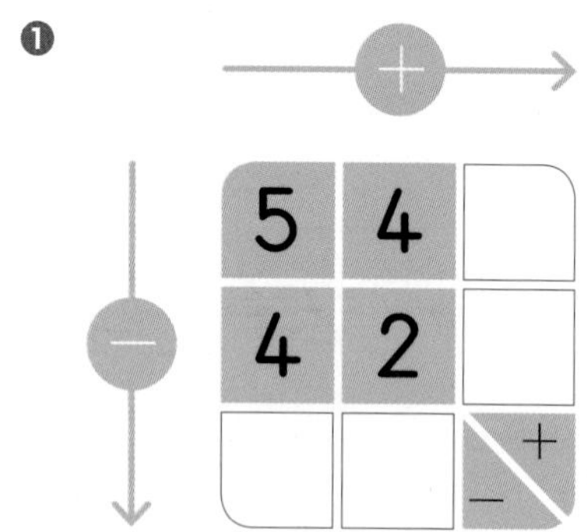

❷

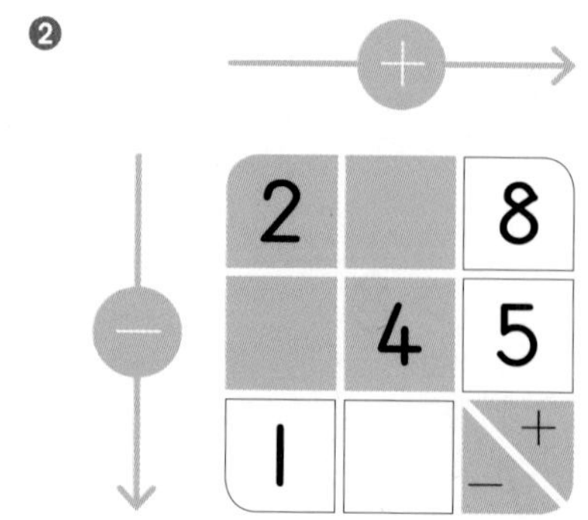

덧셈과 뺄셈의 관계

149 연산자 넣기

◐ 계산에 맞게 선을 그으시오.

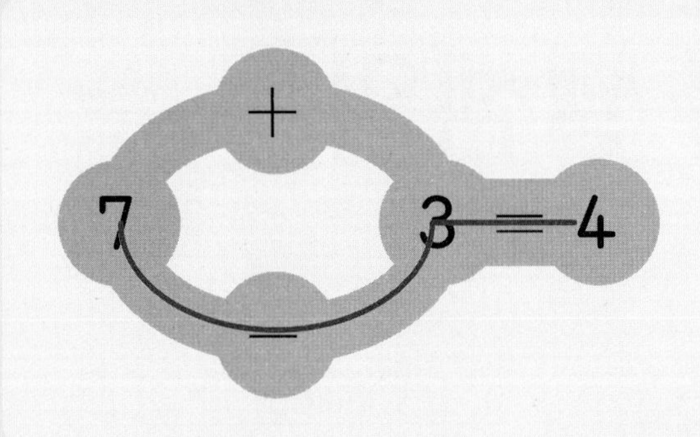

❶ 6 (+, −) 3 = 9

❷ 5 (+, −) 1 = 4

❸ 8 (+, −) 7 = 1

❹ 7 (+, −) 2 = 9

❺ 6 (+, −) 3 = 3

❻ 4 (+, −) 3 = 7

❼ 9 (+, −) 1 = 8

◯ 안에 + 또는 −를 알맞게 써넣으시오.

4 (+) 3=7

❶ 7 ◯ 2=9

❷ 5 ◯ 3=2

❸ 3 ◯ 4=7

❹ 8 ◯ 1=7

❺ 9 ◯ 6=3

❻ 5 ◯ 1=4

❼ 6 ◯ 3=9

❽ 4 ◯ 2=6

❾ 6 ◯ 2=8

❿ 8 ◯ 6=2

⓫ 2 ◯ 1=3

⓬ 4 ◯ 1=3

⓭ 8 ◯ 4=4

⓮ 5 ◯ 2=7

⓯ 9 ◯ 8=1

⓰ 3 ◯ 2=5

⓱ 7 ◯ 3=4

⓲ 8 ◯ 3=5

⓳ 5 ◯ 2=7

⓴ 9 ◯ 2=7

창문셈

◐ 덧셈, 뺄셈을 하여 빈칸에 알맞은 수를 써넣으시오.

❶ 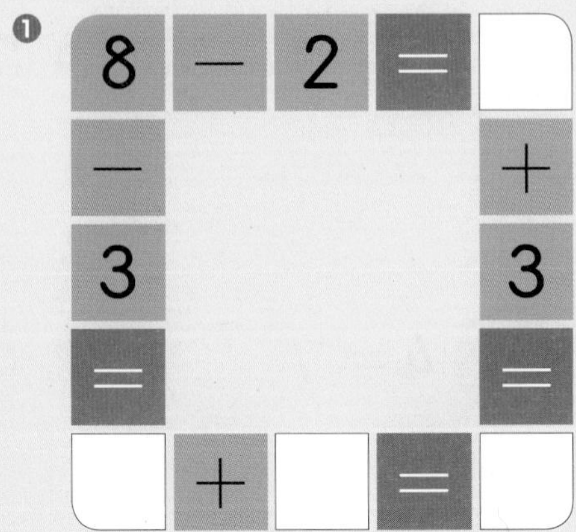

❷ 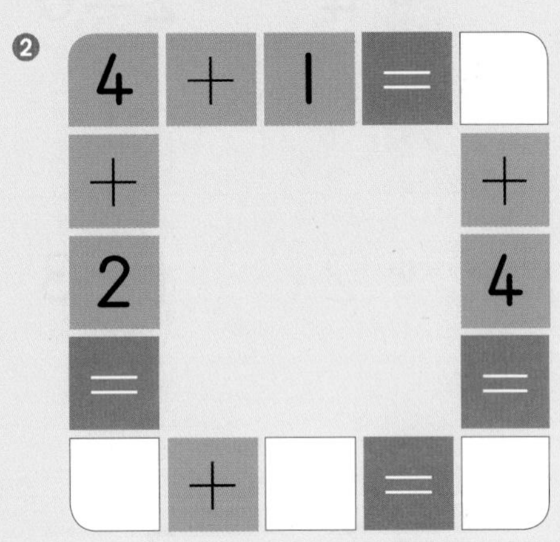

❸ 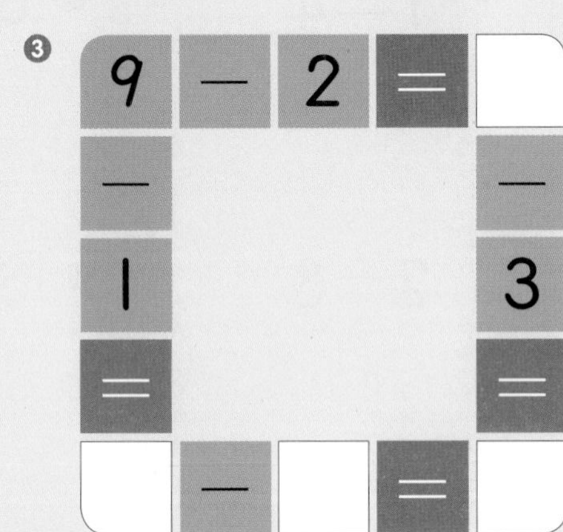

❹ 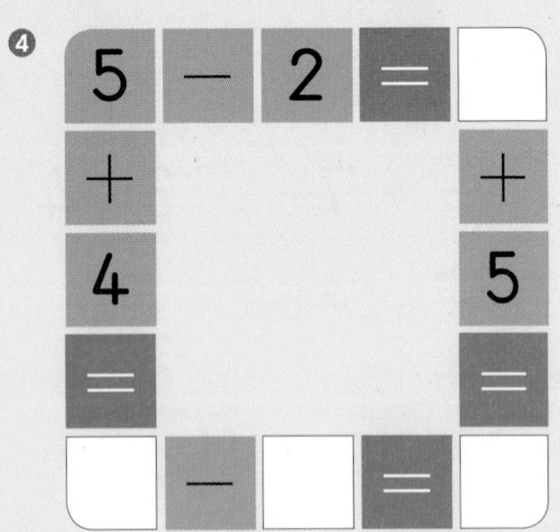

❺ 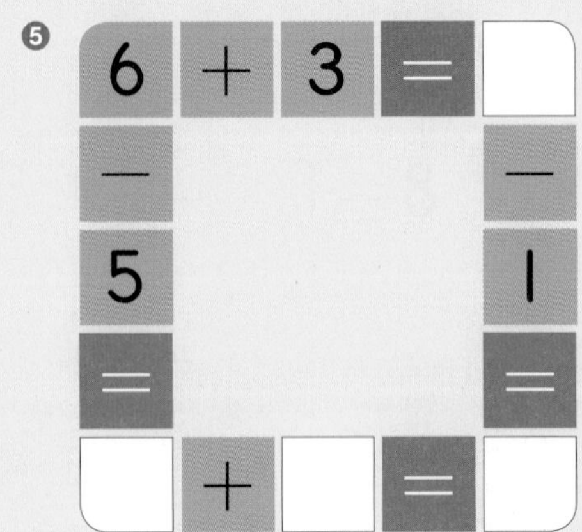

빈칸에 알맞은 수 또는 ＋, －를 써넣으시오.

❶
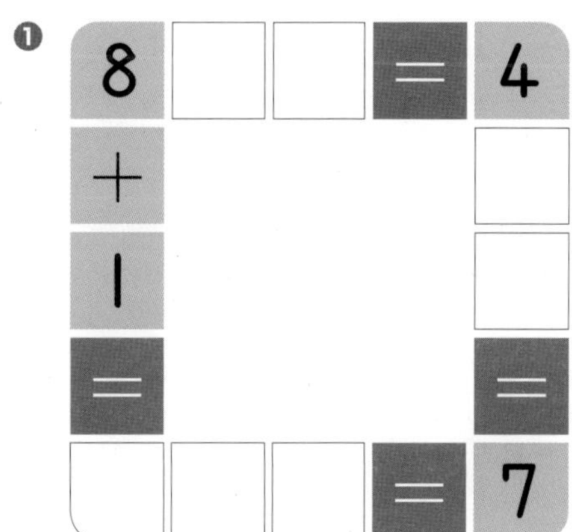

❷
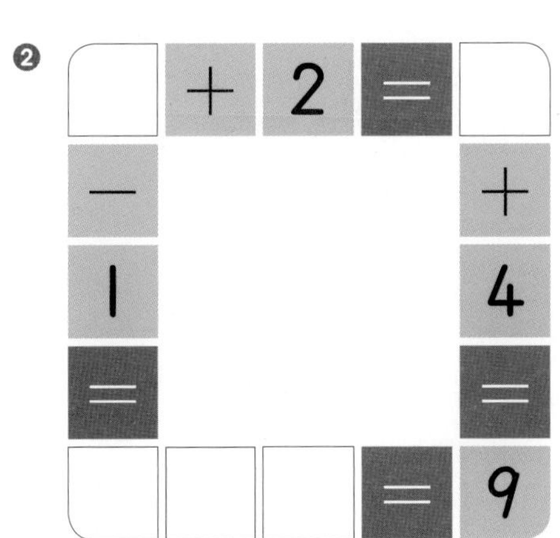

❸
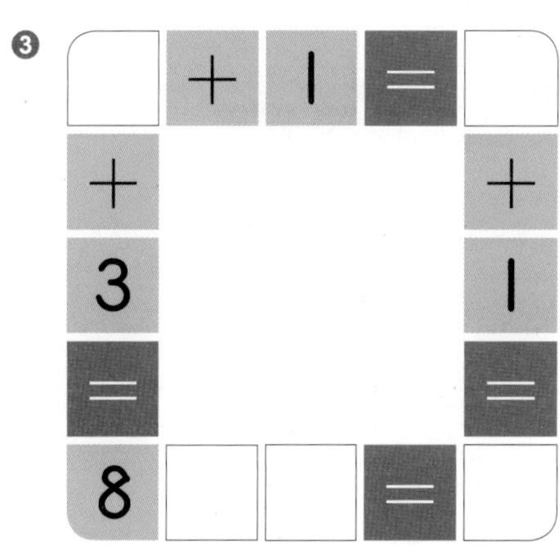

❹
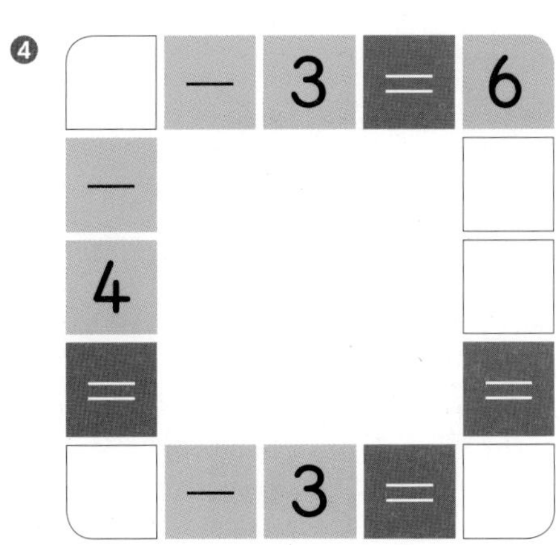

❺
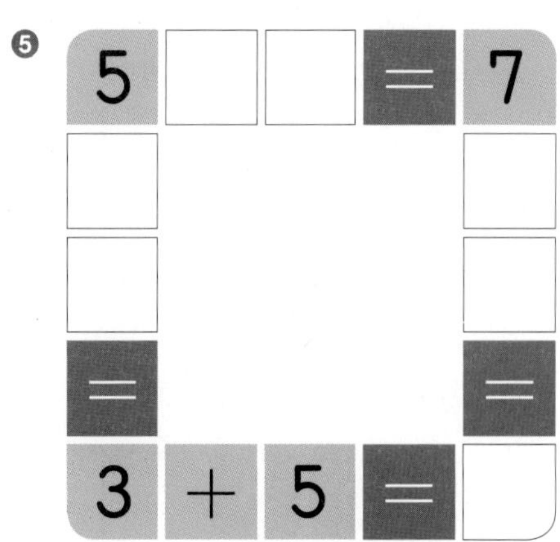

151 합차 두 수

◐ 두 수의 합과 차를 빈칸에 써넣으시오.

❶

❷

❸

❹

❺
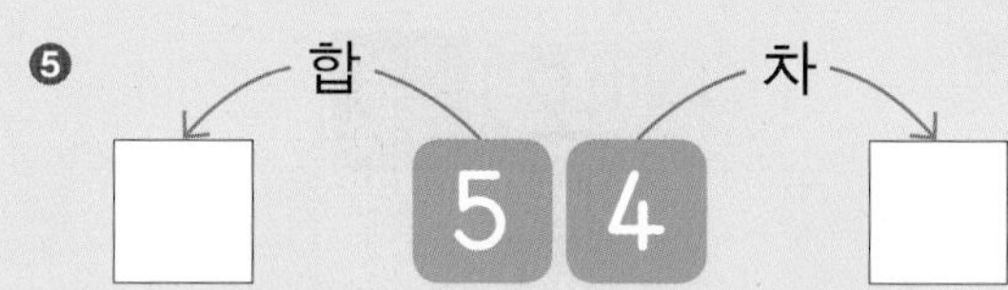

❻

❼
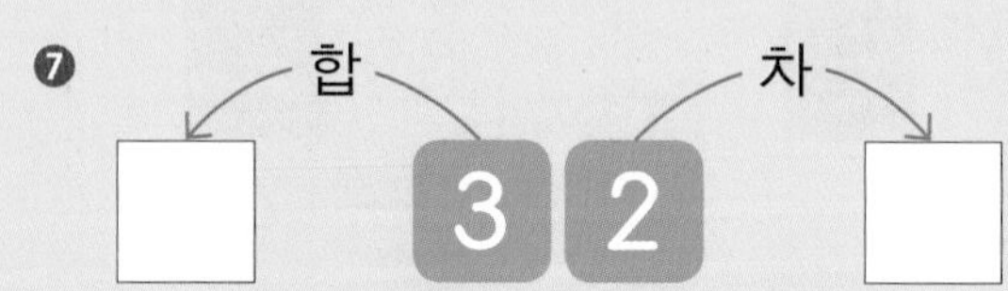

❽

❾

❿

⓫

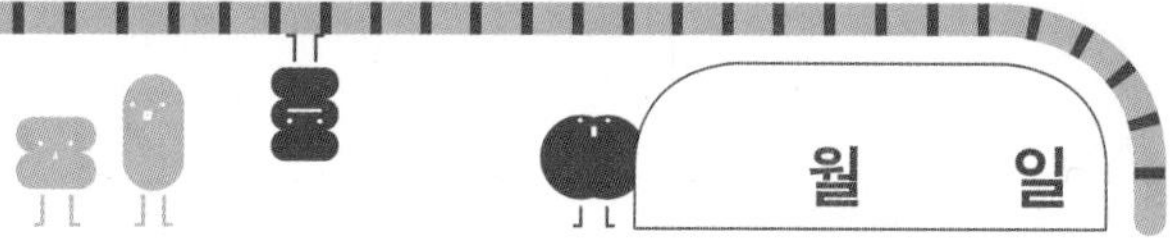

합과 차에 맞게 두 수를 구하여 큰 수부터 써넣으시오.

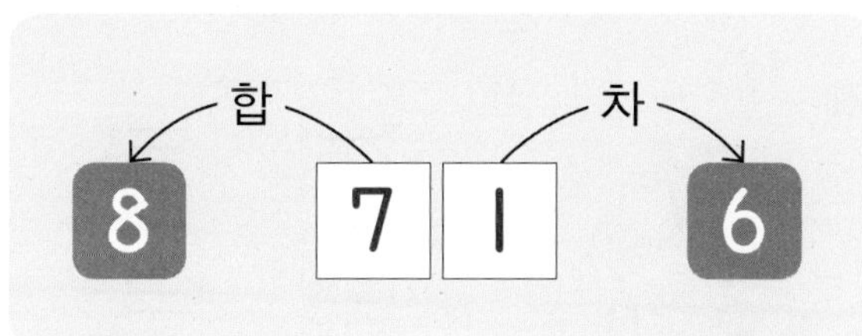

❶ 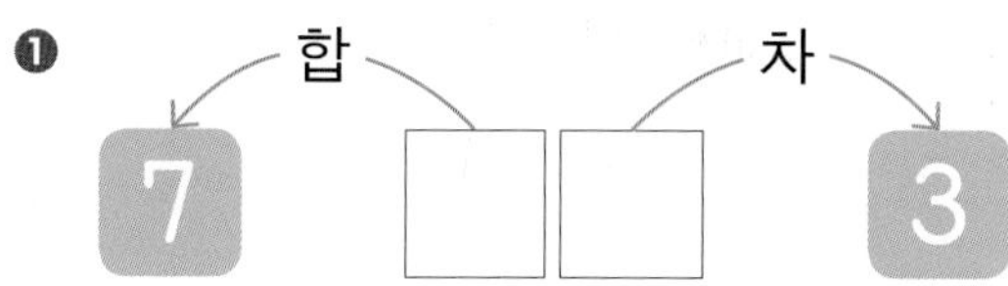

❷ 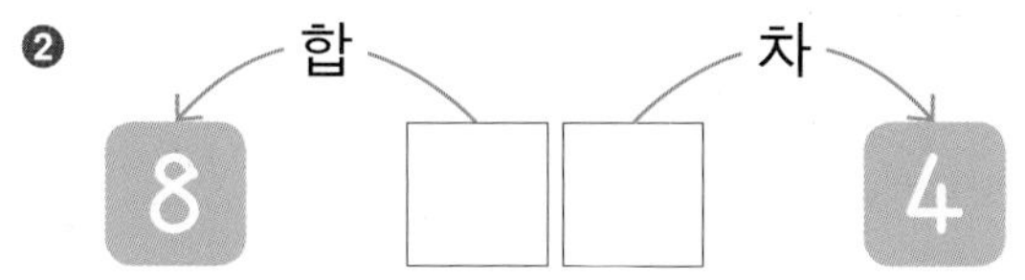

❸ 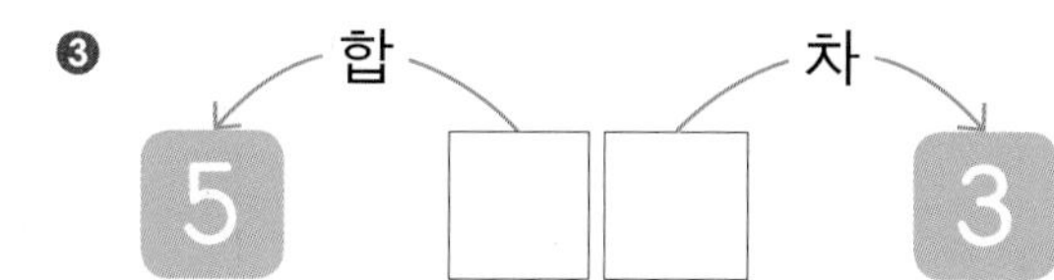

❹ 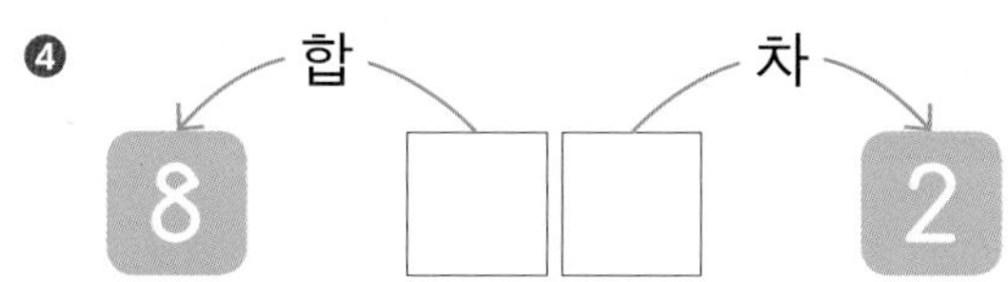

❺ 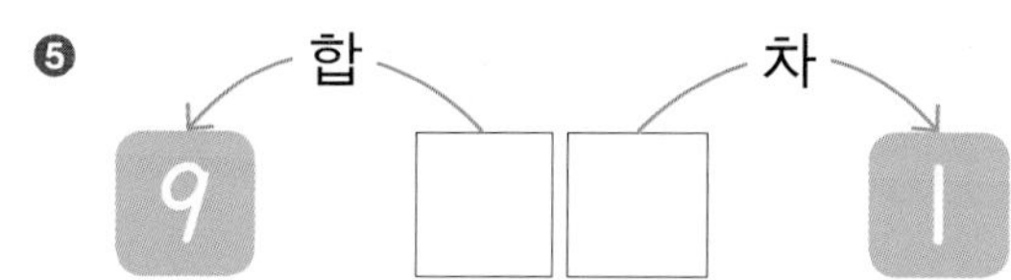

❻ 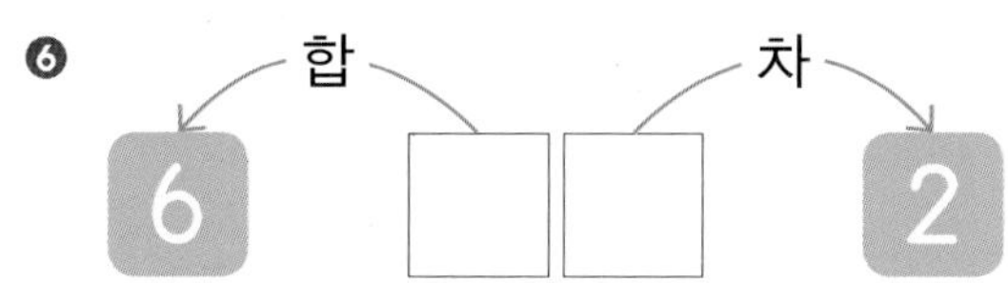

❼ 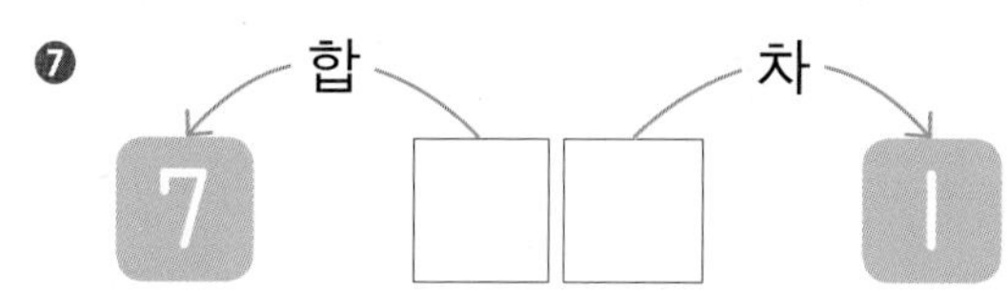

❽ 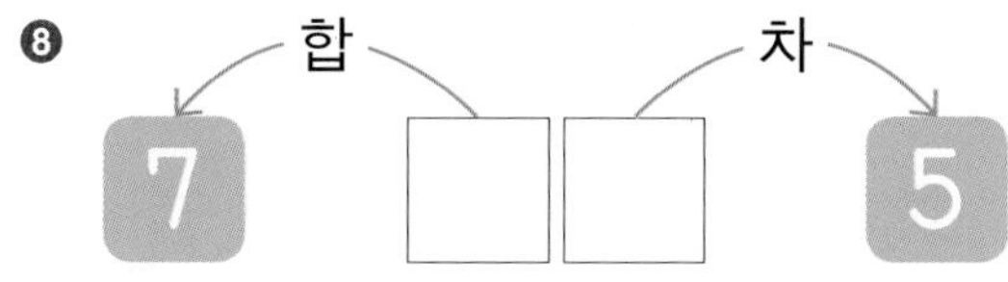

❾ 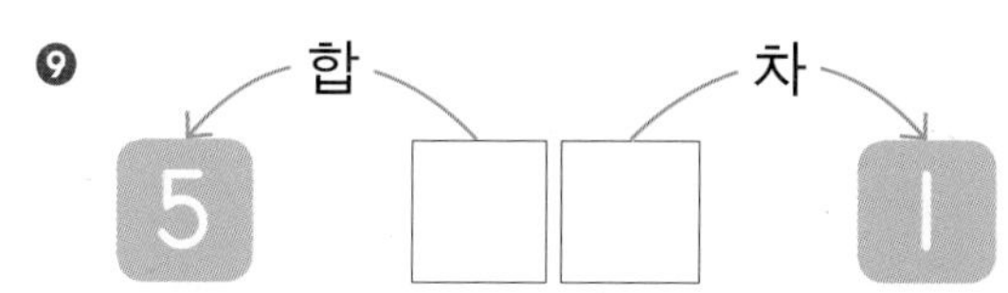

❿ 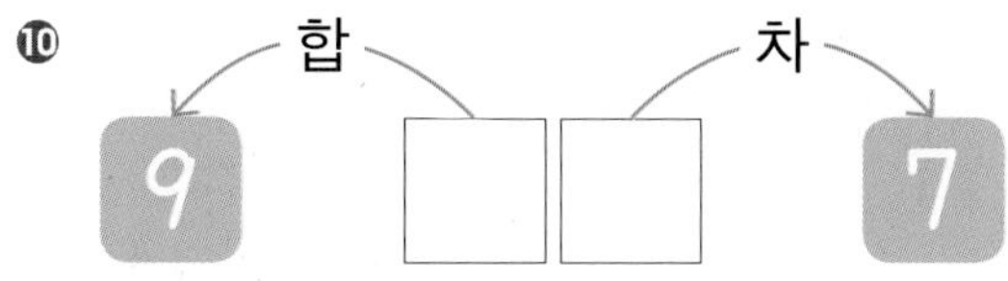

⓫ 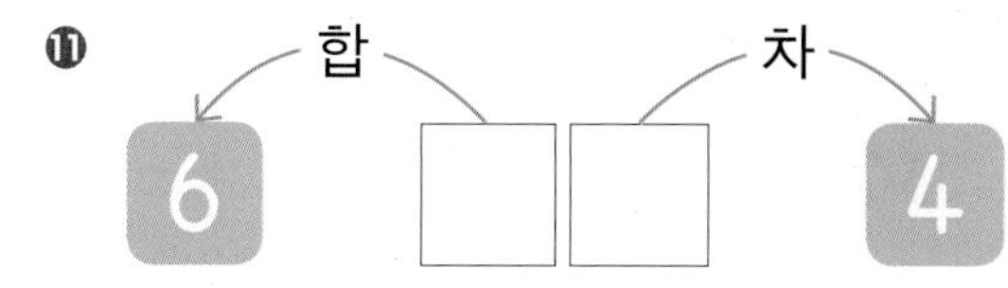

152 삼각형 세 수

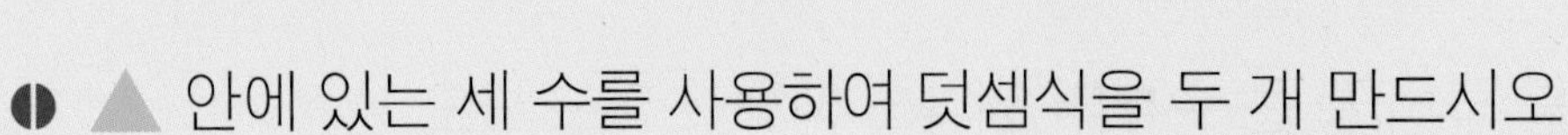

◐ ▲ 안에 있는 세 수를 사용하여 덧셈식을 두 개 만드시오.

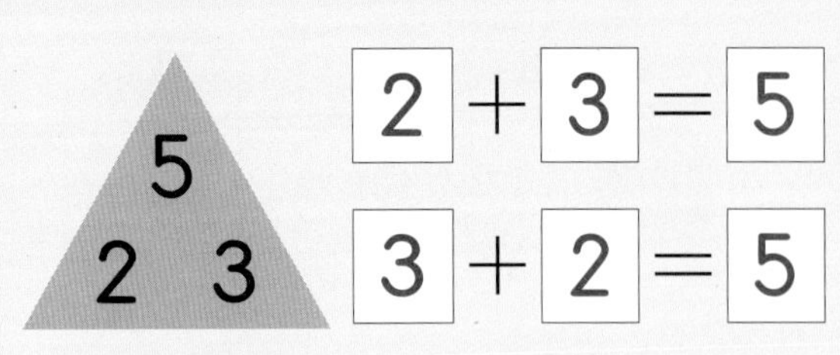

❶ 7, 3, 4

□ + □ = □

□ + □ = □

❷ 6, 1, 5

□ + □ = □

□ + □ = □

❸ 8, 2, 6

□ + □ = □

□ + □ = □

◐ ▲ 안에 있는 세 수를 사용하여 뺄셈식을 두 개 만드시오.

8, 5, 3

8 − 3 = 5

8 − 5 = 3

❹ 9, 7, 2

□ − □ = □

□ − □ = □

❺ 7, 2, 5

□ − □ = □

□ − □ = □

❻ 5, 1, 4

□ − □ = □

□ − □ = □

▲ 안의 세 수를 사용하여 덧셈식과 빼셈식을 각각 두 개씩 만드시오.

덧셈식	세 수	뺄셈식
2 + 4 = 6	6, 2, 4	6 − 2 = 4
4 + 2 = 6		6 − 4 = 2

❶

덧셈식	세 수	뺄셈식
□ + □ = □	9, 4, 5	□ − □ = □
□ + □ = □		□ − □ = □

❷

덧셈식	세 수	뺄셈식
□ + □ = □	3, 1, 2	□ − □ = □
□ + □ = □		□ − □ = □

❸

덧셈식	세 수	뺄셈식
□ + □ = □	8, 3, 5	□ − □ = □
□ + □ = □		□ − □ = □

잘 공부했는지 알아봅시다

월 일

1 계산에 맞게 선을 그으시오.

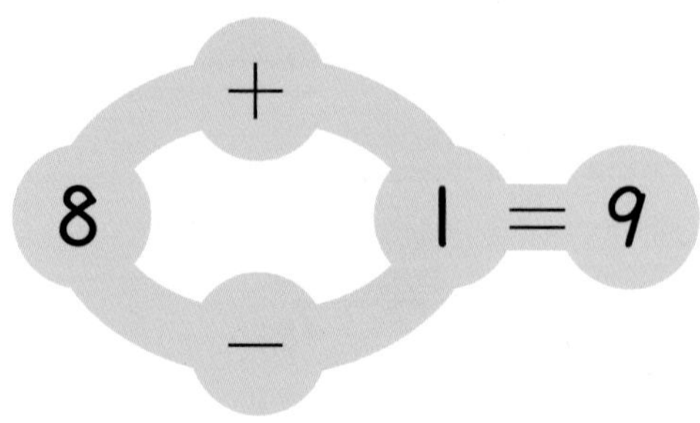

2 합과 차에 맞게 두 수를 구하여 큰 수부터 써넣으시오.

3 ▲ 안에 있는 세 수를 사용하여 덧셈식과 뺄셈식을 두 개씩 만드시오.

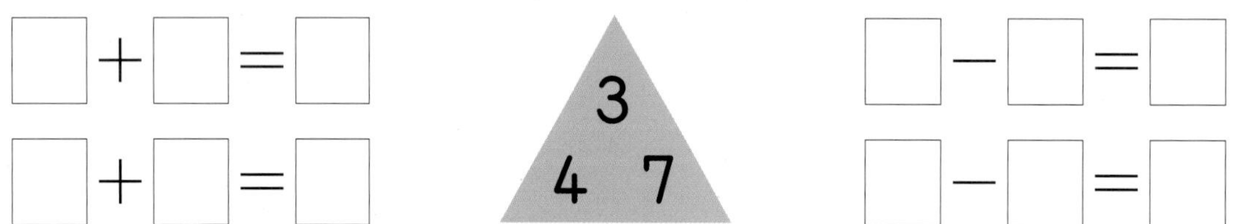

4 뺄셈식을 보고 덧셈식을 만드시오.

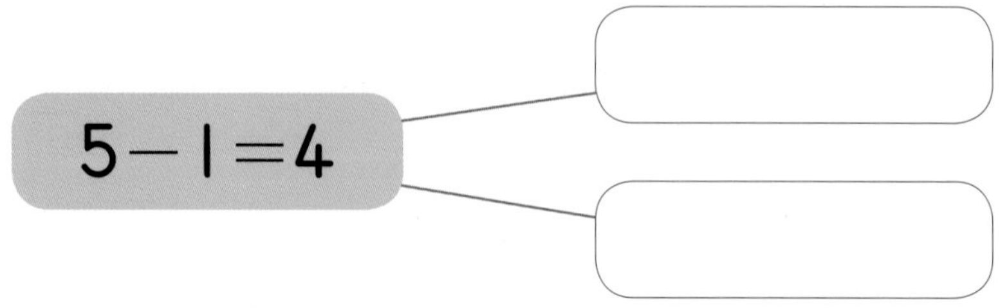

7 세 수의 계산 (1)

양과녁셈

◐ 왼쪽 과녁의 점수는 더하고, 오른쪽 과녁의 점수는 뺍니다. □ 안에 알맞은 수를 써넣으시오.

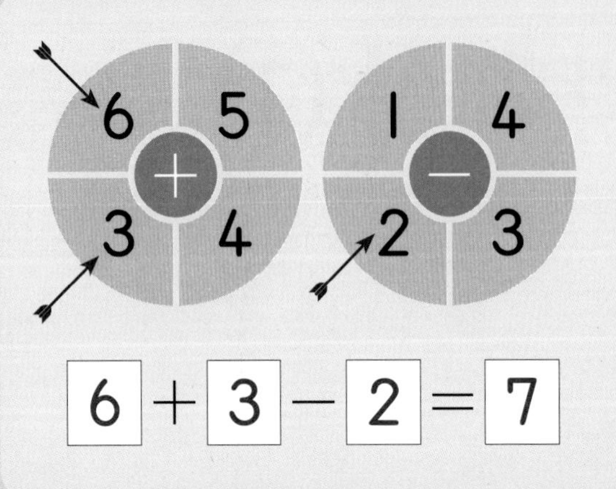

❶

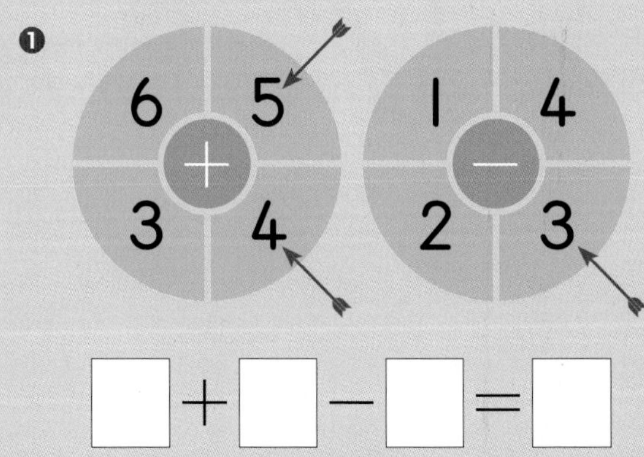

❷

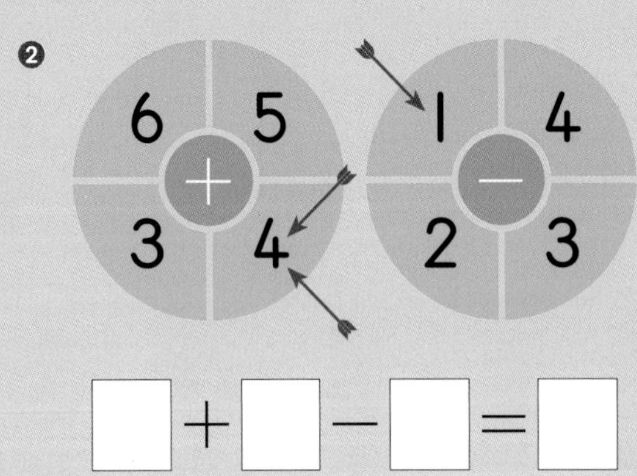

□ + □ − □ = □

❸

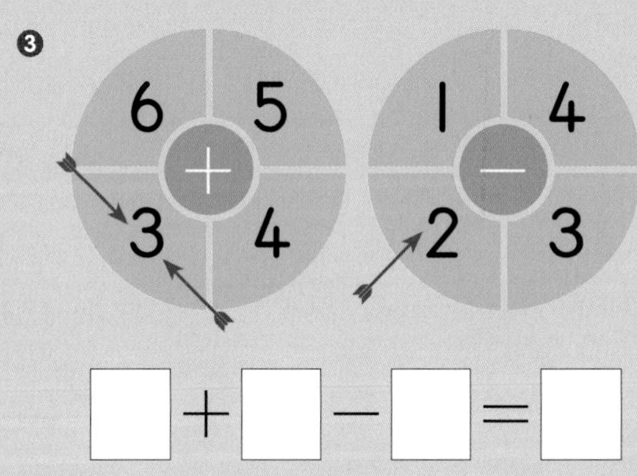

□ + □ − □ = □

❹

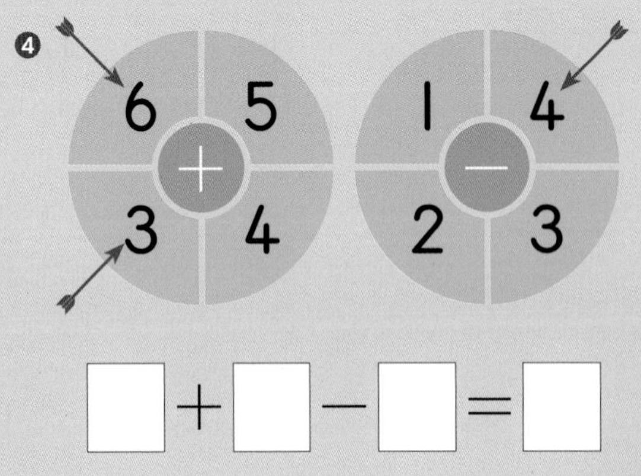

□ + □ − □ = □

❺

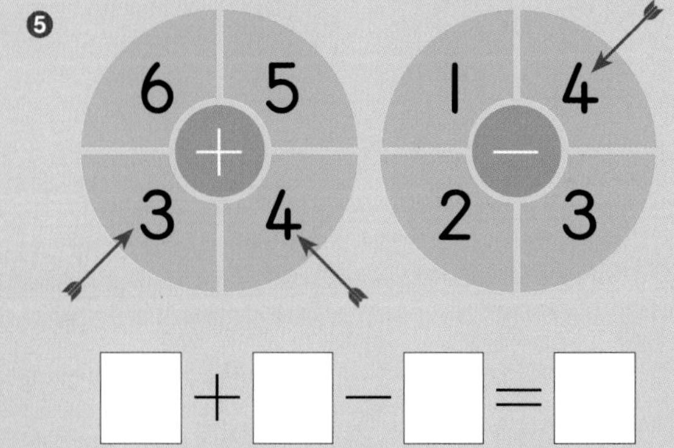

□ + □ − □ = □

◆ 몇 점입니까?

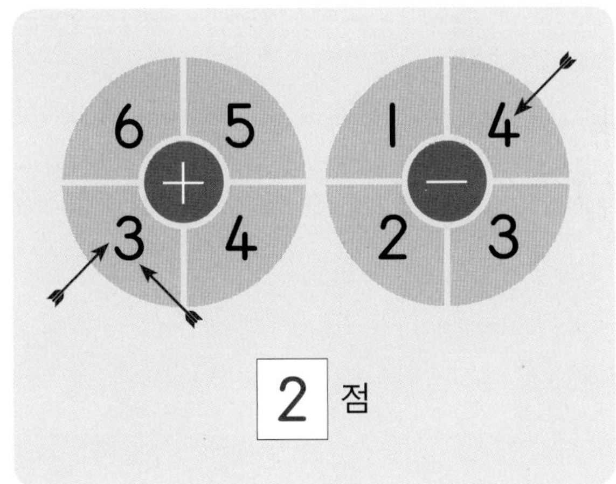

2 점

❶

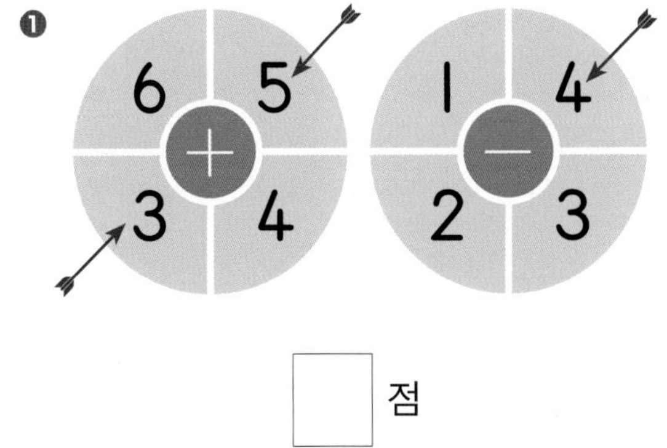

점

❷

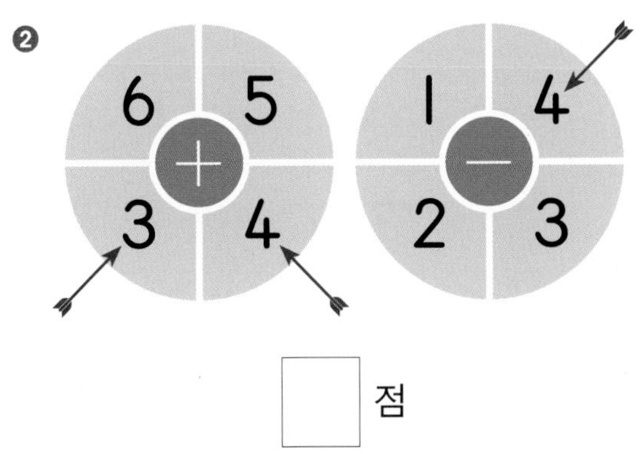

점

❸

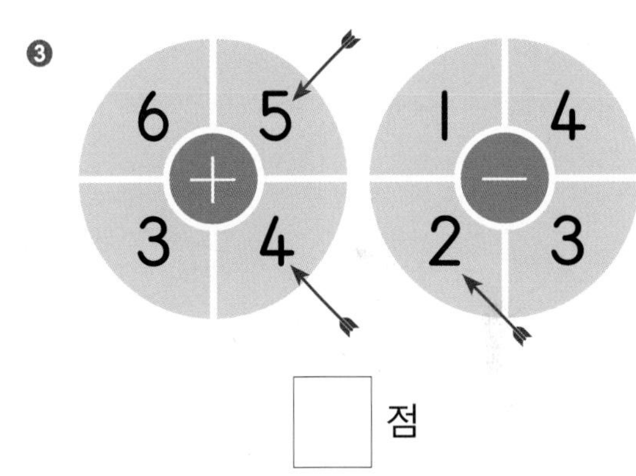

점

❹

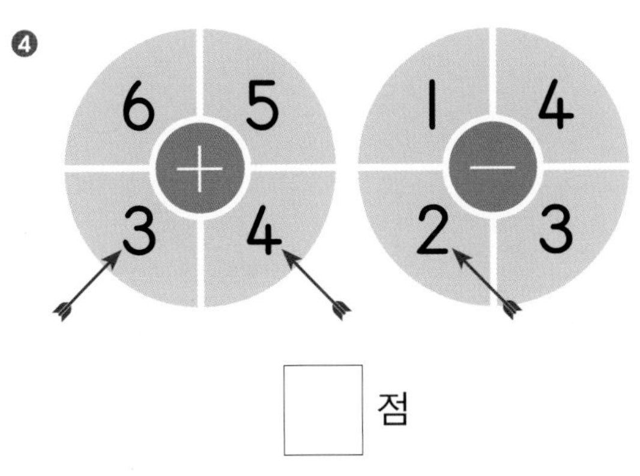

점

❺

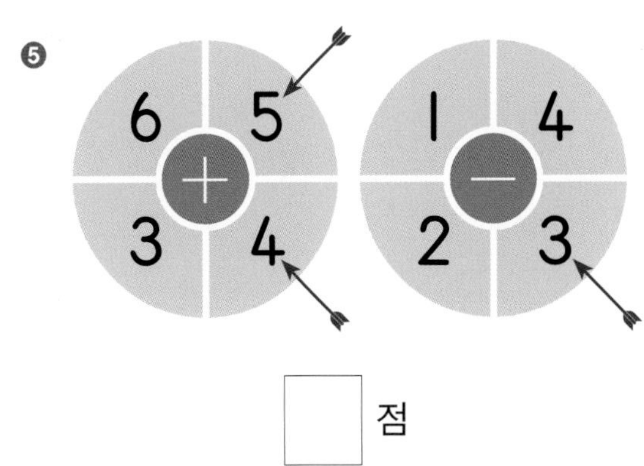

점

154 사다리 타기

◐ 사다리 타기를 하고, 빈칸에 알맞은 수를 써넣으시오.

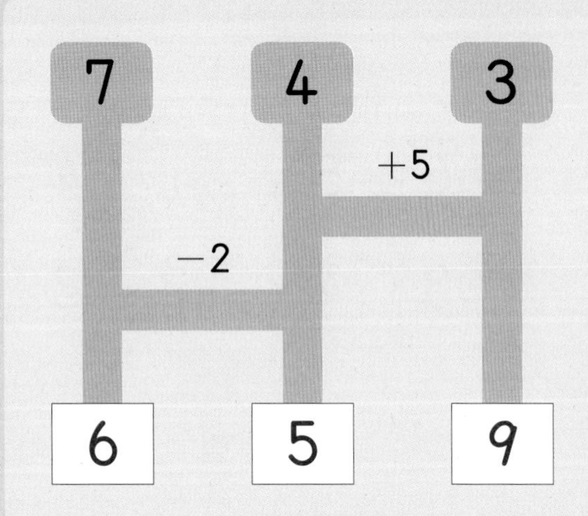

❶
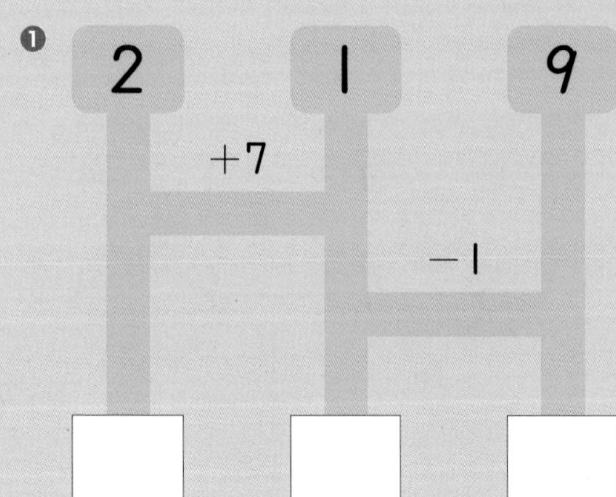

❷
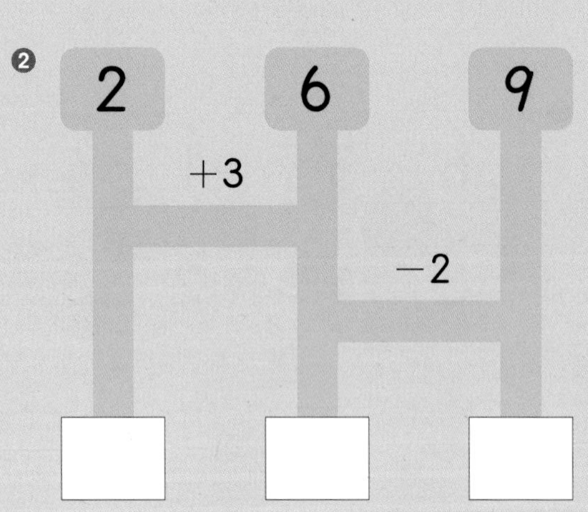

❸
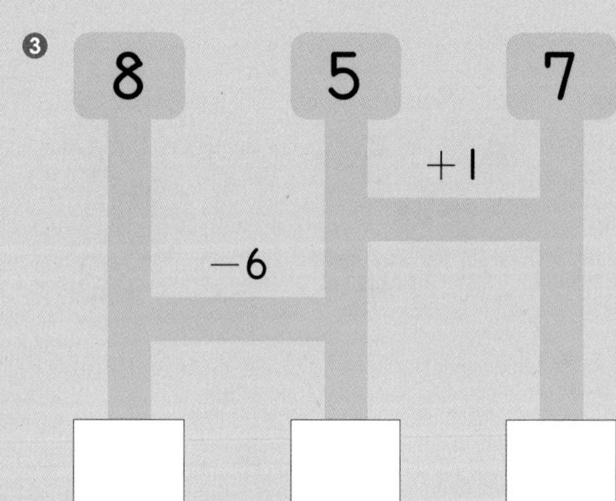

❹
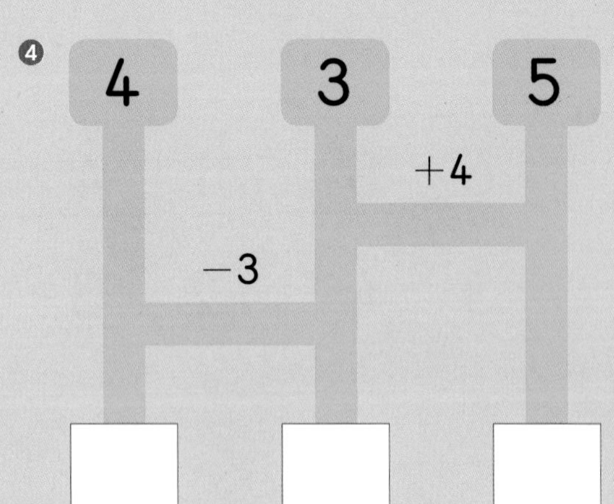

❺
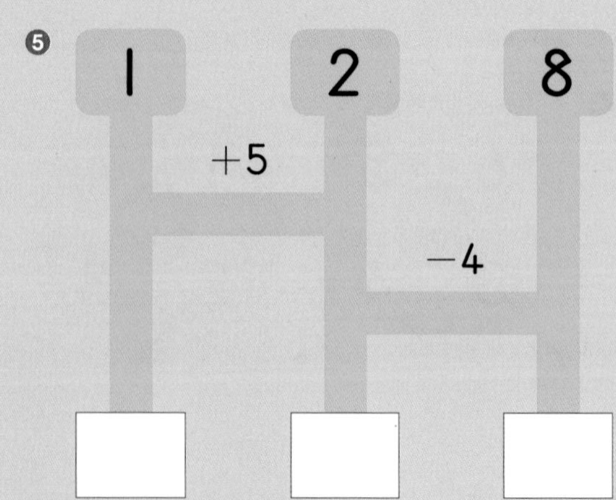

빈칸에 알맞은 수를 써넣으시오.

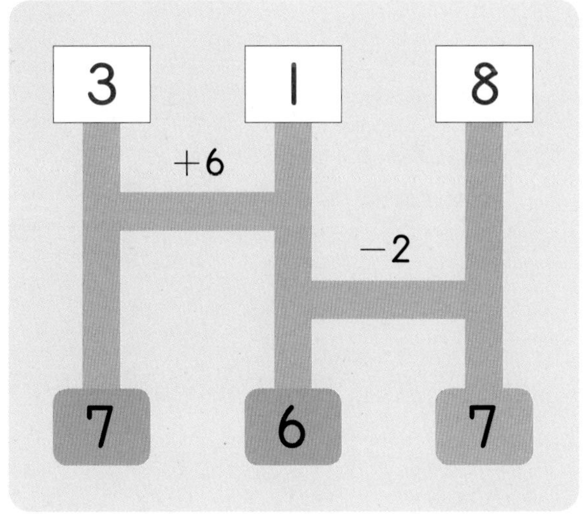

❶ 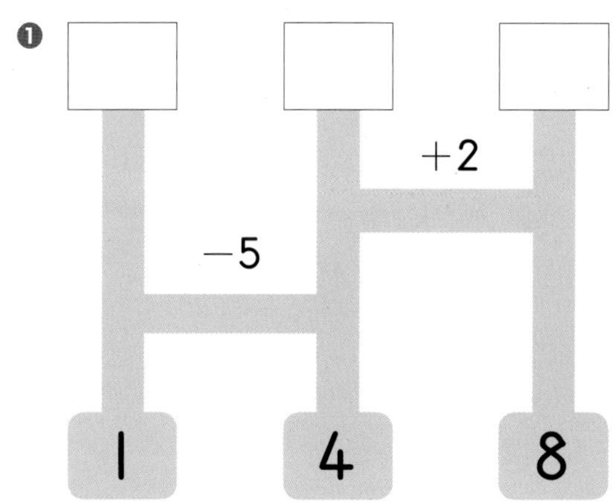

❷ 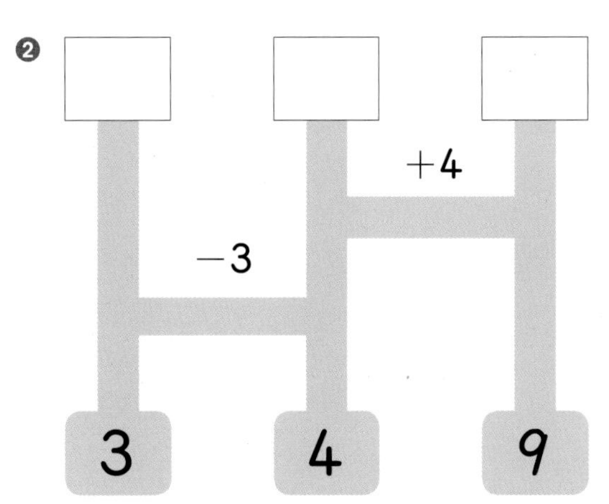

❸ 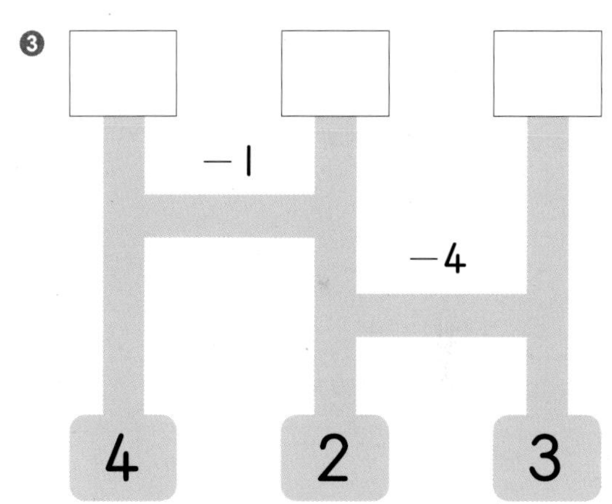

❹ 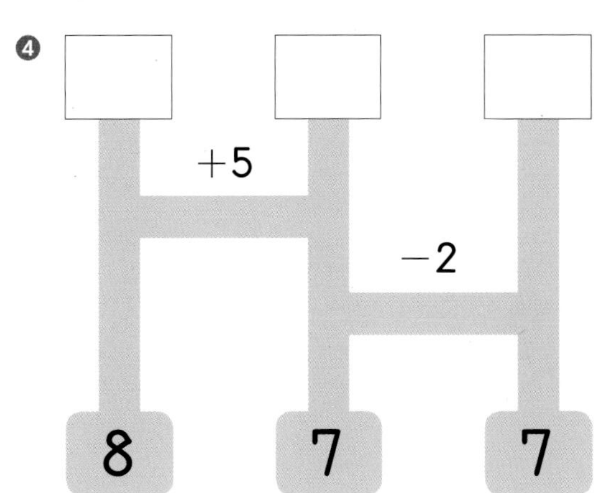

❺ 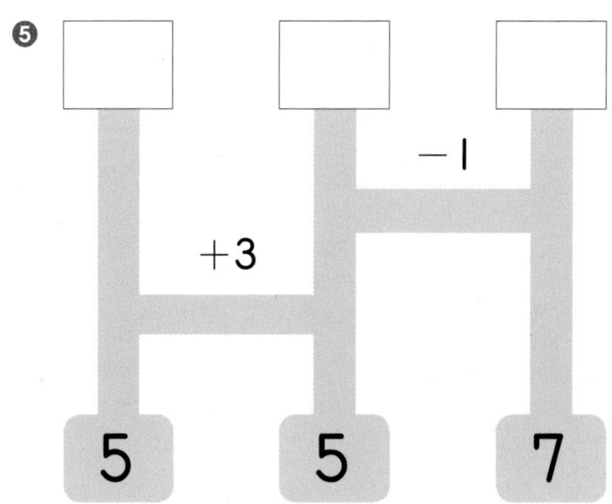

155 자동차 길

◐ 길을 따라 계산하여 빈칸에 알맞은 수를 써넣으시오.

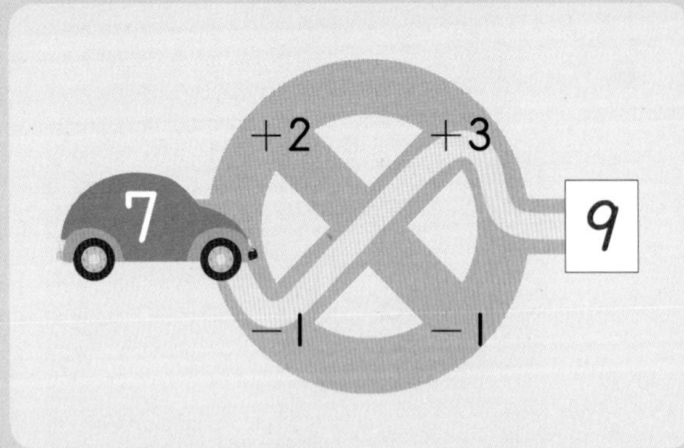

❶ 5, +1, +3, −4, −2, □

❷ 2, +3, +4, −7, −2, □

❸ 9, +1, +2, −3, −5, □

❹ 4, +4, +5, −3, −1, □

❺ 6, +1, +2, −3, −5, □

❻ 8, +3, +5, −2, −4, □

❼ 3, +2, +3, −1, −2, □

⊕ 계산 결과에 맞게 자동차 길을 그리시오.

❶

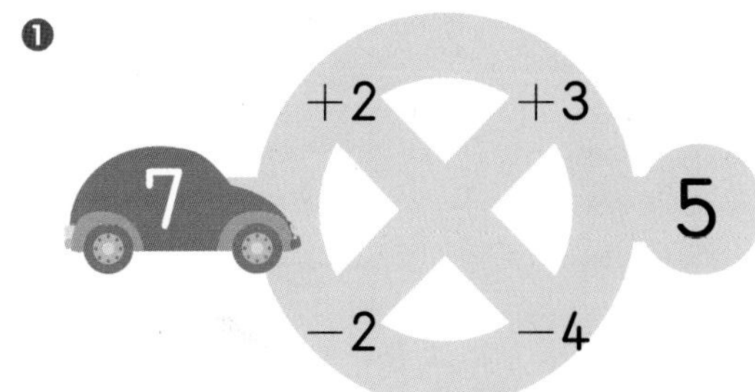

❷

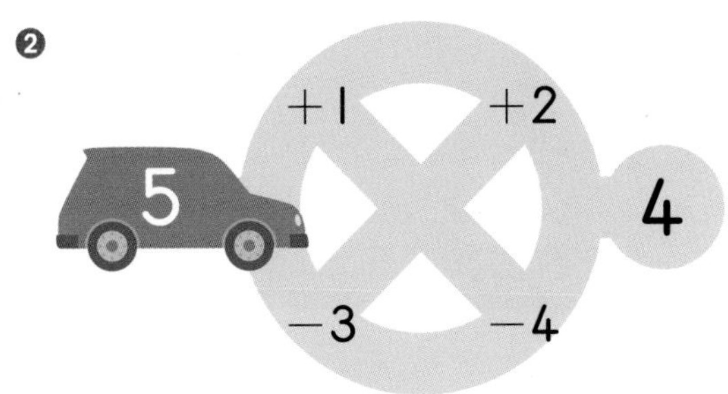

❸

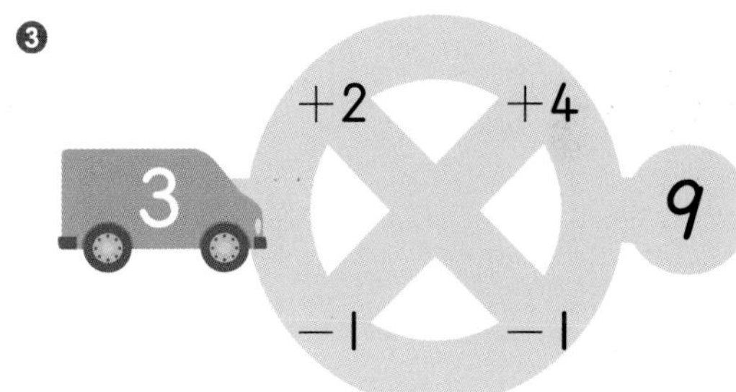

❹

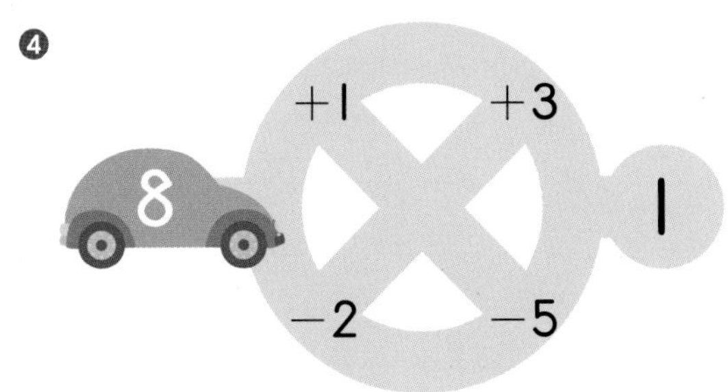

❺

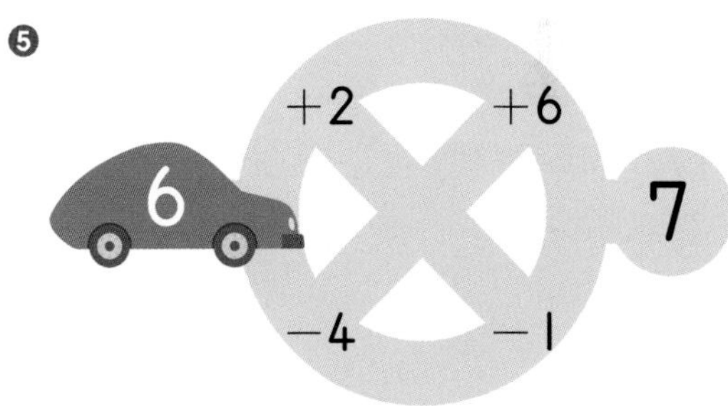

❻

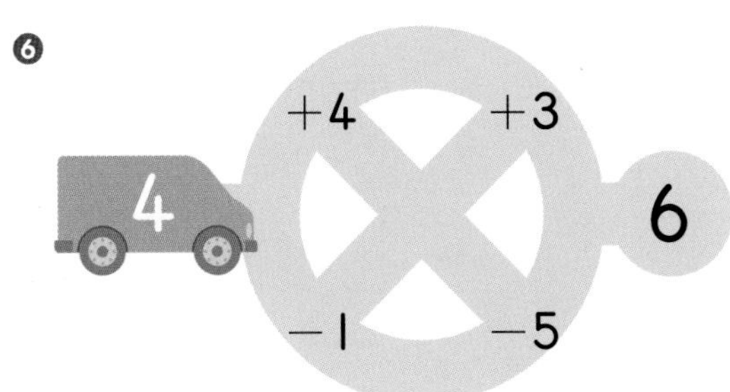

❼

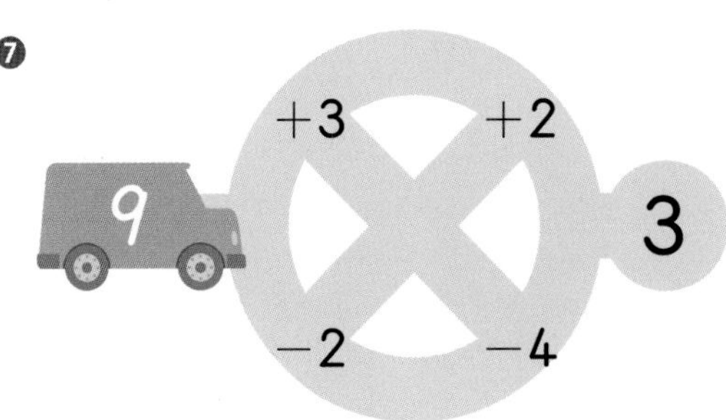

156 거꾸로셈

◐ 빈칸을 알맞게 채우시오.

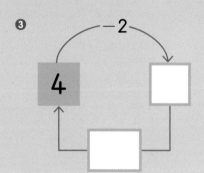

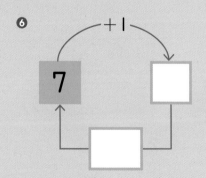

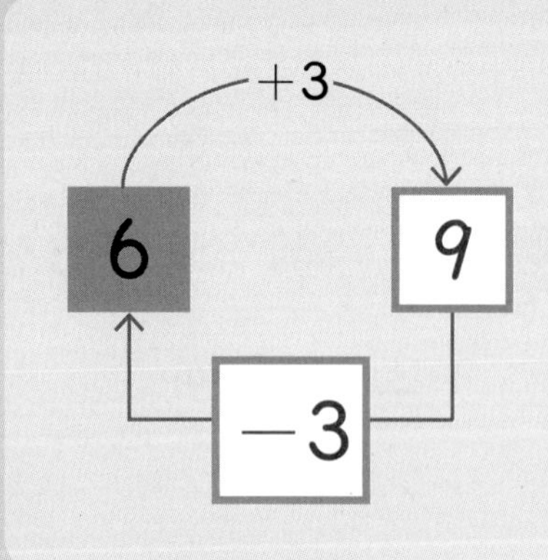

❶
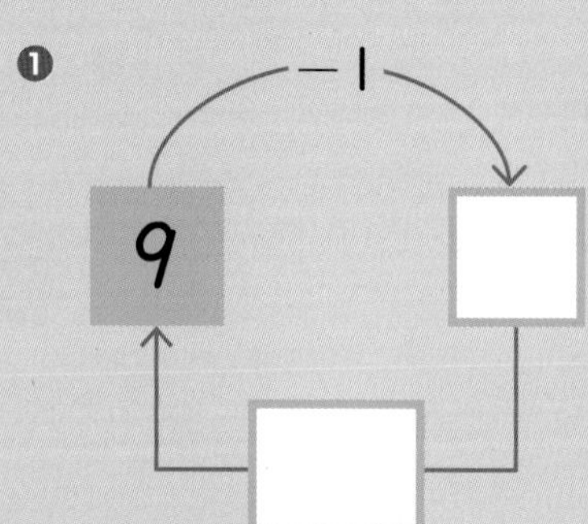

❷
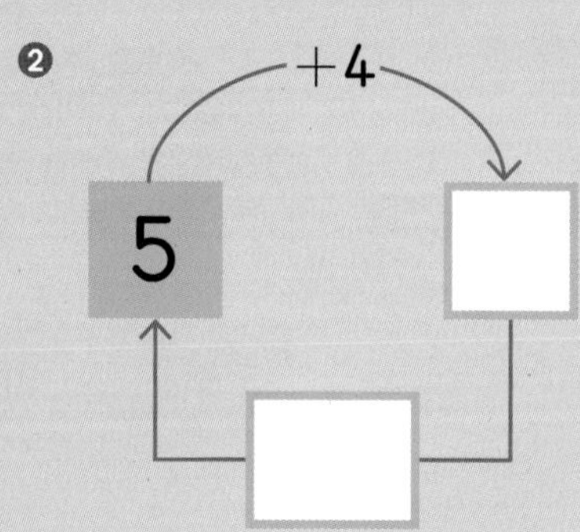

❸ −2

4

❹
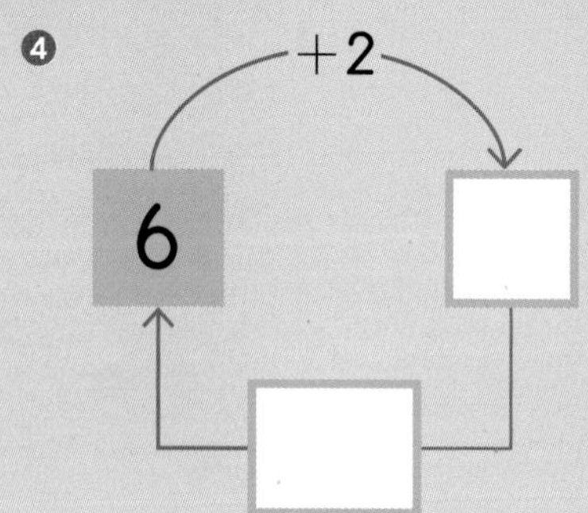

❺
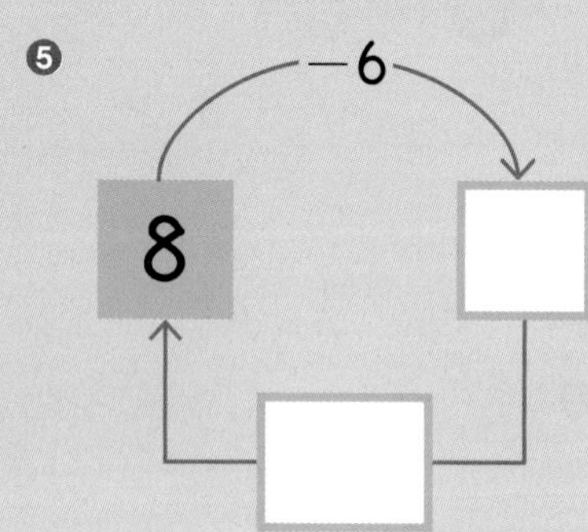

❻ +1

7

❼
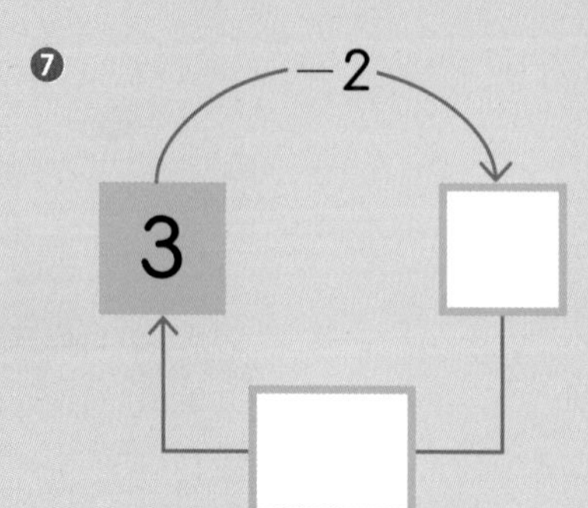

❽
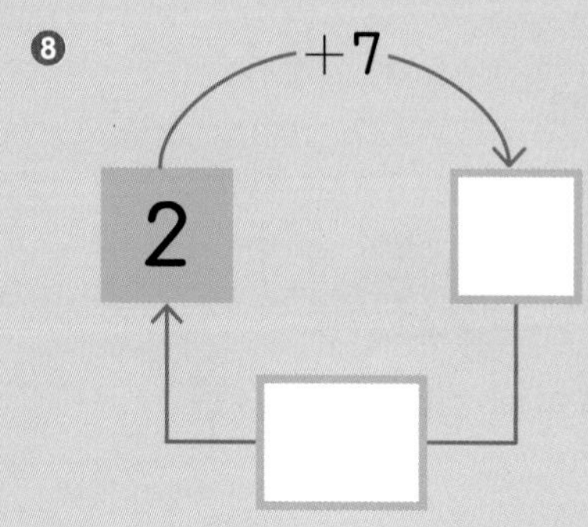

거꾸로 계산하여 빈칸에 알맞은 수를 써넣으시오.

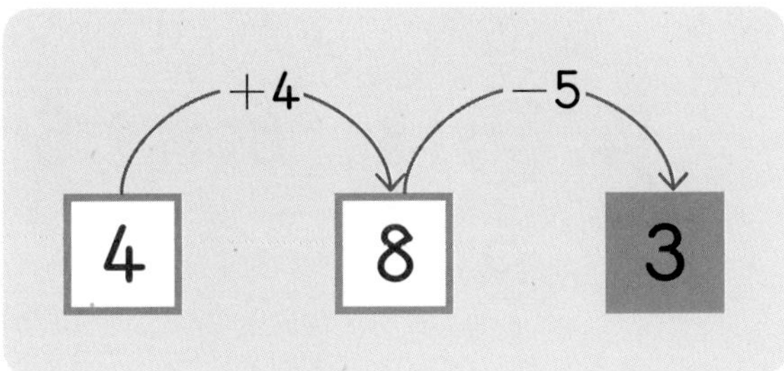

❶

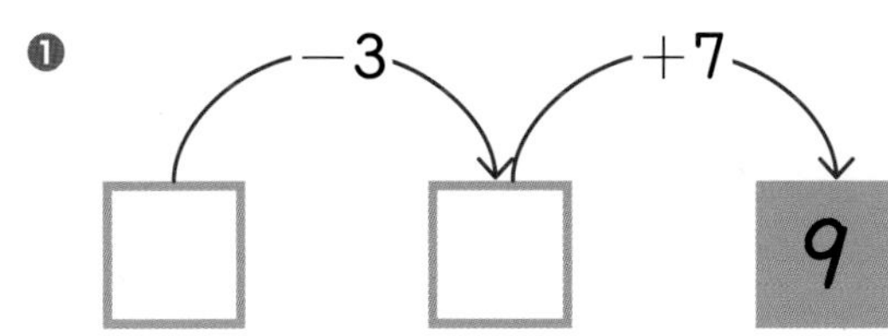

❷

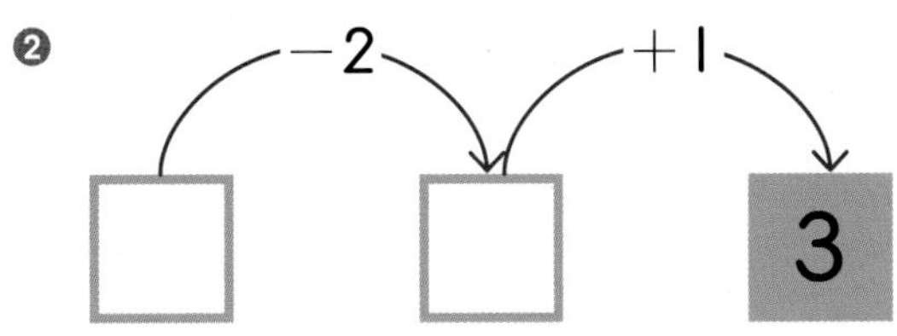

❸

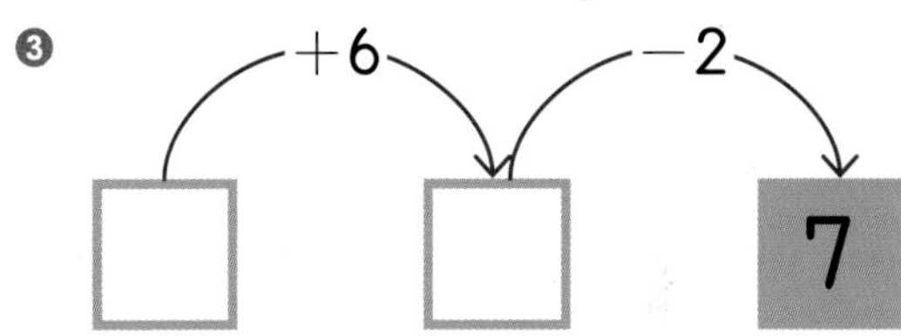

❹

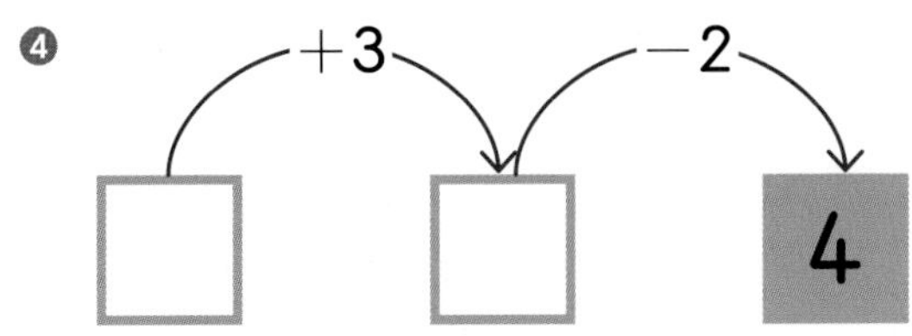

❺

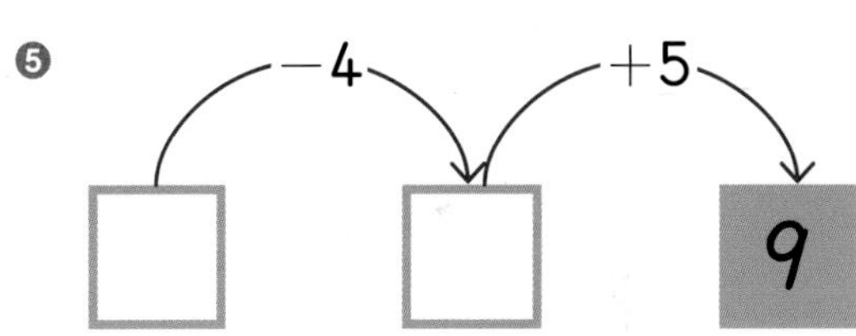

❻

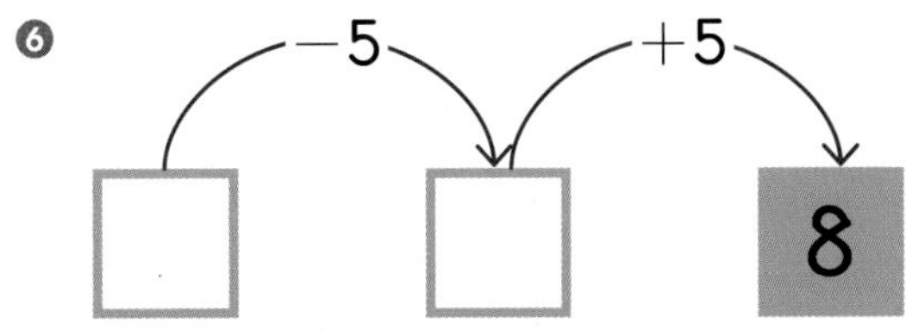

❼

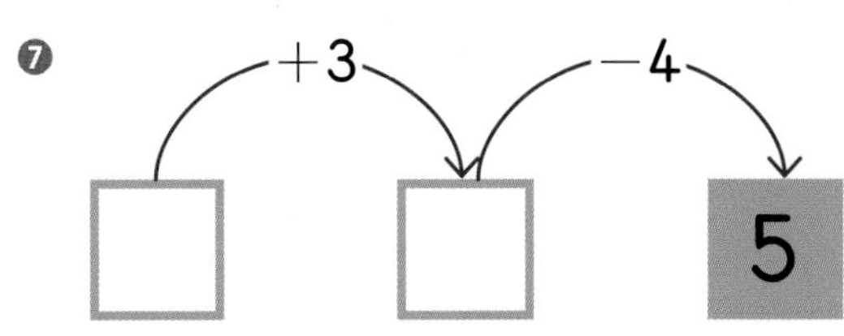

❽

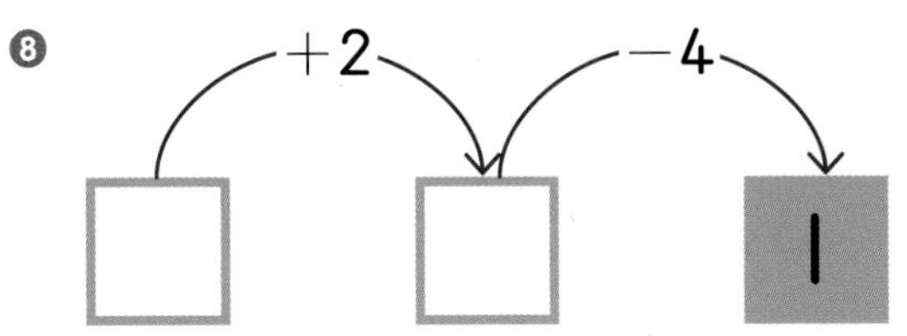

❾

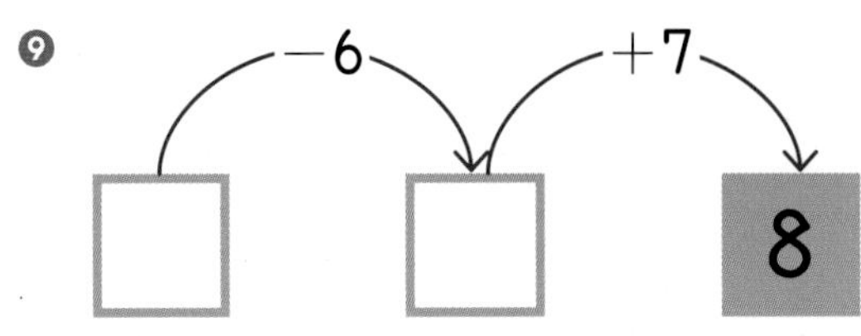

잘 공부했는지 알아봅시다

월 일

1 왼쪽 과녁의 점수는 더하고, 오른쪽 과녁의 점수는 뺍니다. 점수를 구하시오.

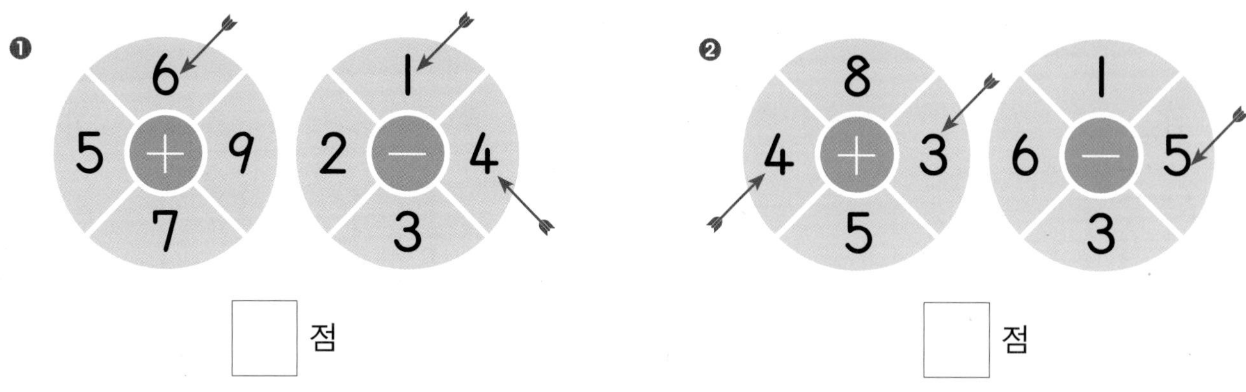

❶ □점 ❷ □점

2 계산 결과에 맞게 자동차 길을 그리시오.

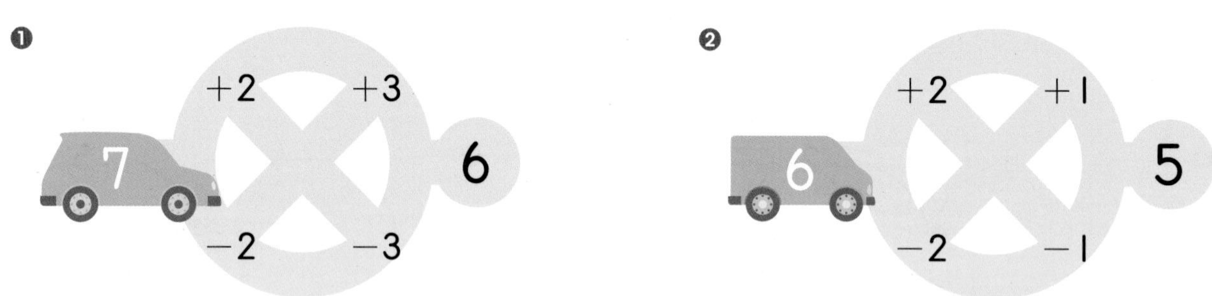

3 빈칸에 알맞은 수를 써넣으시오.

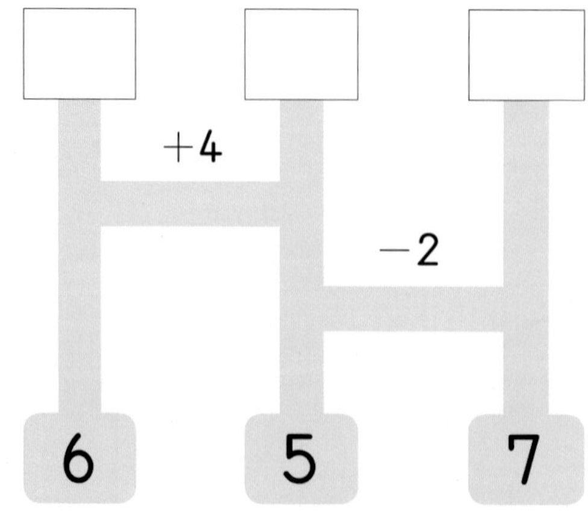

세 수의 계산 (2)

157 결과 대소

◐ 계산 결과를 비교하여 ○ 안에 >, =, <를 알맞게 써넣으시오.

$3+2 \bigcirc\!\!\!\!\!< \; 8-2$ (예: $3+2 < 8-2$)

❶ $7-1$ ○ $3+5$

❷ $9-5$ ○ $4-3$

❸ $2+6$ ○ $8+1$

❹ $8-3$ ○ $7-3$

❺ $4+5$ ○ $9-4$

❻ $9-3$ ○ $6+1$

❼ $7-2$ ○ $2+3$

❽ $5+1$ ○ $8-4$

❾ $2+2$ ○ $6-5$

❿ $9-4$ ○ $6-2$

⓫ $8-3$ ○ $5+2$

⓬ $2+7$ ○ $6-1$

⓭ $9-4$ ○ $2+6$

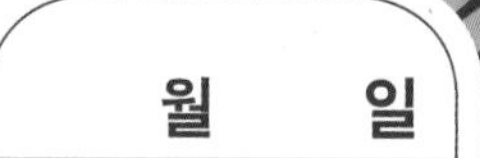

◯ 안에 >, =, <를 알맞게 써넣으시오.

$7-4+2$ ⊜ $6-1$	❶ $4+3$ ◯ $5+2-1$
❷ $6-5+2$ ◯ $4+1$	❸ $9-4$ ◯ $8-3+2$
❹ $9-2-2$ ◯ $7-3$	❺ $6+2$ ◯ $3+5+1$
❻ $1+5-4$ ◯ $3+2$	❼ $8-6$ ◯ $5-2-1$
❽ $3+6-2$ ◯ $8-4$	❾ $3+3$ ◯ $2-1+8$
❿ $4+2+2$ ◯ $1+6$	⓫ $9-1$ ◯ $3+4-3$
⓬ $7+2-6$ ◯ $7-4$	⓭ $1+4$ ◯ $1+2+3$

목표수

◐ ▭ 안의 수 중 두 수를 □ 안에 알맞게 써넣으시오.

$3+\boxed{5}-\boxed{2}=6$

2 5 8

❶ $7+\square-\square=5$

1 3 6

❷ $8-\square+\square=4$

3 6 7

❸ $5-\square+\square=7$

4 6 9

❹ $2+\square-\square=6$

1 2 5

❺ $4+\square+\square=8$

3 4 1

❻ $9-\square-\square=1$

1 2 6

❼ $8-\square+\square=5$

2 5 7

❽ $1+\square-\square=2$

5 7 8

❾ $3+\square-\square=6$

1 4 5

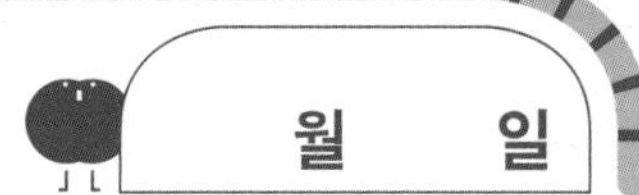

⊕ ▭ 안의 수를 한 번씩 사용하여 식을 완성하시오.

9 − 3 + 2 = 8

2 3 9

❶ □ − □ + □ = 8

1 3 6

❷ □ + □ − □ = 6

2 3 5

❸ □ + □ − □ = 5

1 4 8

❹ □ − □ + □ = 7

3 4 6

❺ □ − □ + □ = 4

3 8 7

❻ □ + □ − □ = 3

2 3 4

❼ □ + □ − □ = 8

1 2 7

❽ □ − □ + □ = 7

3 4 8

❾ □ − □ + □ = 6

5 8 9

복면셈

◐ 같은 모양은 같은 숫자, 다른 모양은 다른 숫자입니다. 빈칸을 채우시오.

6 + 2 = ○(8)
○(8) − 7 + 3 = □(4)
□(4) + 5 = ◇(9)

❶
5 − 3 = ○
9 − ○ − 1 = □
□ + 1 = ◇

❷
4 + 2 = ○
○ − 1 + 3 = □
□ + 1 = ◇

❸
7 − 4 = ○
4 + 1 + ○ = □
□ − 2 = ◇

❹
3 + 6 = ○
○ − 2 − 2 = □
□ + 2 = ◇

❺
9 − 2 = ○
1 + ○ − 5 = □
□ + 1 = ◇

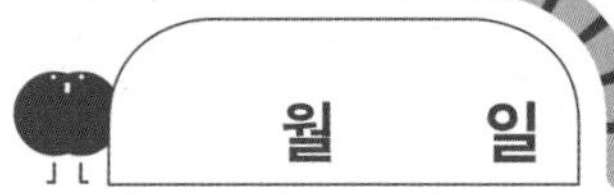

◆가 나타내는 수를 쓰시오.

1 + 4 = ♣
♣ − 3 + 7 = ♠
♠ − 5 = ◆
◆ = 4

❶
6 − 3 = ♣
5 + ♣ − 1 = ♠
♠ + 2 = ◆
◆ = □

❷
8 − 2 = ♣
♣ − 4 + 2 = ♠
3 + ♠ = ◆
◆ = □

❸
2 + 2 = ♣
7 − 2 + ♣ = ♠
♠ − 4 = ◆
◆ = □

❹
6 + 2 = ♣
♣ − 5 − 1 = ♠
6 − ♠ = ◆
◆ = □

❺
9 − 3 = ♣
1 + ♣ − 5 = ♠
♠ + 6 = ◆
◆ = □

160 약속셈

◐ 약속에 맞게 계산한 것입니다. 빈칸에 알맞은 수를 써넣으시오.

약속

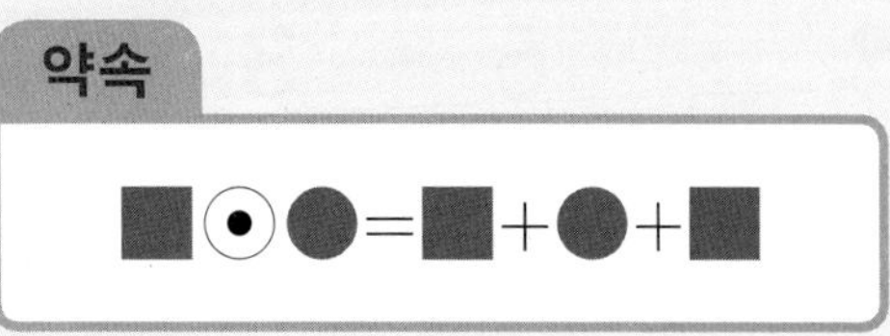

$2 \odot 4 = 2 + \boxed{4} + 2$

$= \boxed{8}$

$2 \odot 3 = \boxed{2} + 3 + \boxed{2}$

$= \boxed{7}$

❶ 약속

■◈●=■−●+■

$5 \diamond 3 = 5 - \square + 5$

$= \square$

$4 \diamond 2 = \square - 2 + \square$

$= \square$

❷ 약속

■⊡●=■+●+●

$3 \boxdot 2 = 3 + \square + 2$

$= \square$

$4 \boxdot 2 = \square + 2 + \square$

$= \square$

❸ 약속

■△●=■−●−●

$9 \triangle 4 = 9 - 4 - \square$

$= \square$

$7 \triangle 3 = \square - 3 - \square$

$= \square$

약속에 맞게 계산하시오.

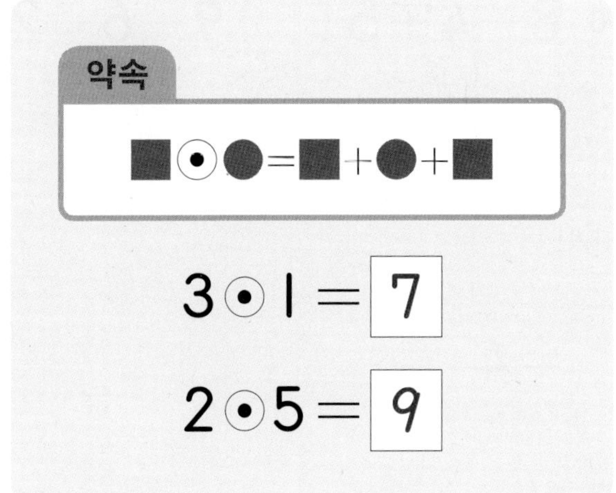

❶

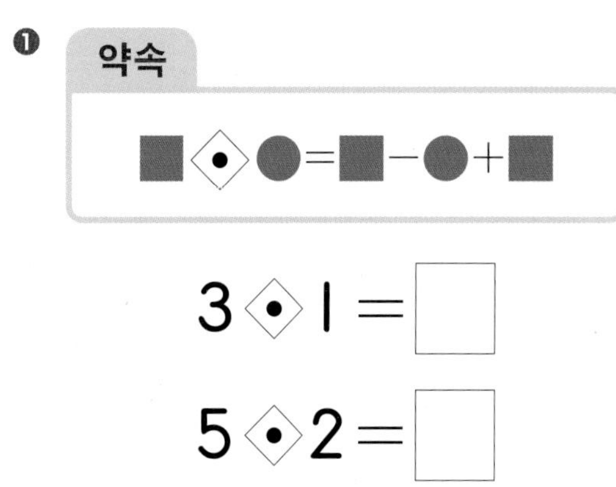

❷

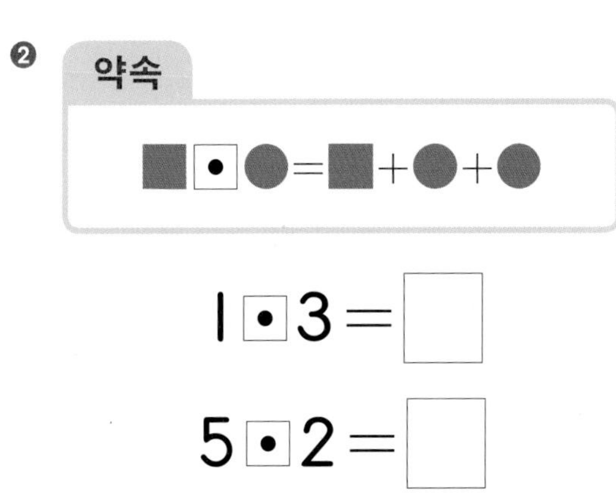

❸

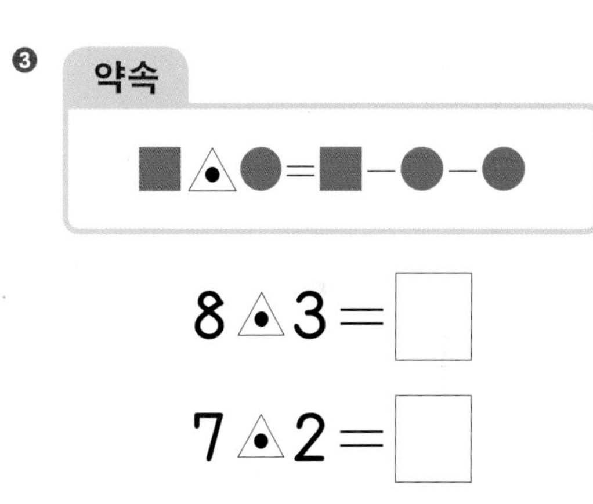

❹

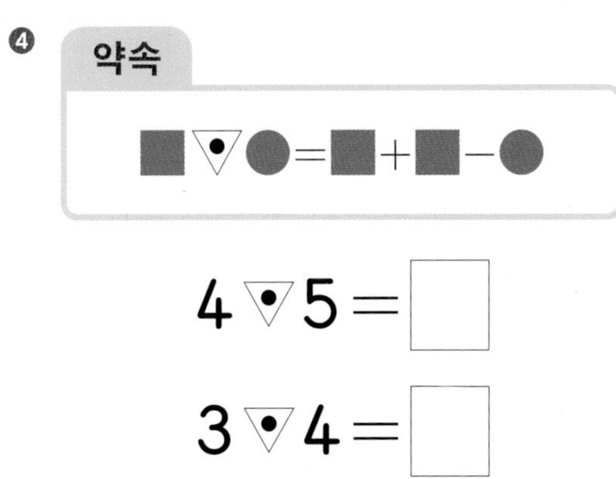

❺

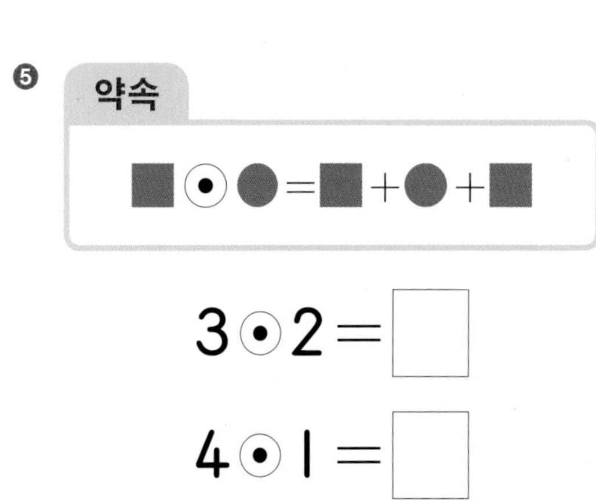

잘 공부했는지 알아봅시다

1 ○ 안에 >, =, <를 알맞게 써넣으시오.

❶ 2+6−3 ○ 4−1+2　　❷ 8−4+5 ○ 9−6+2

2 ▭ 안의 수를 한 번씩 사용하여 식을 완성하시오.

□−□+□=4

2　7　5

3 ◆가 나타내는 수를 쓰시오.

3 + 5 = ♣

♣ − 6 + 2 = ♠

9 − ♠ = ◆

◆ = □

4 약속에 맞게 계산하시오.

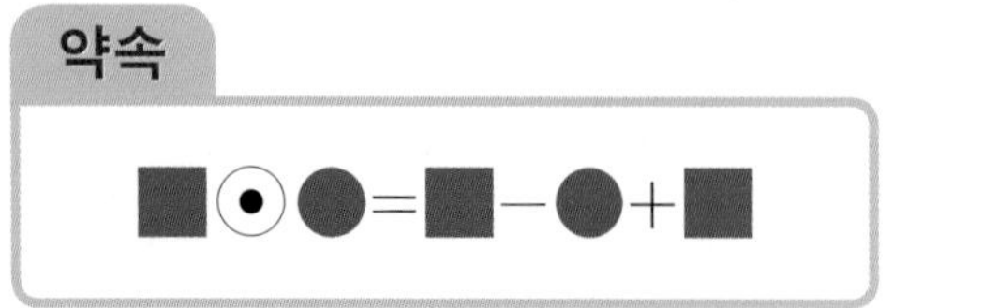

6⊙5=□

MEMO

MEMO

사고셈

정답 및 해설
Guide Book

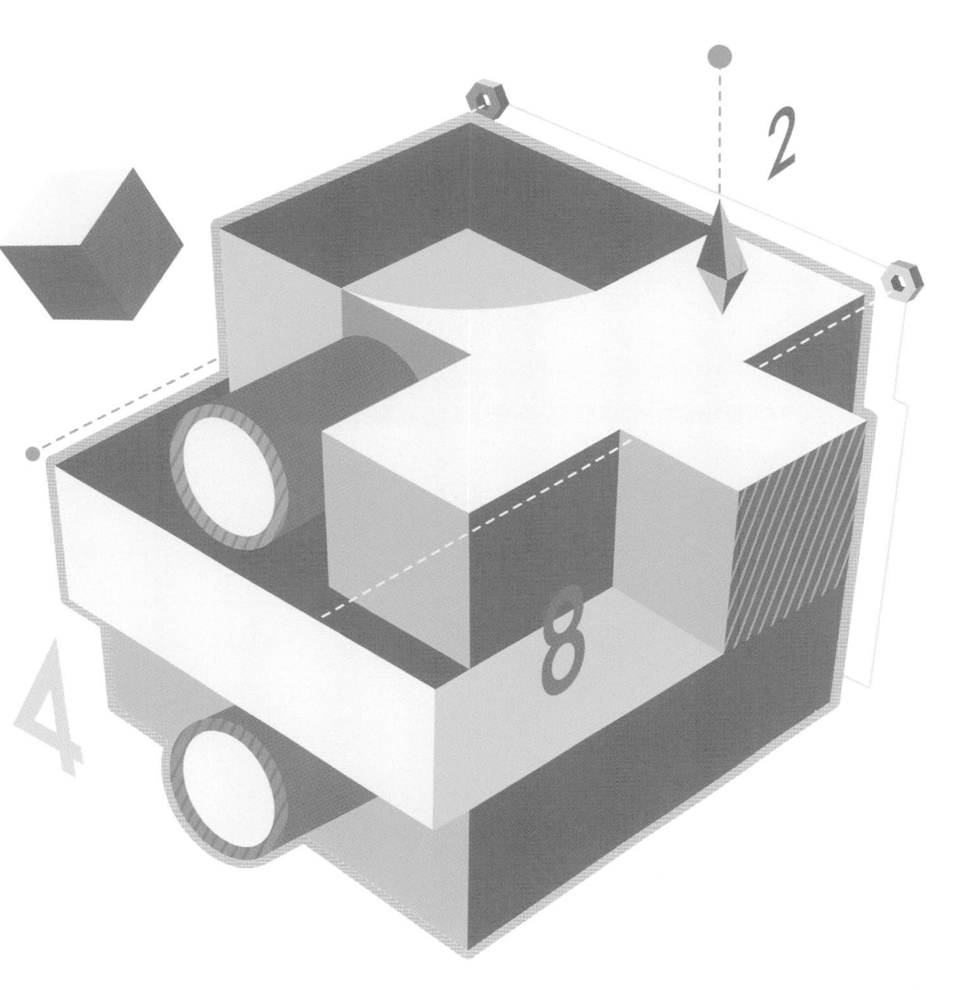

7세 1호

한 자리 수의 덧셈과 뺄셈

NE 능률

129 월 일

그림 덧셈

● 그림을 보고 덧셈을 하시오.

3+2= 5

① 4+1= 5

② 5+2= 7

③ 6+1= 7

2+2= 4

④ 5+3= 8

⑤ 4+2= 6

⑥ 3+3= 6

덧셈의 일반적인 상황은 첨가와 합병으로 구분됩니다.

첨가는 하나의 부분에 다른 부분을 추가하여 전체를 구하는 경우이고,

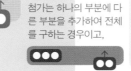

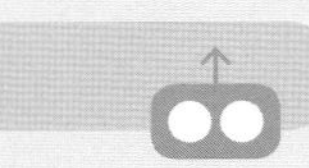

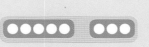

합병은 두 양이 있고, 이들을 더하여 전체를 구하는 경우입니다.

● 그림을 보고 □ 안에 알맞은 수를 써넣으시오.

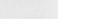

4 + 3 = 7

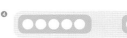

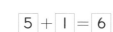

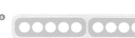

① 2 + 1 = 3

② 6 + 2 = 8

③ 7 + 1 = 8

3 + 2 = 5

④ 5 + 1 = 6

⑤ 3 + 4 = 7

⑥ 5 + 4 = 9

130 갈림길

◐ 계산에 맞게 선을 그으시오.

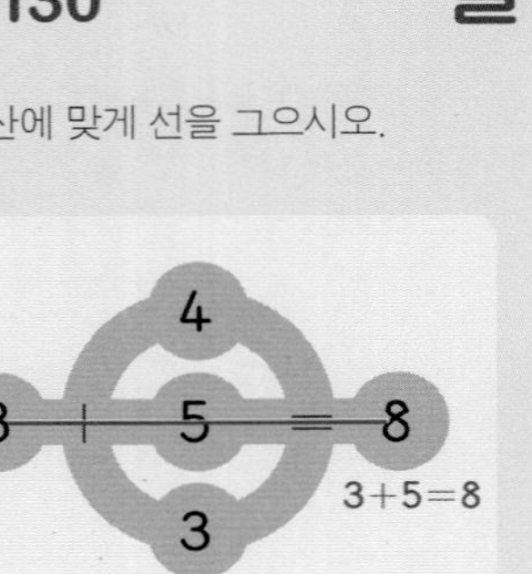

❶

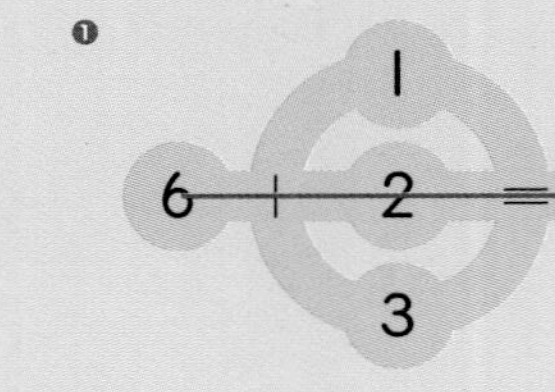

❷

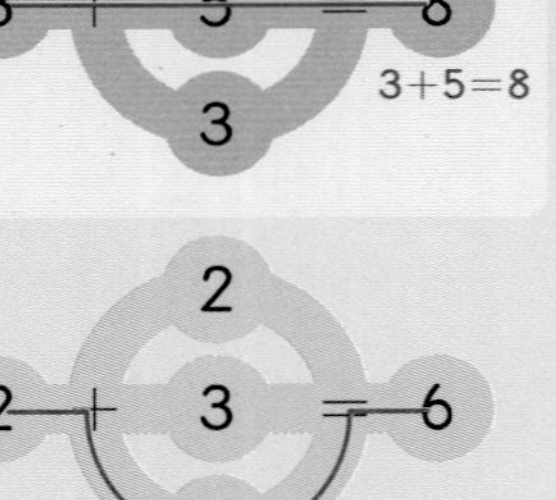

❸

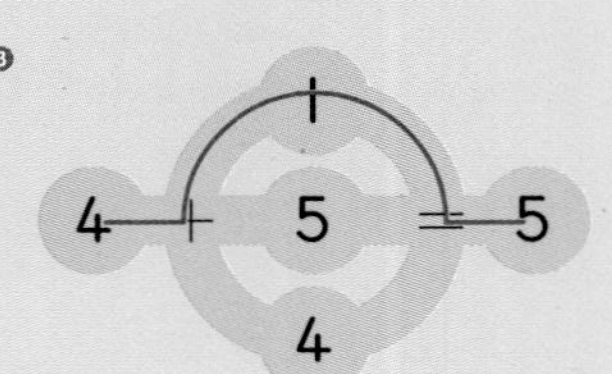

❹

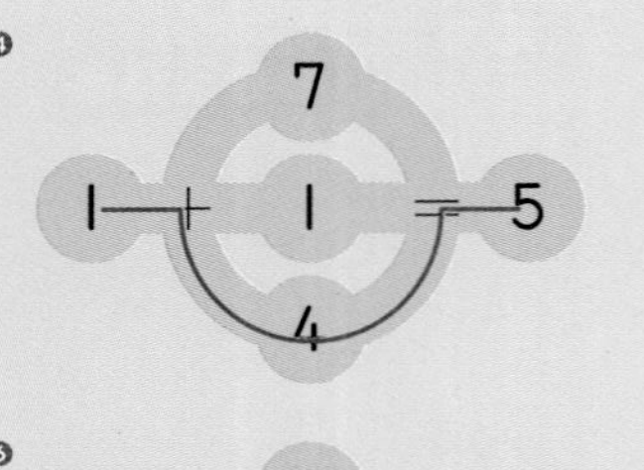

❺

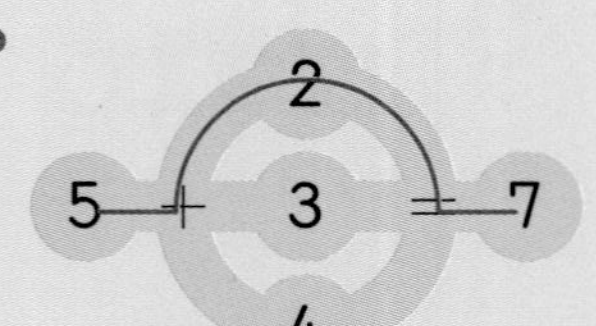

❻

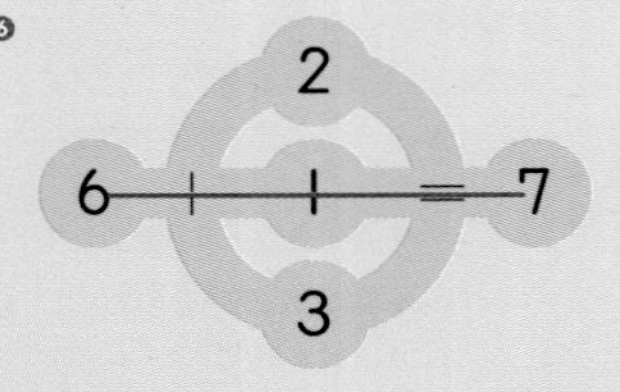

❼

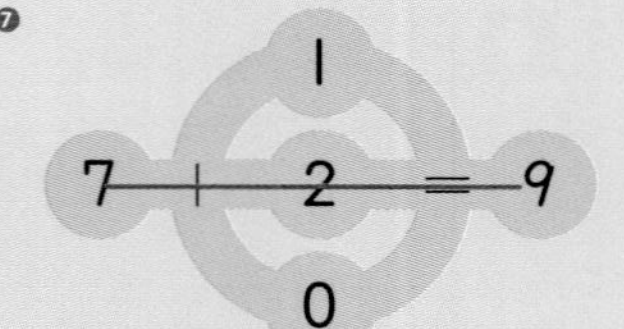

월 일

◈ 계산에 맞게 빈칸에 알맞은 수를 써넣으시오.

3 + 2 = 5 (3+2=5)
3 + 3 = 6 (3+3=6)
3 + 4 = 7 (3+4=7)

❶
5 + 2 = 7
5 + 3 = 8
5 + 4 = 9

❷
4 + 1 = 5
4 + 2 = 6
4 + 5 = 9

❸
6 + 1 = 7
6 + 2 = 8
6 + 3 = 9

❹
2 + 7 = 9
2 + 5 = 7
2 + 3 = 5

❺

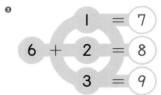

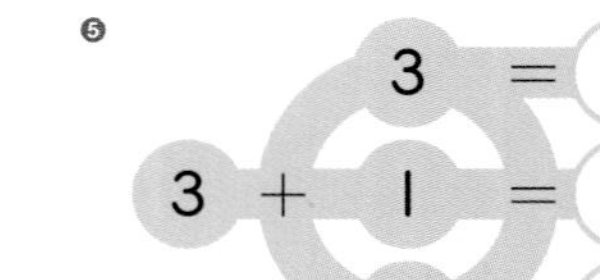

3 + 3 = 6
3 + 1 = 4
3 + 4 = 7

131 무게셈

● 양팔저울이 평형을 이룹니다. 빈칸에 알맞은 수를 써넣으시오.

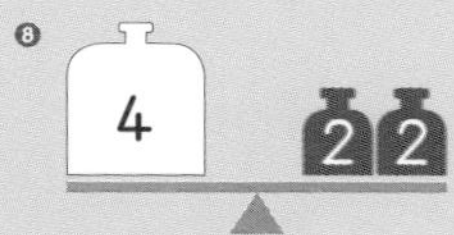

월 일

● ☐ 안의 세 수를 그림에 맞게 써넣으시오. 사용하지 않는 수에 ×표 합니다.

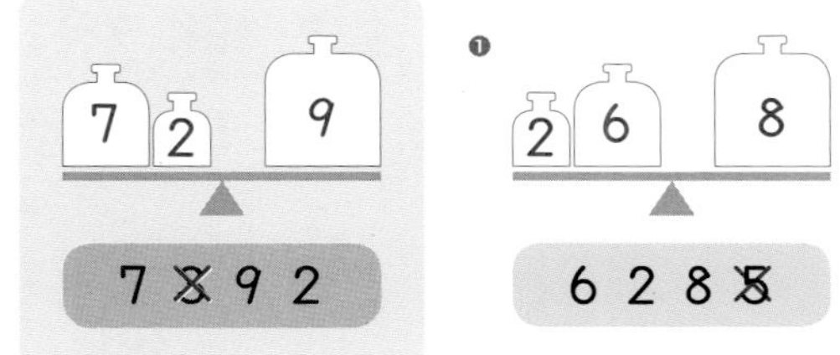

추의 크기를 생각하여 수를 써넣습니다.

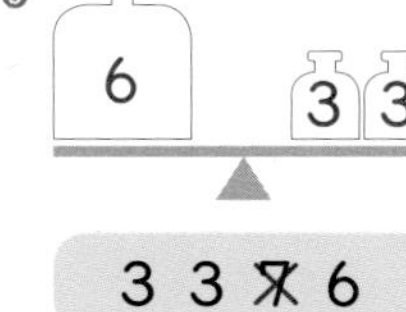

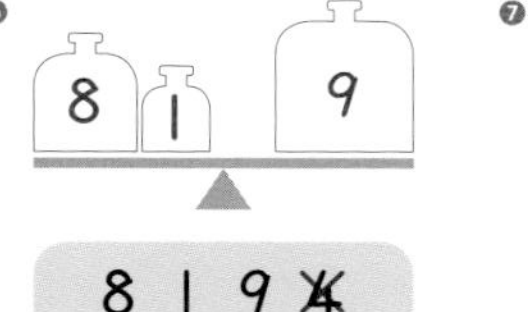

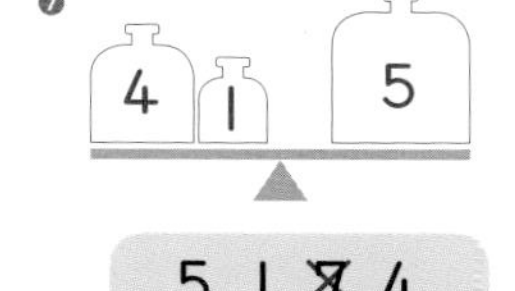

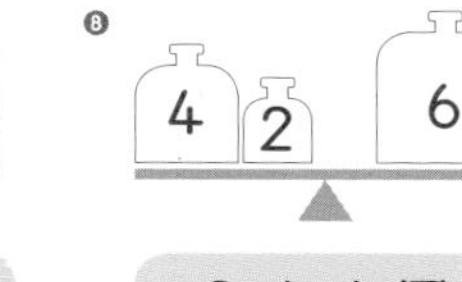

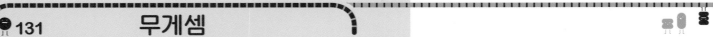

132 자물쇠

◐ 색칠한 두 수의 합을 빈칸에 써넣으시오.

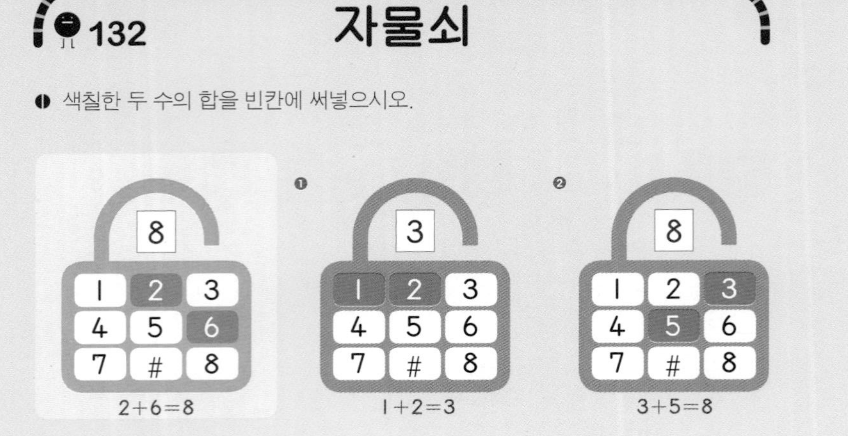

2+6=8

❶ 1+2=3

❷ 3+5=8

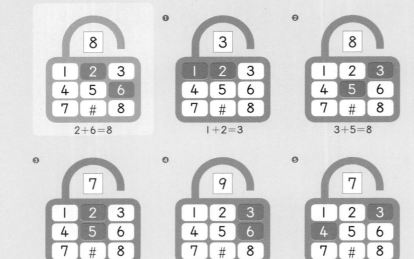

◐ 고리 안의 수가 합이 되는 두 수를 찾아 칠하시오.

5+3=8
3+5=8

❶ 1+6=7
6+1=7

❷ 3+2=5
2+3=5

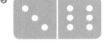

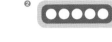

잘 공부했는지 알아봅시다

월 일

1 그림을 보고 덧셈을 하시오.

❶

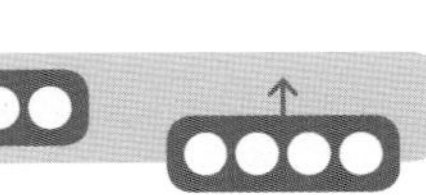

3+4= 7

❷

5+3= 8

2 도미노를 보고 덧셈을 하시오.

❶

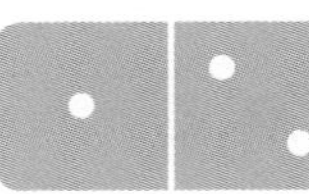

1+2= 3

❷

3+ 6 = 9

도미노의 두 칸의 점의 수를 세어 덧셈식을 만들고 계산합니다.

3 계산에 맞게 선을 그으시오.

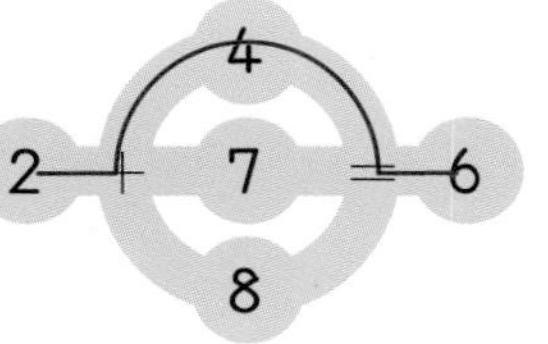

4 ▢ 안의 수 중 세 수를 그림에 맞게 써넣으시오.

5	2
3	4

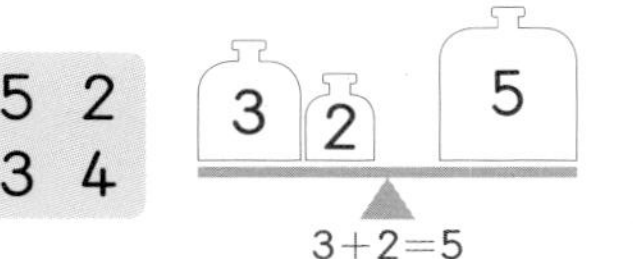

3+2=5

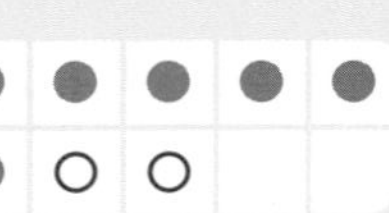 133

네모셈

월 일

◐ □ 안에 들어갈 수만큼 ○표 하고, 알맞은 수를 써넣으시오.

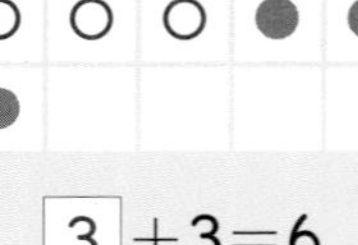

$6+\boxed{2}=8$

❶ $4+\boxed{5}=9$

❷ $3+\boxed{3}=6$

❸ $5+\boxed{2}=7$

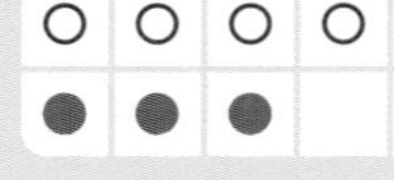

$\boxed{3}+3=6$

❹ $\boxed{1}+6=7$

❺ $\boxed{4}+4=8$

❻ $\boxed{4}+5=9$

◐ 안의 세 수 중에서 □ 안에 들어갈 수에 ○표 하고, 알맞은 수를 써넣으시오.
□ 안에 들어갈 수를 예상하여 넣어 봅니다.

$6+\boxed{2}=8$ — 3 1 ②

❶ $3+\boxed{4}=7$ — ④ 5 6

❷ $1+\boxed{5}=6$ — 2 ⑤ 4

❸ $4+\boxed{4}=8$ — 5 ④ 3

❹ $\boxed{7}+2=9$ — 8 6 ⑦

❺ $\boxed{2}+2=4$ — ② 5 4

$\boxed{2}+5=7$ — 4 1 ②

❻ $\boxed{3}+2=5$ — ③ 2 4

❼ $\boxed{6}+2=8$ — ⑥ 8 5

❽ $8+\boxed{1}=9$ — 7 ① 2

❾ $3+\boxed{5}=8$ — ⑤ 4 3

❿ $6+\boxed{3}=9$ — 1 4 ③

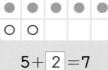

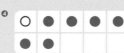

길이셈

◐ 빈칸에 알맞은 수를 써넣으시오.

(예) 2, [3], 5 — 2+[3]=5

❶ 1, [5], 6 — 1+[5]=6

❷ 4, [3], 7

❸ [6], 2, 8

❹ 3, [5], 8

❺ [4], 1, 5

❻ 5, [4], 9

❼ [2], 4, 6

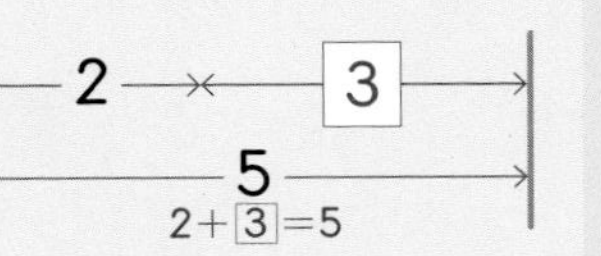
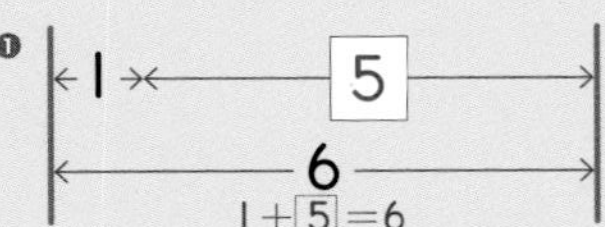
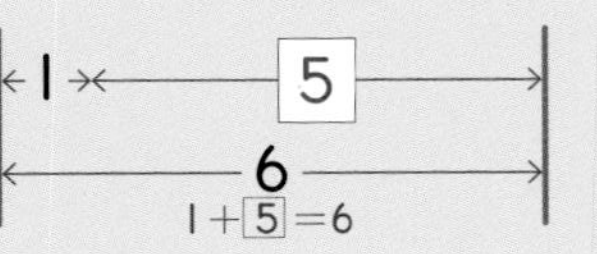
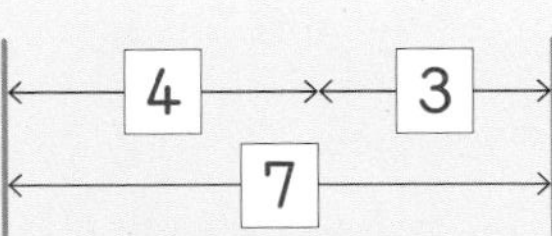
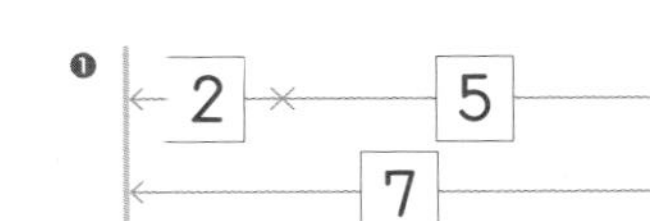
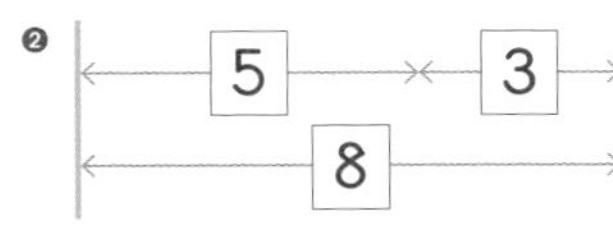

◐ 안의 세 수를 그림에 맞게 써넣으시오. 사용하지 않는 수에 ×표 합니다.

(예) [4], [3], [7] — 4 3 7 ~~6~~

길이를 생각하여 수를 써넣습니다. 긴 길이에 큰 수를 씁니다.

❶ [2], [5], [7] — 5 2 ~~8~~ 7

❷ [5], [3], [8] — 3 ~~7~~ 5 8

❸ [2], [2], [4] — 4 ~~8~~ 2 2

❹ [3], [3], [6] — 6 ~~2~~ 3 3

❺ [3], [6], [9] — 9 6 3 ~~5~~

❻ [2], [6], [8] — ~~7~~ 8 6 2

❼ [2], [7], [9] — 2 9 ~~8~~ 7

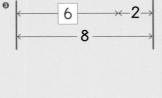

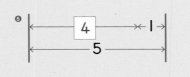

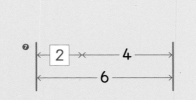

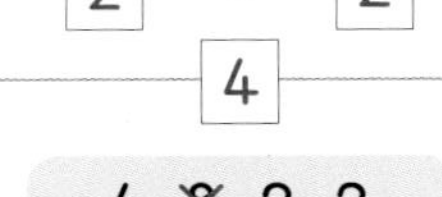
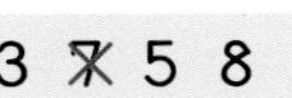
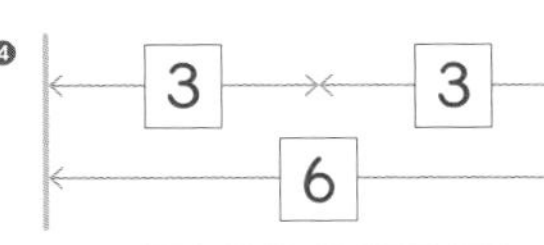
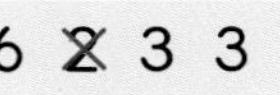
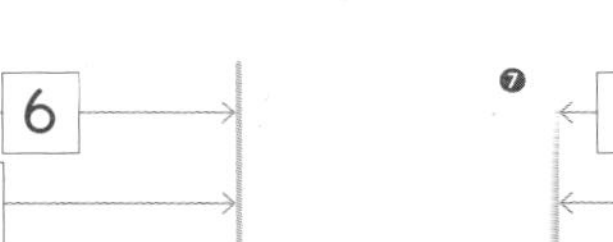
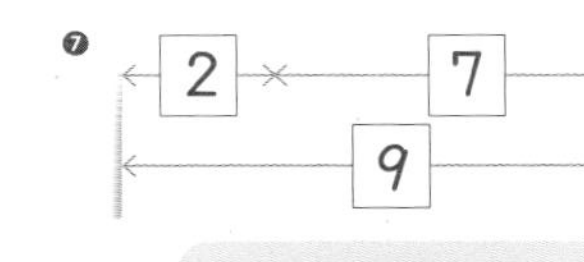

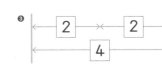

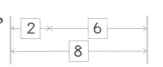

135 # 경우의 덧셈

월 일

□ 안에 알맞은 수를 써넣으시오.

4

0 + 4 = 4
1 + 3 = 4
2 + 2 = 4
3 + 1 = 4
4 + 0 = 4

❶ **6**

0 + 6 = 6
1 + 5 = 6
2 + 4 = 6
3 + 3 = 6
4 + 2 = 6
5 + 1 = 6
6 + 0 = 6

❷ **8**

0 + 8 = 8
1 + 7 = 8
2 + 6 = 8
3 + 5 = 8
4 + 4 = 8
5 + 3 = 8
6 + 2 = 8
7 + 1 = 8
8 + 0 = 8

❸ **5**

0 + 5 = 5
1 + 4 = 5
2 + 3 = 5
3 + 2 = 5
4 + 1 = 5
5 + 0 = 5

❹ **2**

0 + 2 = 2
1 + 1 = 2
2 + 0 = 2

두 수의 합이 ● 안의 수가 되는 여러 가지 덧셈식을 만드시오.

순서를 바꾸어 써도 됩니다.

3

0 + 3 = 3
1 + 2 = 3
2 + 1 = 3
3 + 0 = 3

경우의 덧셈에서는 1 + 2와 2 + 1을 다른 경우로 봅니다.

❶ **7**

0 + 7 = 7
1 + 6 = 7
2 + 5 = 7
3 + 4 = 7
4 + 3 = 7
5 + 2 = 7
6 + 1 = 7
7 + 0 = 7

❷ **9**

0 + 9 = 9
1 + 8 = 9
2 + 7 = 9
3 + 6 = 9
4 + 5 = 9
5 + 4 = 9
6 + 3 = 9
7 + 2 = 9
8 + 1 = 9
9 + 0 = 9

136 계단 덧셈표

● 가로, 세로로 더하여 빈칸에 알맞은 수를 써넣으시오.

+	5	6	7
2	7	8	9
3	8	9	
4	9		

4+5

❶

+	1	3	4
1	2	4	5
4	5	7	
8	9		

❷

+	2	5	7
2	4	7	9
3	5	8	
6	8		

❸

+	3	4	7
2	5	6	9
3	6	7	
4	7		

❹

+	2	5	6
1	3	6	7
4	6	9	
7	9		

❺

+	4	3	5
2	6	5	7
5	9	8	
3	7		

❻

+	6	7	8
1	7	8	9
2	8	9	
3	9		

❼

+	1	4	7
2	3	6	9
5	6	9	
8	9		

❽

+	2	3	4
5	7	8	9
6	8	9	
7	9		

덧셈표는 세로줄의 수와 가로줄의 수를 더하여 표를 만든 것입니다.

● 덧셈표의 빈칸에 알맞은 수를 써넣으시오.

푸는 순서를 찾는 것이 중요합니다. 먼저 가로줄, 세로줄에 있는 수를 구합니다.

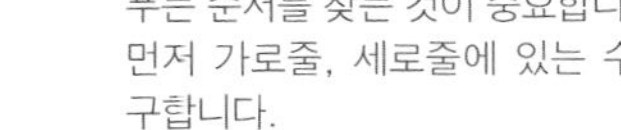

+	①3	5	③7
②1	4	④6	8
3	6	⑤8	
5	⑥8		

① 3 + 3 = 6　② 1 + 3 = 4
③ 1 + 7 = 8　④ 1 + 5 = 6
⑤ 3 + 5 = 8　⑥ 5 + 3 = 8

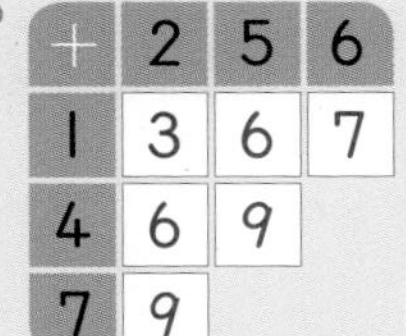

❶

+	②2	3	4
①5	7	8	④9
6	⑤8	⑥9	
③7	9		

❷

+	①1	②3	5
4	5	7	④9
5	⑤6	⑥8	
③6	7		

❸

+	4	5	7
2	6	7	9
3	7	8	
4	8		

❹

+	2	4	6
3	5	7	9
5	7	9	
7	9		

❺

+	1	3	8
1	2	4	9
2	3	5	
8	9		

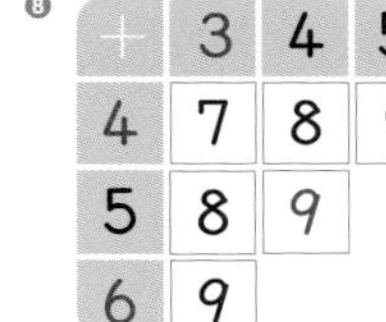

❻

+	1	3	6
2	3	5	8
3	4	6	
8	9		

❼

+	2	5	7
1	3	6	8
4	6	9	
7	9		

❽

+	3	4	5
4	7	8	9
5	8	9	
6	9		

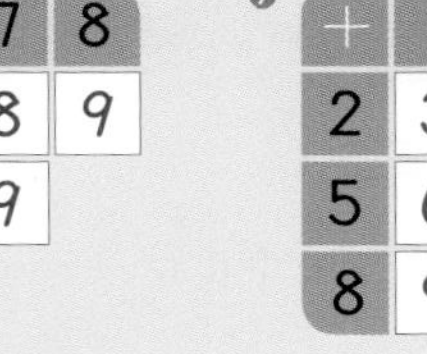

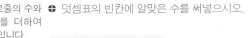

잘 공부했는지 알아봅시다

월　일

1 아래의 수는 위 두 수의 합입니다. 빈칸에 알맞은 수를 써넣으시오.

❶ 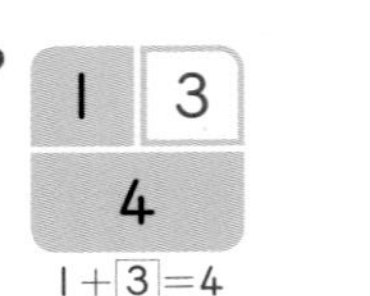

1+[3]=4

❷ 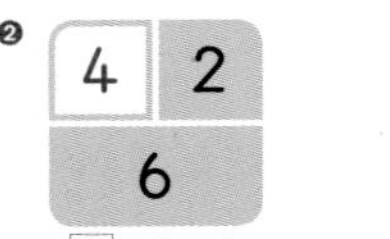

[4]+2=6

❸ 8 | [1] / 9

8+[1]=9

2 빈칸에 알맞은 수를 써넣으시오.

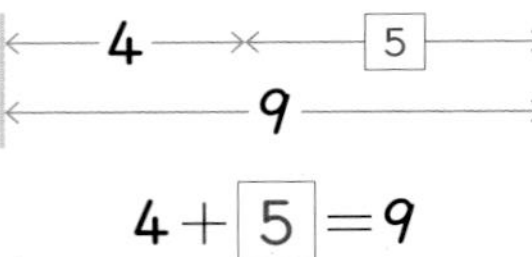

4+[5]=9

3 두 수의 합이 3이 되는 네 가지 덧셈식을 완성하시오.

[0]+[3]=3　[1]+[2]=3

[2]+[1]=3　[3]+[0]=3

4 덧셈표의 빈칸에 알맞은 수를 써넣으시오.

+	①5	②2
2	7	4
4	9	6

① 2+[5]=7
② 4+[2]=6

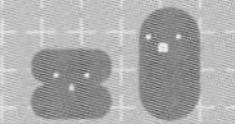

월 일

137 그림 뺄셈

◐ 그림을 보고 뺄셈을 하시오.

6−2= 4

❷ 2−1= 1

❶ 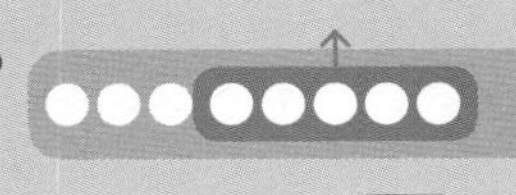

8−5= 3

❸ 9−7= 2

8−4= 4

❹ 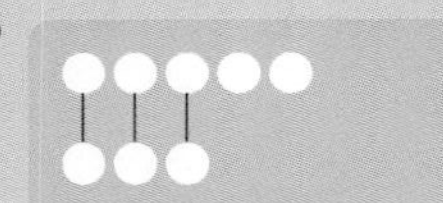

5−3= 2

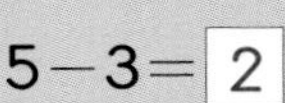

❺ 6−5= 1

❻ 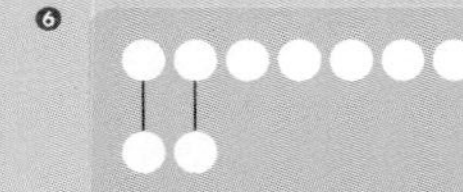

7−2= 5

뺄셈의 일반적인 상황은 구잔과 구차로 구분됩니다.

구잔은 전체에서 한 부분을 제거하여 나머지 부분을 구하는 경우이고,

구차는 두 부분의 차이로 구하는 경우입니다.

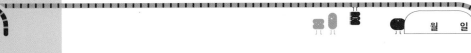

◑ 그림을 보고 □ 안에 알맞은 수를 써넣으시오.

3 − 2 = 1

❶ 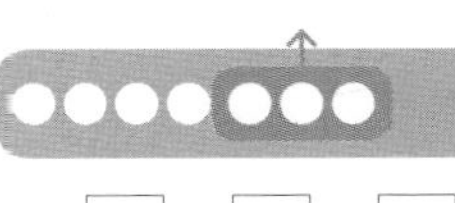

7 − 3 = 4

❷ 9 − 4 = 5

❸ 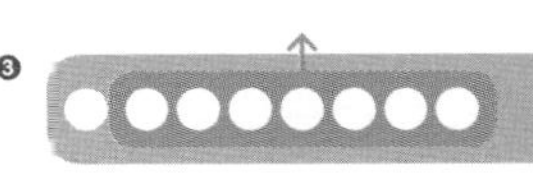

8 − 7 = 1

6 − 2 = 4

❹ 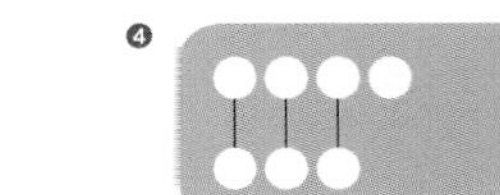

4 − 3 = 1

❺ 9 − 6 = 3

❻ 

8 − 4 = 4

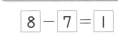

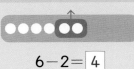

138 비행기

◐ 뺄셈식에 맞게 ○표 하시오.

(예) 7 − (3, ④, 5) = 3
7−4=3

❶ 8 − (②, 3, 5) = 6
8−2=6

❷ 6 − (1, 3, ②) = 4

❸ 5 − (1, 3, ④) = 1

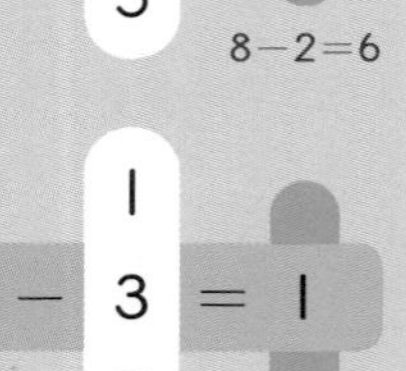

❹ 9 − (2, ③, 5) = 6

❺ 7 − (1, 6, ②) = 5

❻ 8 − (7, 6, ④) = 4

❼ 6 − (4, ⑤, 2) = 1

월 일

◑ 뺄셈을 하여 빈칸에 알맞은 수를 써넣으시오.

(예) 8 − (2, 4, 3) = (6, 4, 5)
8−2=6
8−4=4
8−3=5

❶ 5 − (2, 4, 1) = (3, 1, 4)
5−2=3
5−4=1
5−1=4

❷ 7 − (2, 6, 5) = (5, 1, 2)

❸ 6 − (1, 3, 5) = (5, 3, 1)

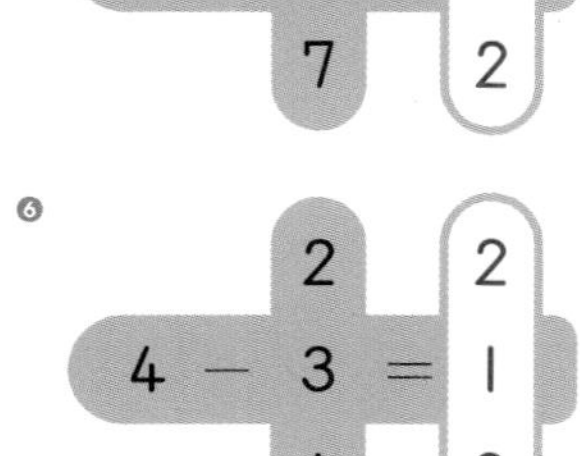

❹ 9 − (8, 5, 7) = (1, 4, 2)

❺ 8 − (3, 6, 1) = (5, 2, 7)

❻ 4 − (2, 3, 1) = (2, 1, 3)

❼ 7 − (4, 3, 1) = (3, 4, 6)

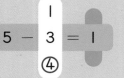

139 거리셈

월 일

◐ 빈칸에 알맞은 수를 쓰고, 두 점 사이의 거리를 구하시오.

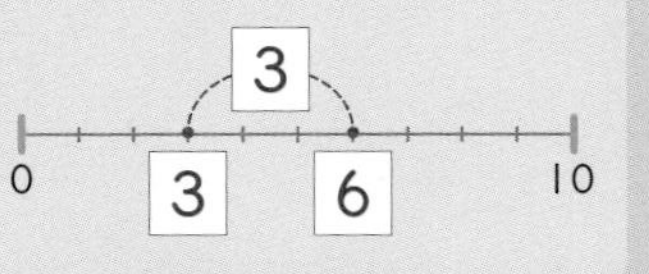

3과 6 사이의 거리는 3칸입니다.

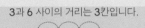

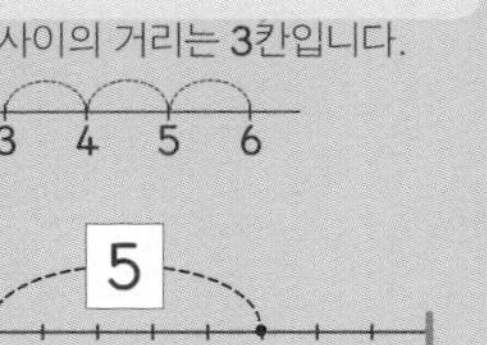

❶
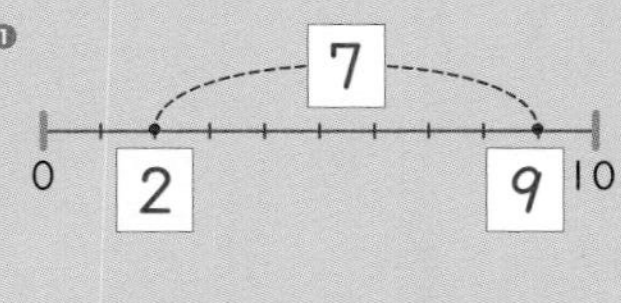

❷
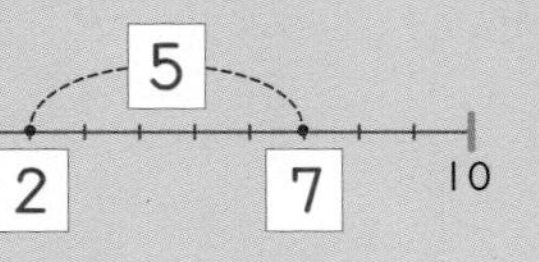
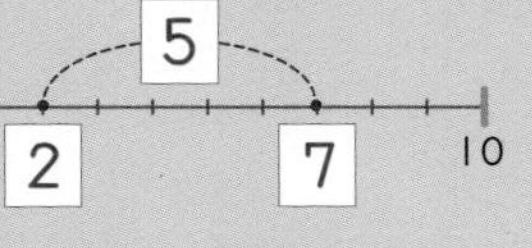

❸
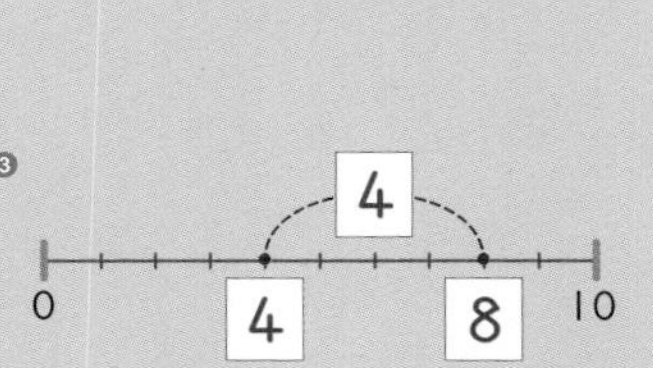
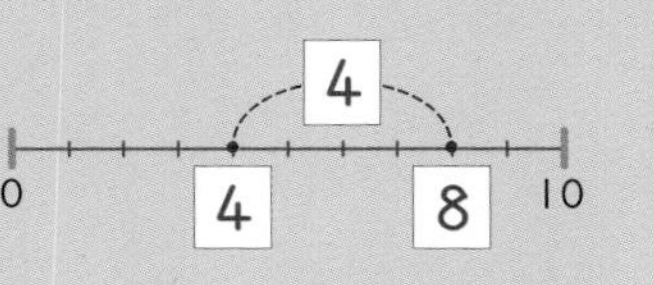

❹
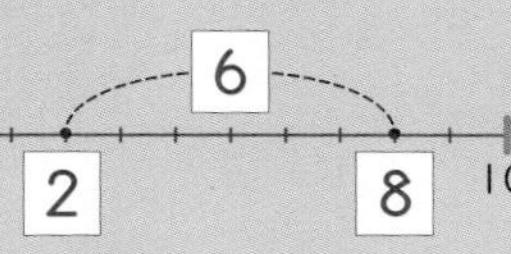

❺
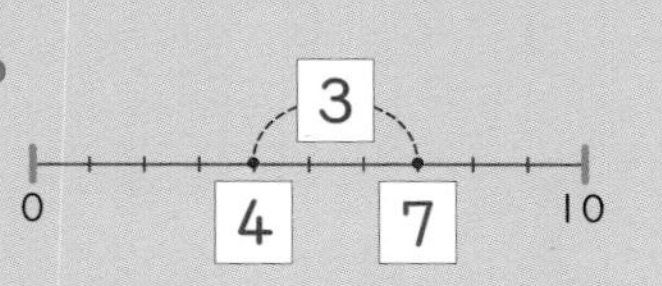

❻
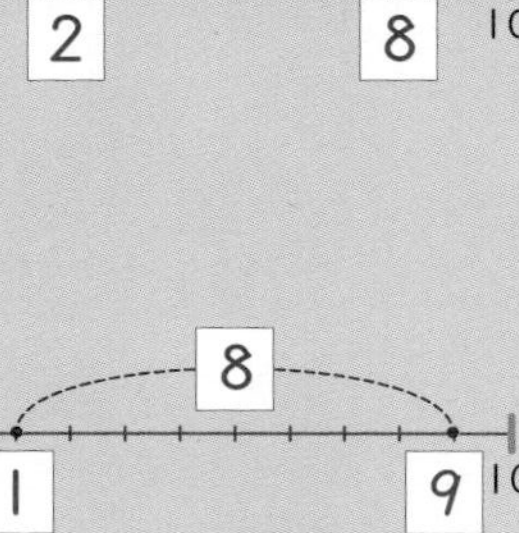

❼
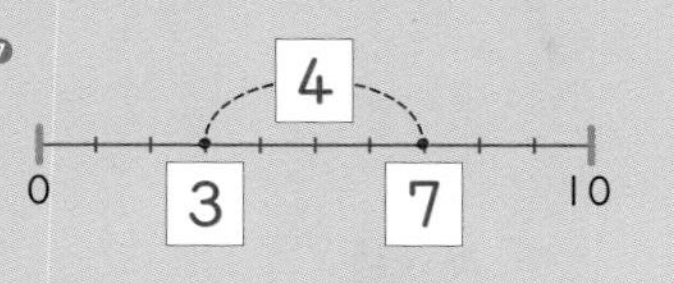

◐ 안의 두 수를 수직선에 표시하고, 표시된 두 곳의 거리를 구하시오.

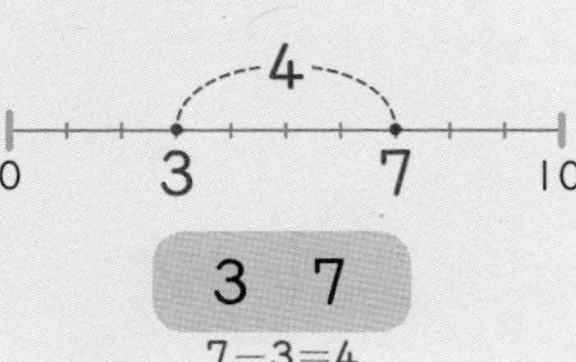

3 7

7−3=4

❶
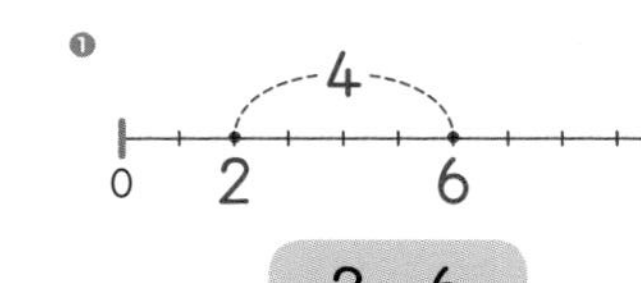

2 6

6−2=4

❷
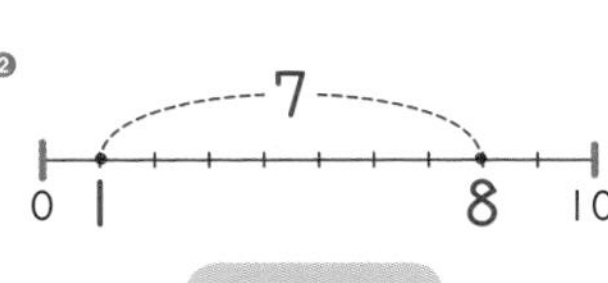

1 8

❸
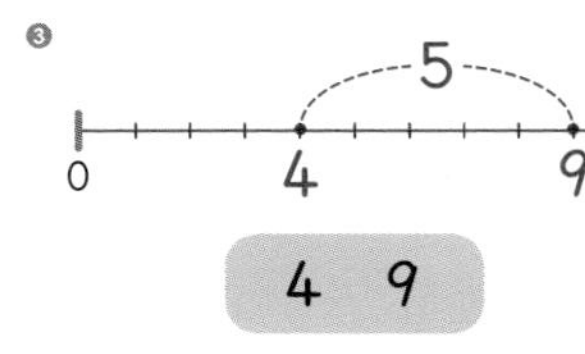

4 9

❹
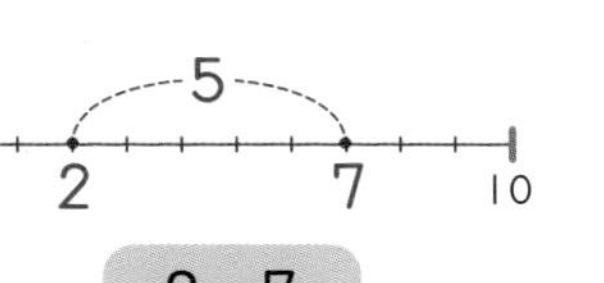

2 7

❺
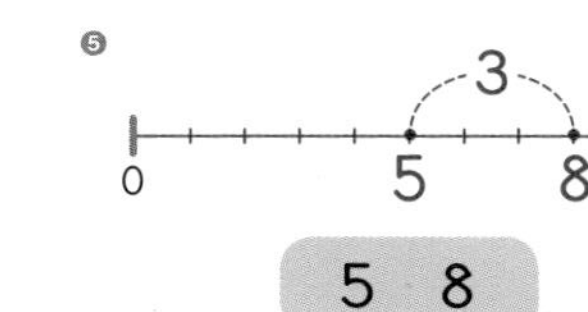

5 8

❻
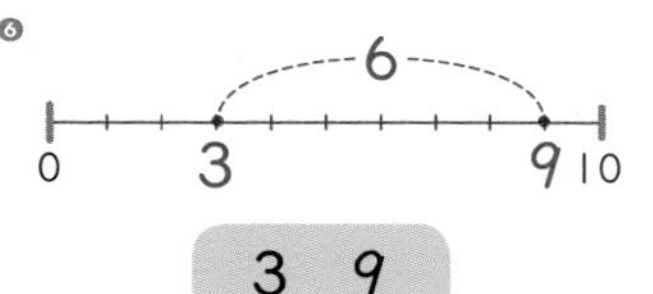

3 9

❼
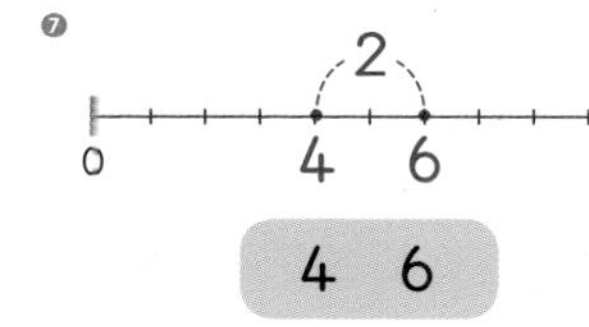

4 6

140 역피라미드

◐ 아래의 수는 위 두 수의 차입니다. 빈칸을 채우시오.

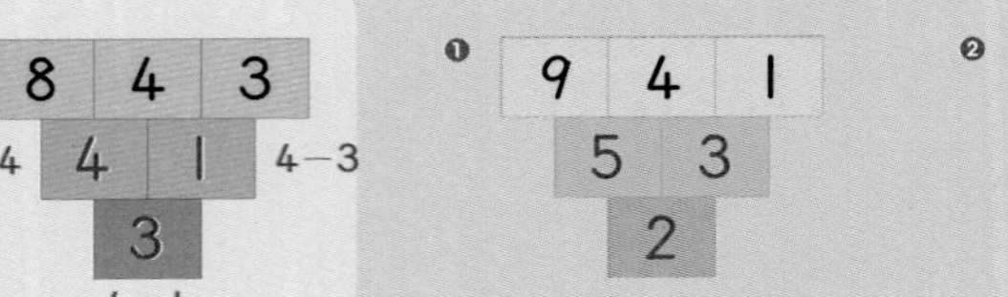

8 4 3 / 4 1 / 3 (8−4, 4−3, 4−1)

❶ 9 4 1 / 5 3 / 2

❷ 7 4 2 / 3 2 / 1

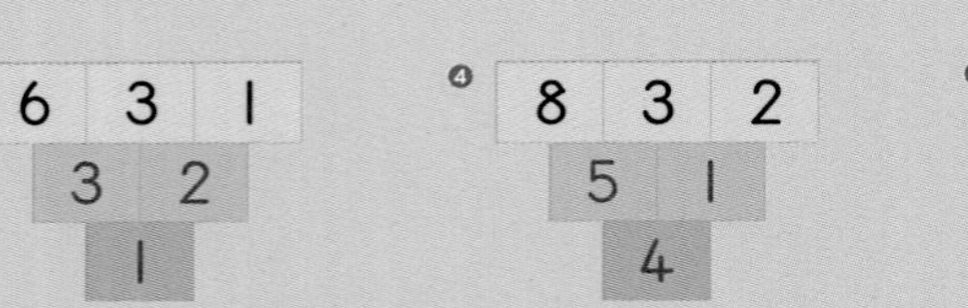

❸ 6 3 1 / 3 2 / 1

❹ 8 3 2 / 5 1 / 4

❺ 5 2 1 / 3 1 / 2

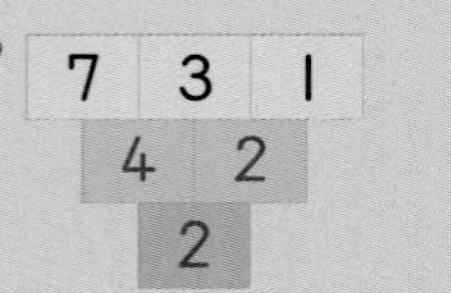

❻ 8 5 4 / 3 1 / 2

❼ 7 3 1 / 4 2 / 2

❽ 9 7 6 / 2 1 / 1

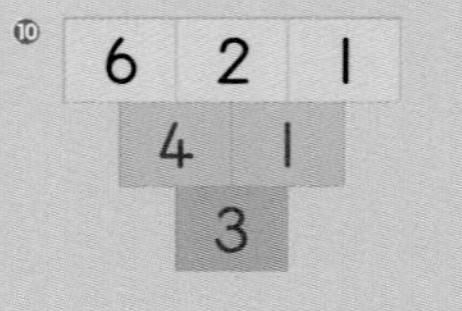

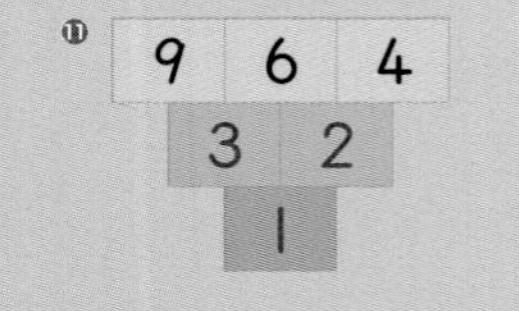

❾ 4 2 1 / 2 1 / 1

❿ 6 2 1 / 4 1 / 3

⓫ 9 6 4 / 3 2 / 1

◐ 아래의 수는 위 두 수의 차입니다. 빈칸을 채우시오.

푸는 순서를 찾는 것이 중요합니다. 여러 가지 답이 나오는 경우가 있습니다. 위 두 수의 차가 아래 수면 됩니다.

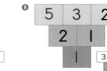

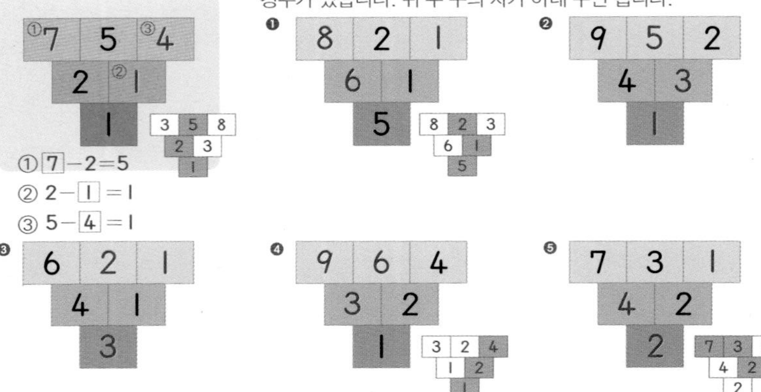

①7 5 ③4 / 2 ②1 / 1 (3 5 8 / 2 3 / 1)

① 7−2=5

② 2−1=1

③ 5−4=1

❶ 8 2 1 / 6 1 / 5 (8 2 3 / 6 1 / 5)

❷ 9 5 2 / 4 3 / 1

❸ 6 2 1 / 4 1 / 3

❹ 9 6 4 / 3 2 / 1 (3 2 4 / 1 2 / 1)

❺ 7 3 1 / 4 2 / 2 (7 3 5 / 4 2 / 2)

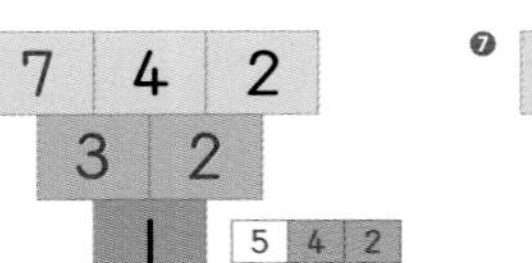

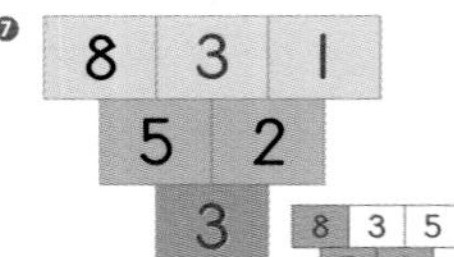

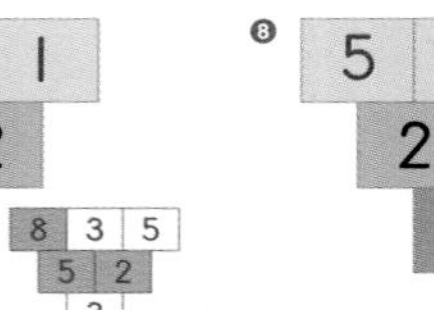

❻ 7 4 2 / 3 2 / 1 (5 4 2 / 1 2 / 1)

❼ 8 3 1 / 5 2 / 3 (8 3 5 / 5 2 / 3)

❽ 5 3 2 / 2 1 / 1 (3 1 2 / 2 1 / 1)

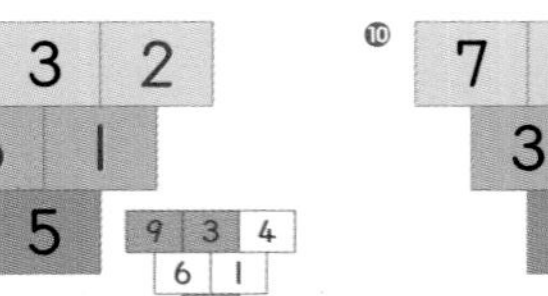

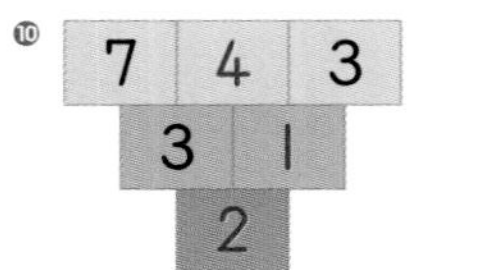

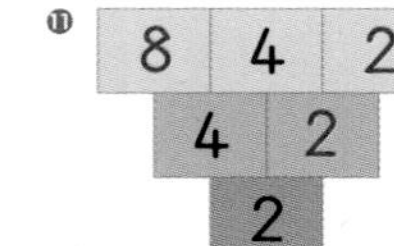

❾ 9 3 2 / 6 1 / 5 (9 3 4 / 6 1 / 5)

❿ 7 4 3 / 3 1 / 2

⓫ 8 4 2 / 4 2 / 2

잘 공부했는지 알아봅시다

월 일

1 그림을 보고 뺄셈을 하시오.

❶
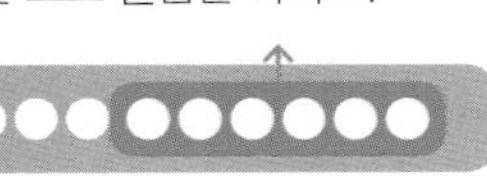

$9-6=$ 3

❷
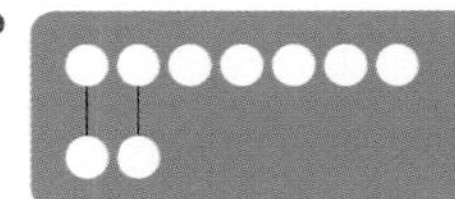

$7-2=$ 5

2 빈칸에 알맞은 수를 쓰고 두 점 사이의 거리를 구하시오.

❶
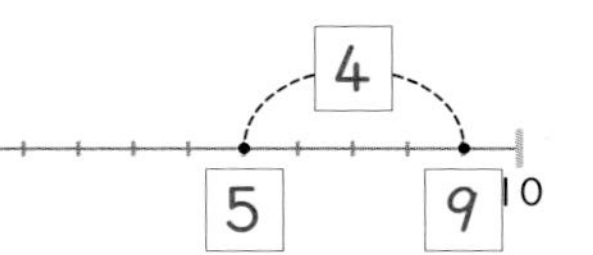

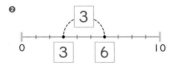

❷ 3

0 3 6 10

3 아래의 수는 위 두 수의 차입니다. 빈칸을 채우시오. 여러 가지 답이 나오는 경우가 있습니다. 위 두 수의 차가 아래 수면 됩니다.

❶
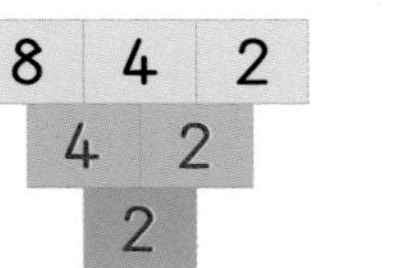

❷
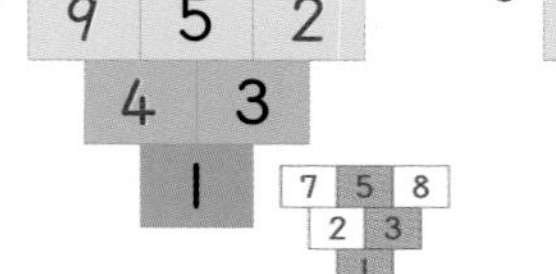

❸
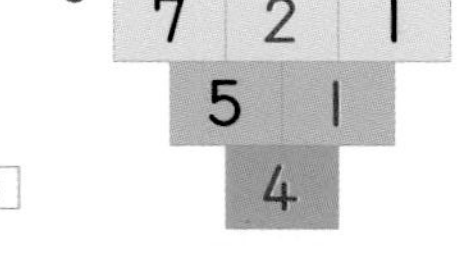

141 네모셈

◐ □ 안에 들어갈 수만큼 /로 지우고, 알맞은 수를 써넣으시오.

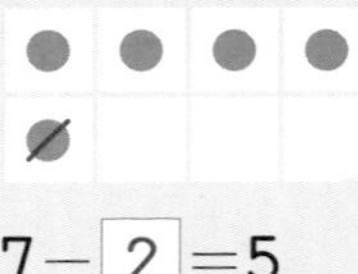

7－[2]＝5

❶ 8－[4]＝4

❷ 6－[5]＝1

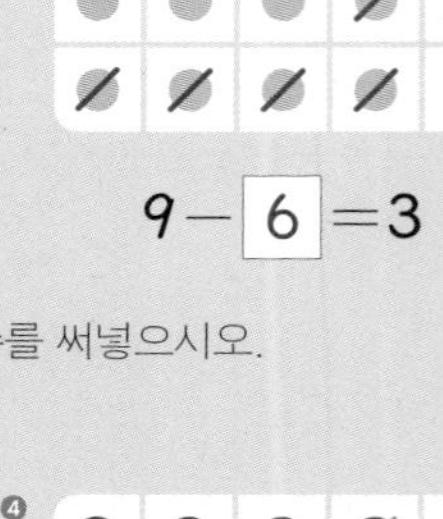

❸ 9－[6]＝3

◐ □ 안에 들어갈 수만큼 ○를 그리고, 알맞은 수를 써넣으시오.

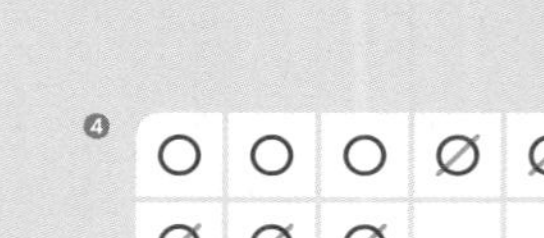

[7]－3＝4

❹ [8]－5＝3

❺ [5]－2＝3

❻ [6]－4＝2

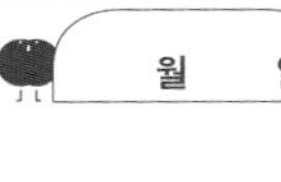

월 일

◈ 안의 세 수 중에서 □ 안에 들어갈 수에 ○표 하고, 알맞은 수를 써넣으시오.

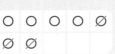

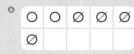

□ 안에 들어갈 수를 예상하여 넣어 봅니다.

8－[3]＝5 (2 ③ 4)

❶ 7－[4]＝3 (④ 3 2)

❷ 5－[1]＝4 (3 2 ①)

❸ [6]－5＝1 (4 ⑥ 3)

❹ [8]－2＝6 (⑧ 4 7)

❺ [9]－2＝7 (7 5 ⑨)

[8]－5＝3 (7 ⑧ 6)

❻ [6]－1＝5 (2 ⑥ 3)

❼ [7]－3＝4 (5 1 ⑦)

❽ 9－[7]＝2 (1 ⑦ 4)

❾ 5－[4]＝1 (④ 1 3)

❿ 8－[1]＝7 (① 4 5)

사탕셈

◐ 위에서 아래로, 왼쪽에서 오른쪽으로 뺄셈을 하시오.

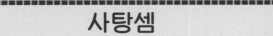

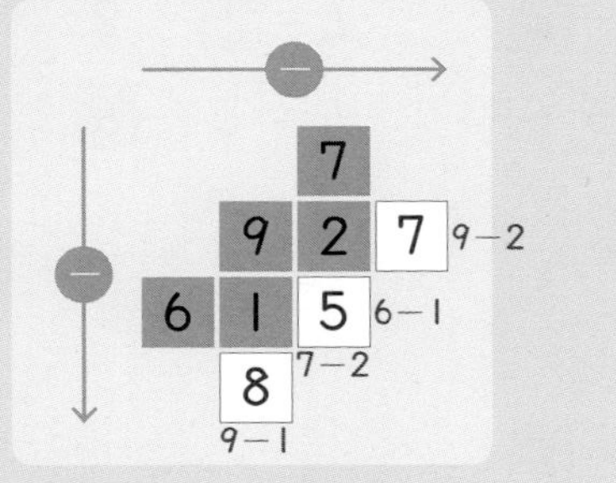

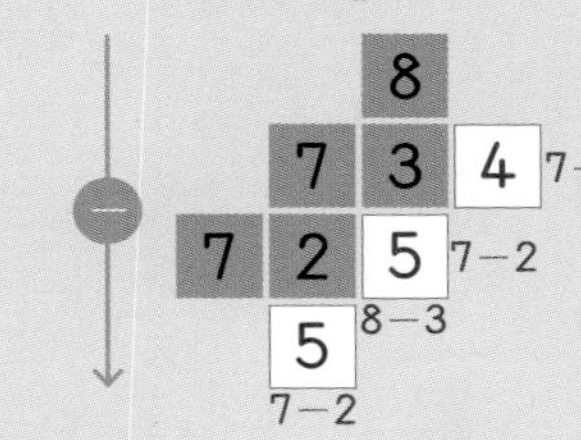

②

6
9 5 4
5 4 1
5

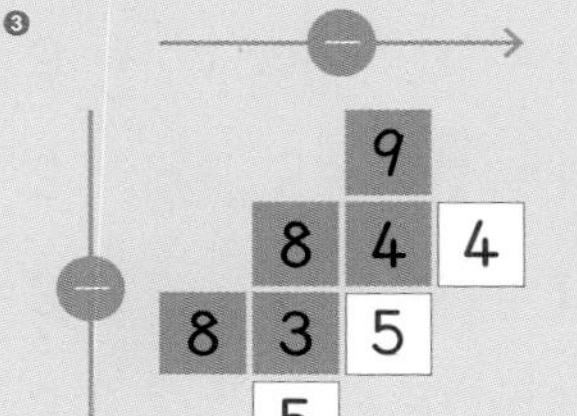

④

5
8 1 7
6 2 4
6

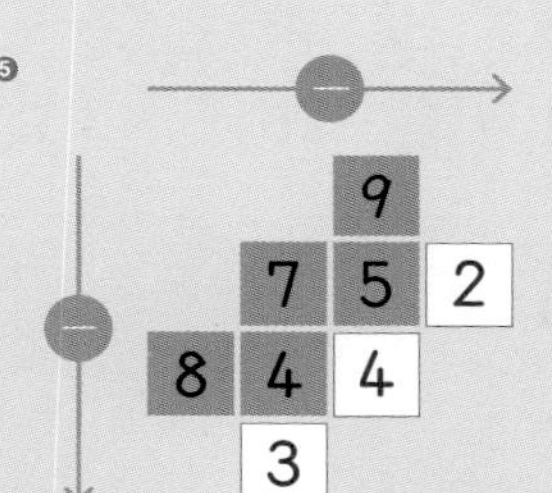

◐ 빈칸에 알맞은 수를 써넣으시오.

푸는 순서를 찾는 것이 중요합니다.

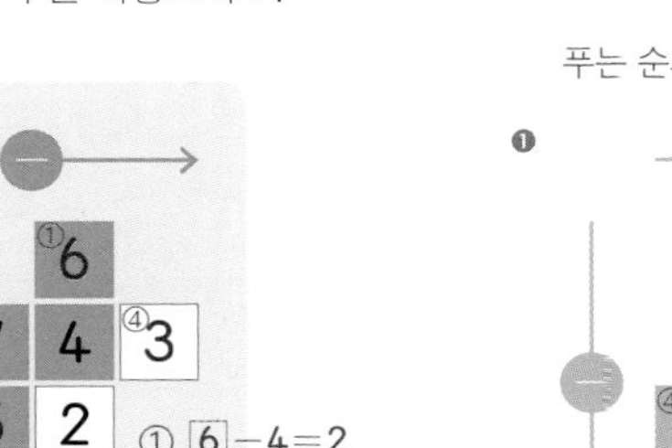

① 6−4=2
② 7−5=2
③ 7−5=2
④ 7−4=3

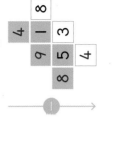

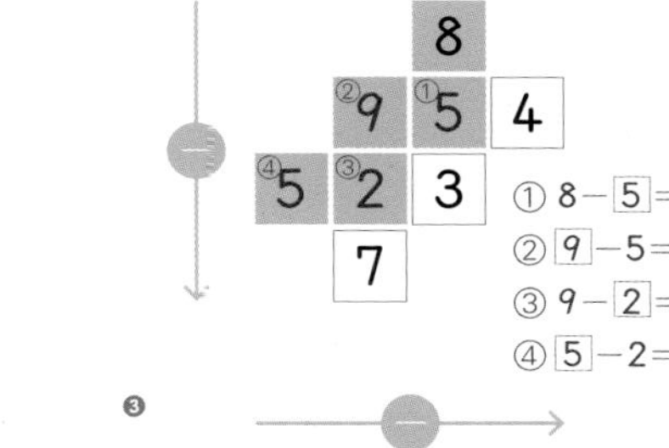

① 8−5=3
② 9−5=4
③ 9−2=7
④ 5−2=3

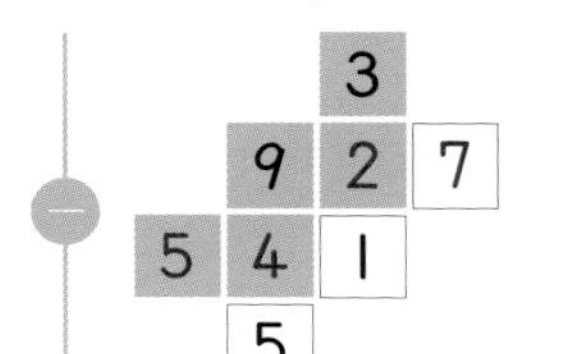

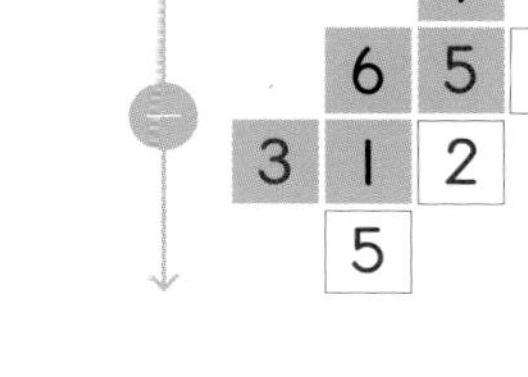

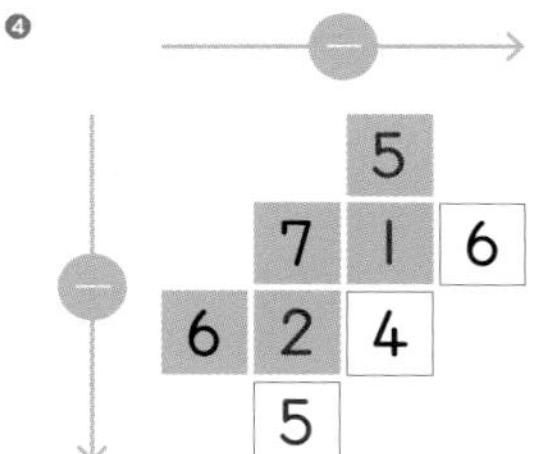

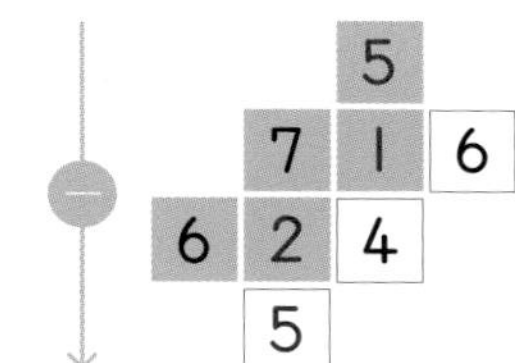

⑤

4
9 1 8
8 5 3
4

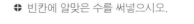

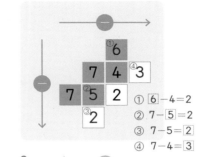

143 경우의 뺄셈

◐ □ 안에 알맞은 수를 써넣으시오.

5

9 − 4 = 5
8 − 3 = 5
7 − 2 = 5
6 − 1 = 5
5 − 0 = 5

❶ **3**

9 − 6 = 3
8 − 5 = 3
7 − 4 = 3
6 − 3 = 3
5 − 2 = 3
4 − 1 = 3
3 − 0 = 3

❷ **1**

9 − 8 = 1
8 − 7 = 1
7 − 6 = 1
6 − 5 = 1
5 − 4 = 1
4 − 3 = 1
3 − 2 = 1
2 − 1 = 1
1 − 0 = 1

❸ **7**

9 − 2 = 7
8 − 1 = 7
7 − 0 = 7

❹ **8**

9 − 1 = 8
8 − 0 = 8

월 일

◐ 10보다 작은 수를 써서 두 수의 차가 ● 안의 수가 되는 뺄셈식을 쓰시오.
순서를 바꾸어 써도 됩니다.

6

9 − 3 = 6
8 − 2 = 6
7 − 1 = 6
6 − 0 = 6

❶ **4**

9 − 5 = 4
8 − 4 = 4
7 − 3 = 4
6 − 2 = 4
5 − 1 = 4
4 − 0 = 4

❷ **2**

9 − 7 = 2
8 − 6 = 2
7 − 5 = 2
6 − 4 = 2
5 − 3 = 2
4 − 2 = 2
3 − 1 = 2
2 − 0 = 2

144 계단 뺄셈표

월 일

◐ 가로, 세로로 빼서 빈칸에 알맞은 수를 써넣으시오.

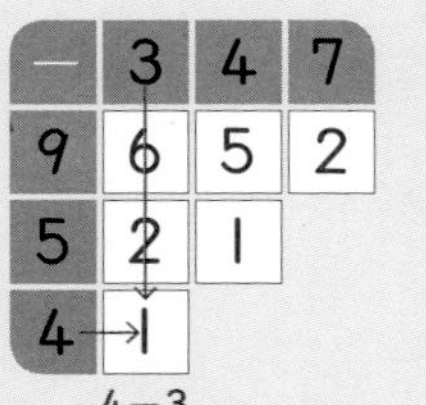

−	3	4	7
9	6	5	2
5	2	1	
4	1		

4−3

❶

−	1	3	7
9	8	6	2
7	6	4	
5	4		

❷

−	2	4	6
8	6	4	2
7	5	3	
5	3		

❸

−	1	2	4
6	5	4	2
3	2	1	
2	1		

❹

−	2	5	6
7	5	2	1
6	4	1	
4	2		

❺

−	5	6	8
9	4	3	1
8	3	2	
7	2		

❻

−	2	4	6
9	7	5	3
5	3	1	
4	2		

❼

−	1	3	5
6	5	3	1
4	3	1	
2	1		

❽

−	2	6	7
8	6	2	1
7	5	1	
6	4		

뺄셈표는 세로줄의 수에서 가로줄의 수를 빼서 표를 만든 것입니다.

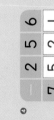

⊕ 뺄셈표의 빈칸에 알맞은 수를 써넣으시오.

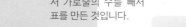

−	①2	3	③6
②8	6	④5	2
3	1	⑤0	
5	⑥3		

① 3−[2]=1 ④ 8−3=[5]
② [8]−2=6 ⑤ 3−3=[0]
③ 8−[6]=2 ⑥ 5−2=[3]

❶

−	1	4	5
6	5	2	1
5	4	1	
2	1		

❷

−	2	5	7
9	7	4	2
6	4	1	
3	1		

먼저 가로줄 또는 세로줄에 있는 수를 구합니다.

❸

−	①3	③5	8
9	④6	4	⑤1
7	4	⑥2	
②6	3		

① 7−[3]=4 ④ 9−3=[6]
② [6]−3=3 ⑤ 9−8=[1]
③ 9−[5]=4 ⑥ 7−5=[2]

❹

−	1	2	5
8	7	6	3
4	3	2	
3	2		

❺

−	1	4	6
7	6	3	1
5	4	1	
4	3		

❻

−	2	6	7
8	6	2	1
7	5	1	
5	3		

❼

−	3	4	5
6	3	2	1
5	2	1	
4	1		

❽

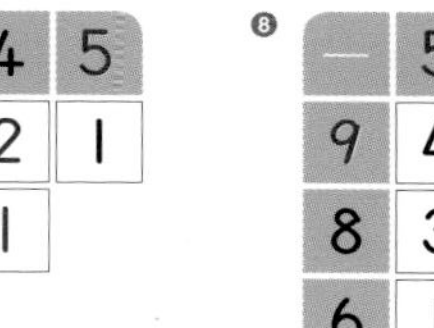

−	5	7	8
9	4	2	1
8	3	1	
6	1		

잘 공부했는지 알아봅시다

월 일

1 □ 안에 들어갈 수에 ○표 하시오.

❶ 8－□＝3

4 ⑤ 6

❷ □－4＝2

⑥ 7 8

❸ □－2＝7

7 8 ⑨

2 그림을 보고 뺄셈을 하시오.

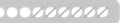

9－6＝3

3 9까지의 수를 사용하여 두 수의 차가 6인 뺄셈식을 네 개 쓰시오.

9－3＝6　8－2＝6
7－1＝6　6－0＝6

4 뺄셈표의 빈칸에 알맞은 수를 써넣으시오.

－	3	②1
①7	4	6
4	1	3

① 7－3＝4
② 4－1＝3

145 다리 잇기

◐ 계산을 한 다음 알맞게 선으로 이으시오.

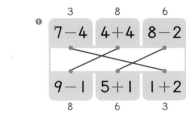

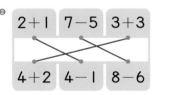

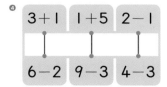

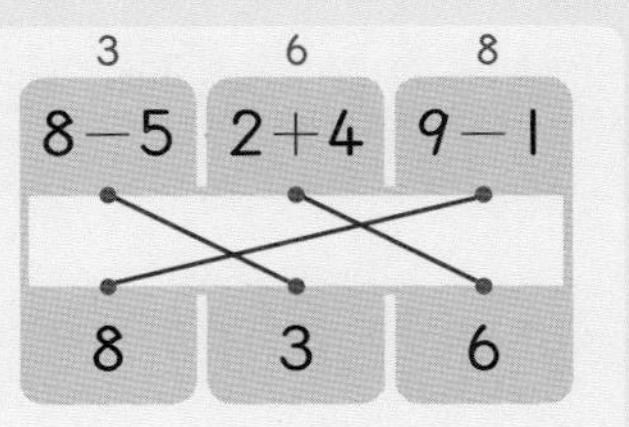

8−5	2+4	9−1
3	6	8
8	3	6

❶

3+4	8−2	2+3
7	6	5
7	5	6

❷

9−5	8−7	7+2
1	9	4

❸

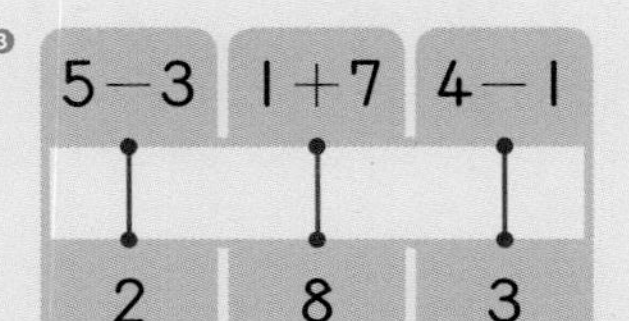

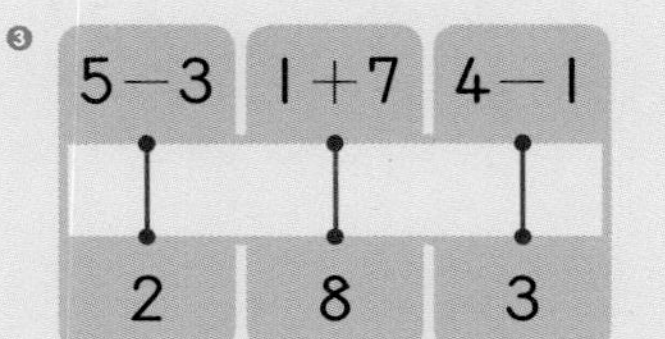

5−3	1+7	4−1
2	8	3

❹

5+1	9−2	4+5
7	6	9

❺

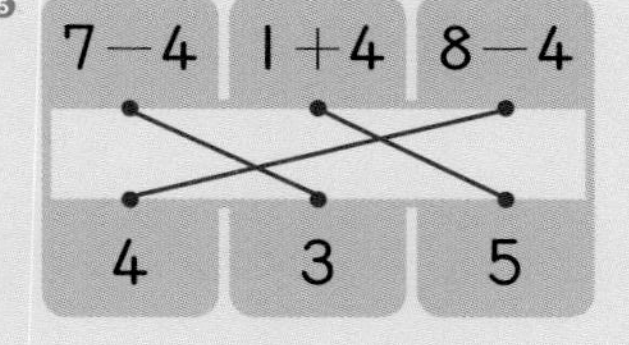

7−4	1+4	8−4
4	3	5

◑ 계산 결과가 같은 것끼리 선으로 이으시오.

7−6	1+4	8−1
1	5	7
9−2	3+2	5−4
7	5	1

❶

7−4	4+4	8−2
3	8	6
9−1	5+1	1+2
8	6	3

❷

2+1	7−5	3+3
4+2	4−1	8−6

❸

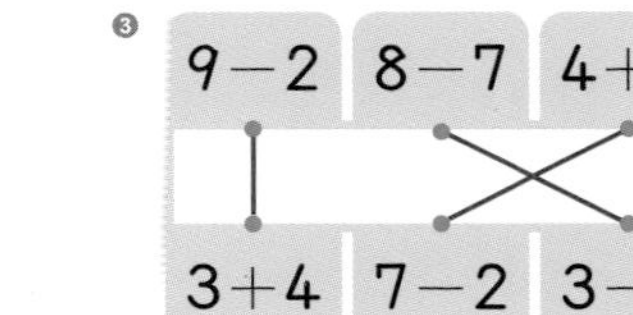

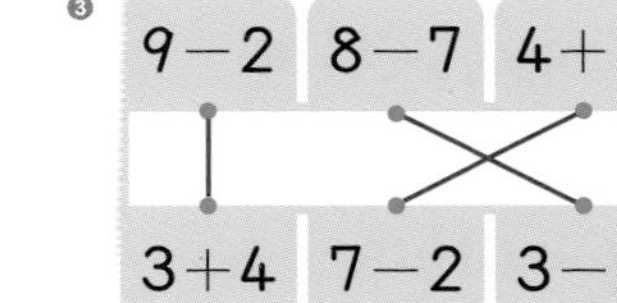

9−2	8−7	4+1
3+4	7−2	3−2

❹

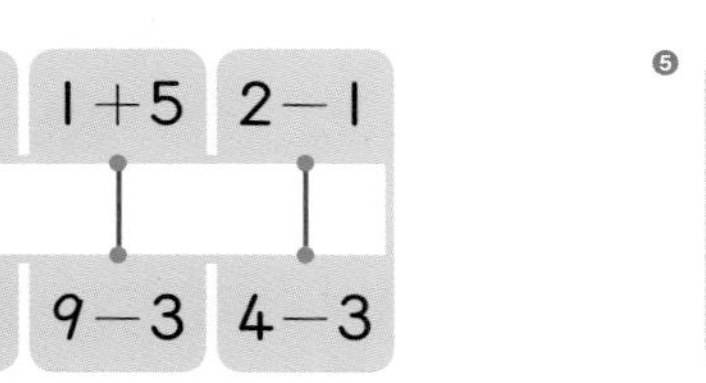

3+1	1+5	2−1
6−2	9−3	4−3

❺

3+6	5−2	6−2
2+2	8−5	7+2

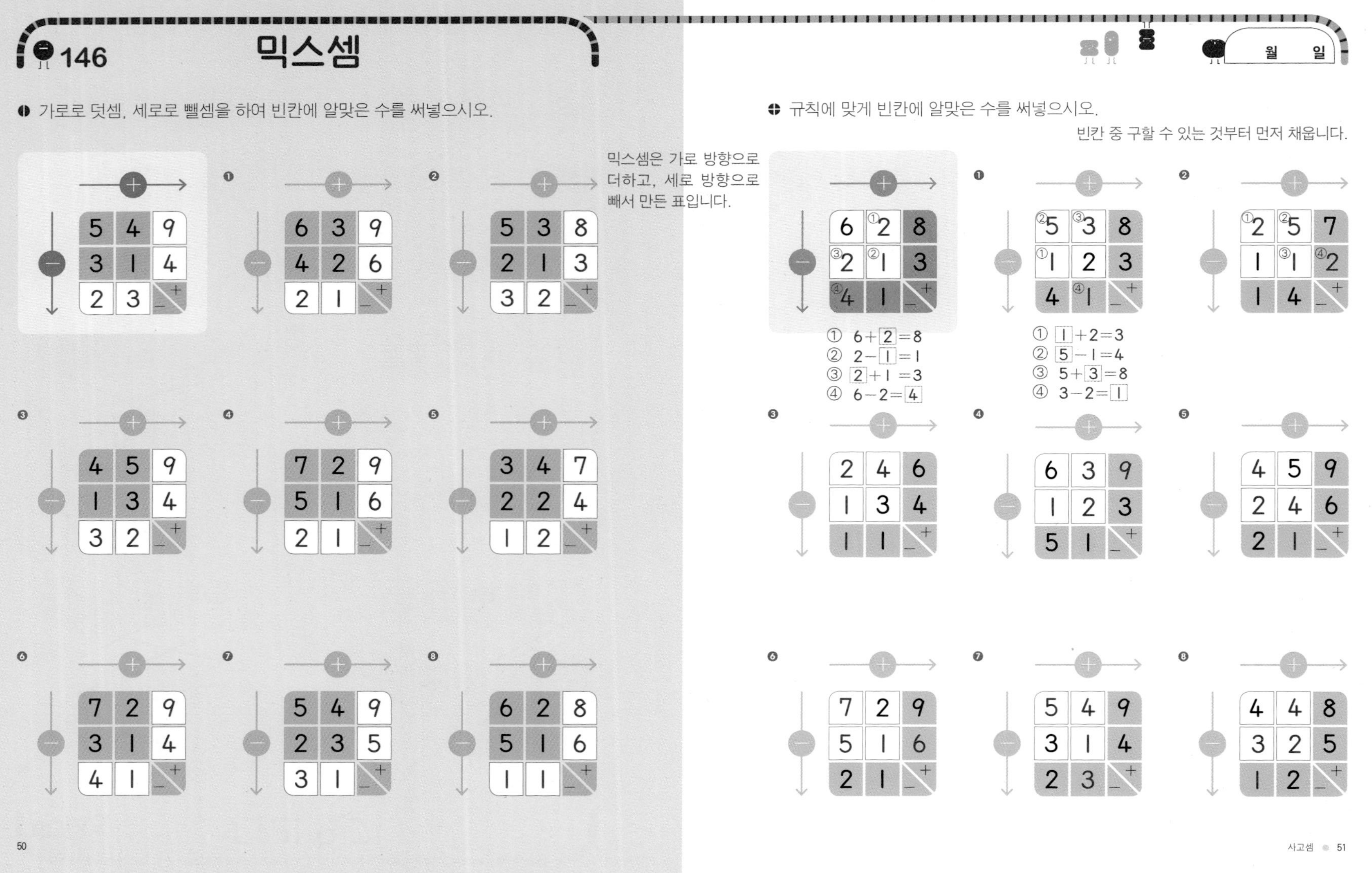

146 믹스셈

월 일

◐ 가로로 덧셈, 세로로 뺄셈을 하여 빈칸에 알맞은 수를 써넣으시오.

믹스셈은 가로 방향으로 더하고, 세로 방향으로 빼서 만든 표입니다.

5	4	9
3	1	4
2	3	

❶
6	3	9
4	2	6
2	1	

❷
5	3	8
2	1	3
3	2	

❸
4	5	9
1	3	4
3	2	

❹
7	2	9
5	1	6
2	1	

❺
3	4	7
2	2	4
1	2	

❻
7	2	9
3	1	4
4	1	

❼
5	4	9
2	3	5
3	1	

❽
6	2	8
5	1	6
1	1	

◐ 규칙에 맞게 빈칸에 알맞은 수를 써넣으시오.

빈칸 중 구할 수 있는 것부터 먼저 채웁니다.

6	①2	8
③2	②1	3
④4	1	

① 6+2=8
② 2−1=1
③ 2+1=3
④ 6−2=4

❶
②5	③3	8
①1	2	3
4	④1	

① 1+2=3
② 5−1=4
③ 5+3=8
④ 3−2=1

❷
①2	②5	7
1	③1	④2
1	4	

❸
2	4	6
1	3	4
1	1	

❹
6	3	9
1	2	3
5	1	

❺
4	5	9
2	4	6
2	1	

❻
7	2	9
5	1	6
2	1	

❼
5	4	9
3	1	4
2	3	

❽
4	4	8
3	2	5
1	2	

두 색깔 양궁

◐ ▢에 꽂히면 점수를 더하고, ▢에 꽂히면 뺍니다. 빈칸을 채우시오.

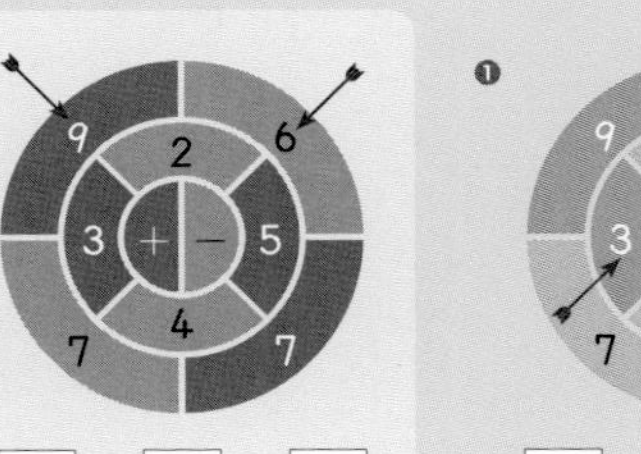
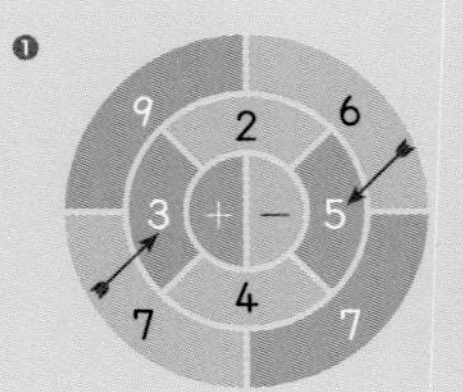
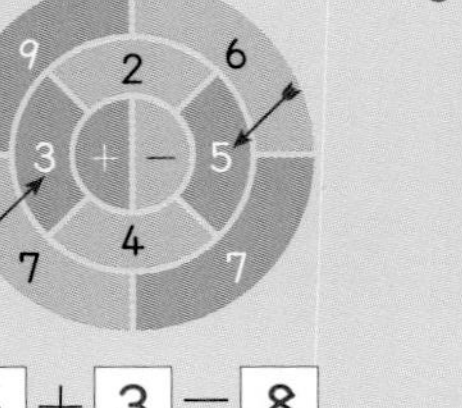
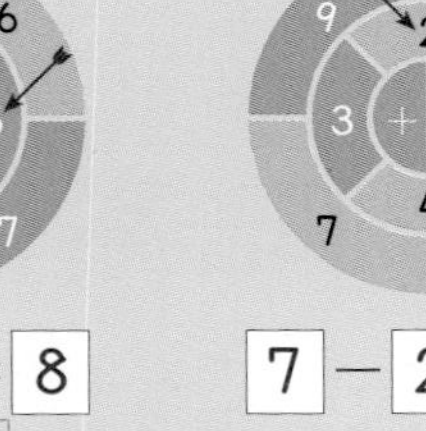
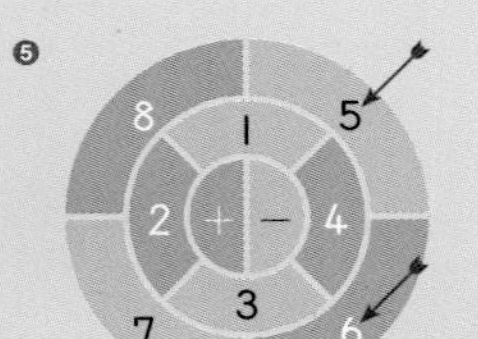
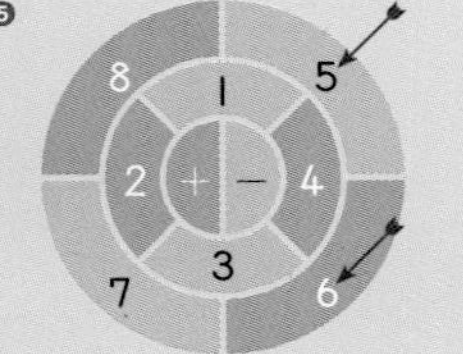

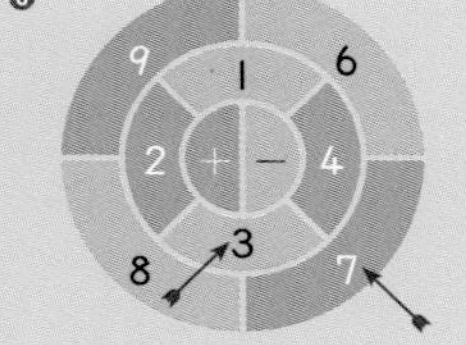

(예) 9 − 6 = 3

❶ 5 + 3 = 8
3+5=8

❷ 7 − 2 = 5

❸ 8 − 3 = 5

❹ 6 + 2 = 8
2+6=8

❺ 6 − 5 = 1

❻ 9 − 1 = 8

❼ 7 + 2 = 9
2+7=9

❽ 7 − 3 = 4

◐ 점수에 맞게 화살을 두 개 그리시오.

더하는 수와 빠는 수를 잘 구분하여 해결합니다.

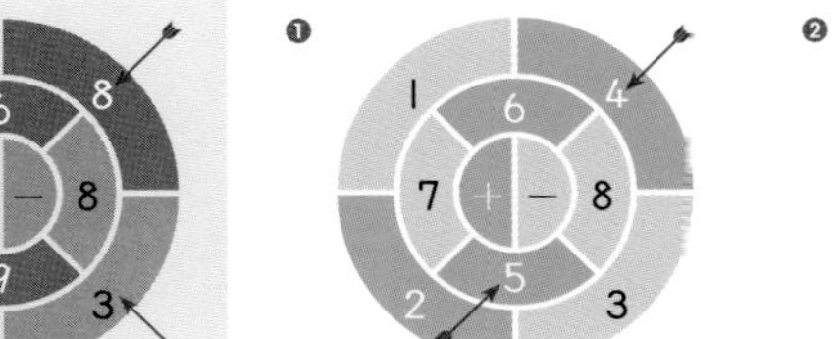
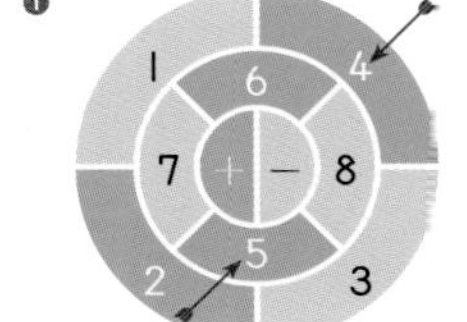
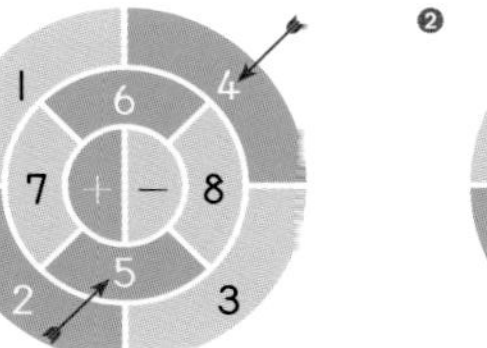
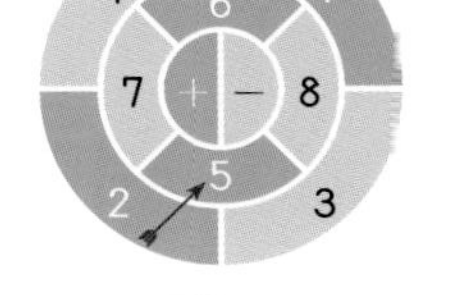
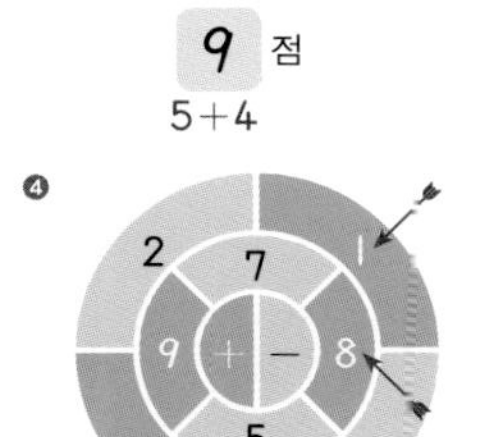
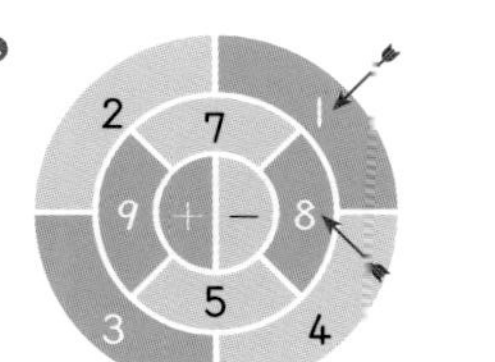
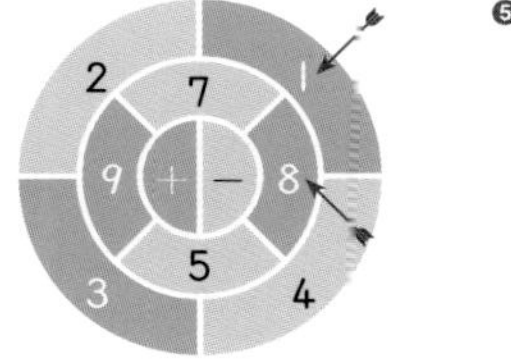
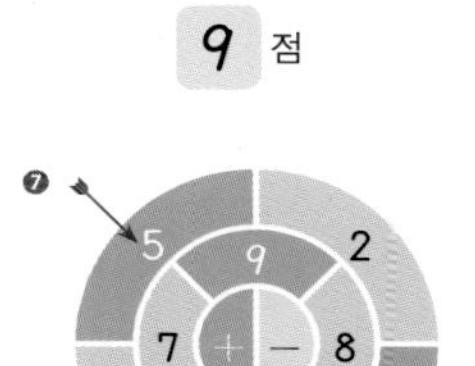
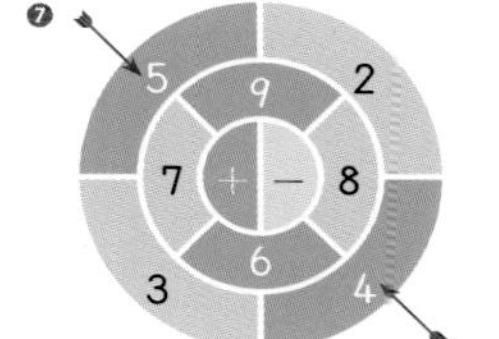
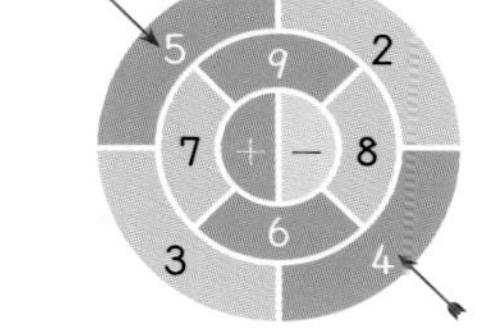
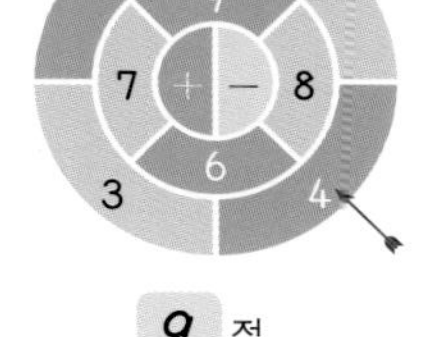
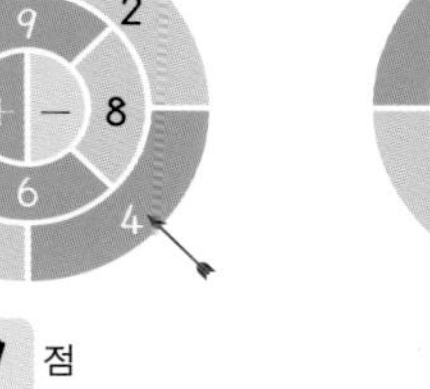

(예) 5 점
8−3

❶ 9 점
5+4

❷ 2 점
5−3

❸ 2 점

❹ 9 점

❺ 6 점

❻ 7 점

❼ 9 점

❽ 4 점

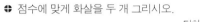

148 네모 대소

월 일

◐ □ 안에 들어갈 수 있는 수를 두 개 찾아 ○표 하시오.

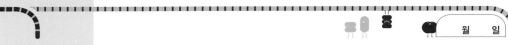

5+2<□

6 7 ⑧ ⑨

5+2=7이므로 □ 안에는 7보다 큰 수가 들어갑니다.

❶ 9−3<□

5 6 ⑦ ⑧

❷ 4+2>□

④ ⑤ 6 7

❸ 6−2>□

② ③ 4 5

❹ 2+3<□

4 5 ⑥ ⑦

❺ 7−1<□

5 6 ⑦ ⑧

❻ 1+6>□

⑤ ⑥ 7 8

❼ 8−5>□

① ② 3 4

◑ □ 안에 들어갈 수 있는 수를 찾아 ○표 하시오.

□ 안에 수를 넣어 보고 계산하여 크기를 비교합니다.

3+□<6

② 3 4

3+2<6
3+3=6
3+4>6

❶ 9−□<4

4 5 ⑥

9−4>4
9−5=4
9−6<4

❷ 5+□<9

③ 4 5

5+3<9
5+4=9
5+5>9

❸ 3+□>8

4 5 ⑥

❹ 8−□>1

⑥ 7 8

❺ 1+□>7

5 6 ⑦

❻ 7+□<9

① 2 3

❼ 7−□<3

3 4 ⑤

❽ 4+□<8

③ 4 5

❾ 1+□>8

6 7 ⑧

❿ 5−□>2

② 3 4

⓫ 2+□>4

1 2 ③

잘 공부했는지 알아봅시다

월 일

1 왼쪽 과녁의 점수는 더하고, 오른쪽 과녁의 점수는 뺍니다. 점수를 구하시오.

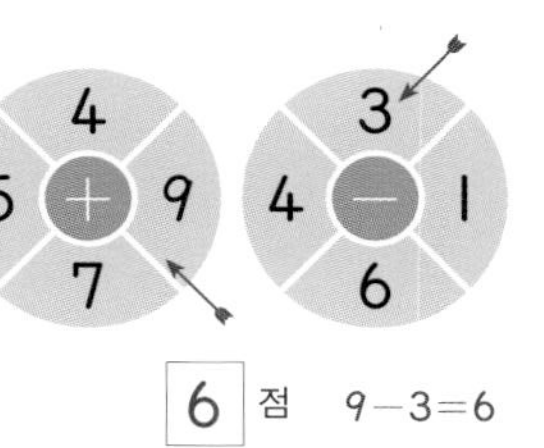

6 점 $9-3=6$

2 1부터 9까지의 수 중 □ 안에 들어갈 수 있는 수를 모두 쓰시오.

❶ $5+2<\square$ $5+2=7$

8, 9

❷ $8-\square>5$ $8-3=5$

1, 2

3 빈칸에 알맞은 수를 써넣으시오.

❶

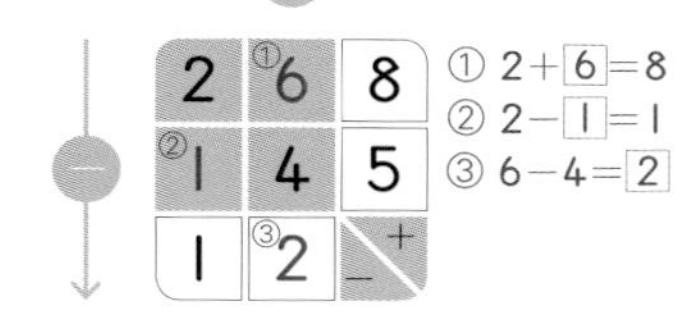

❷

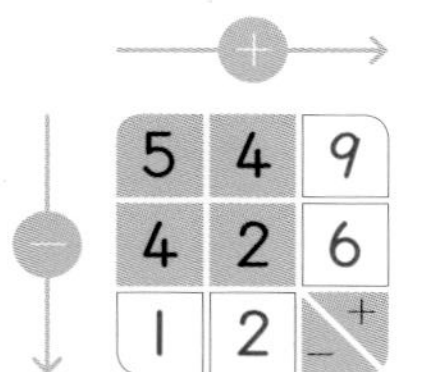

① $2+\boxed{6}=8$
② $2-\boxed{1}=1$
③ $6-4=\boxed{2}$

149 연산자 넣기

◐ 계산에 맞게 선을 그으시오.

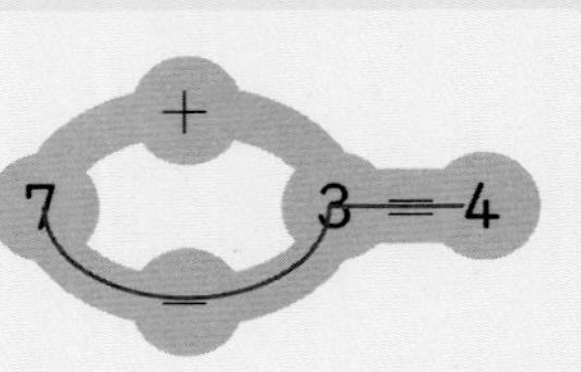

❶

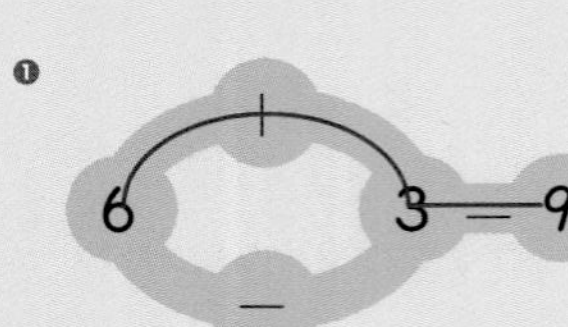

❷

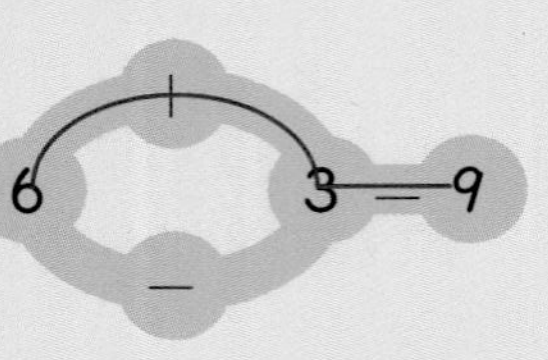

❸

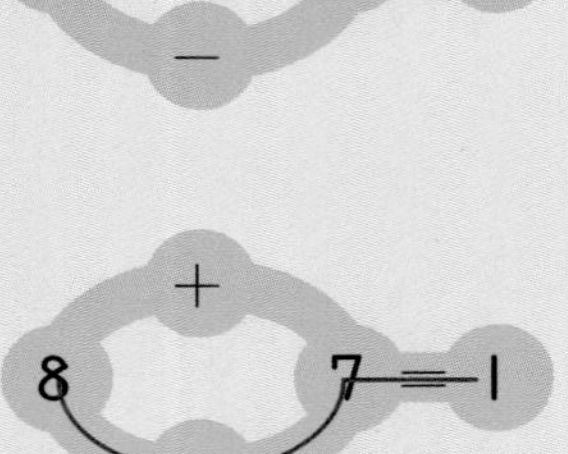

❹

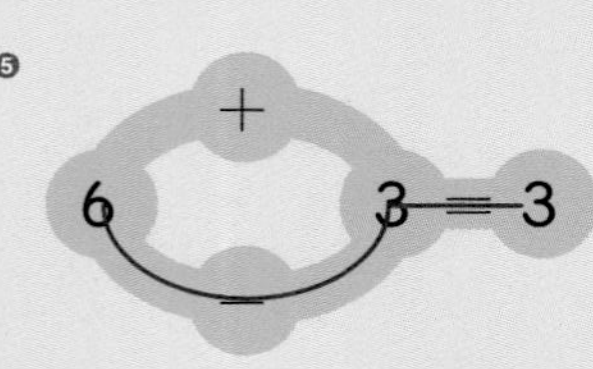

❺

❻

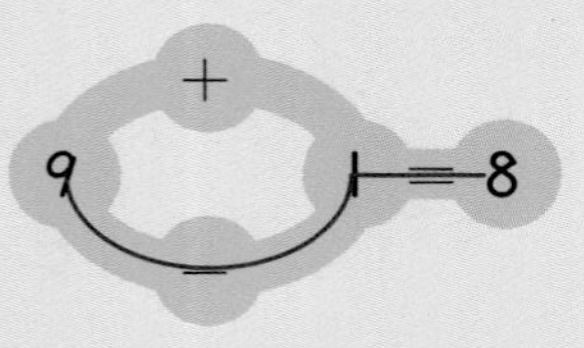

❼

월 일

◑ ○ 안에 + 또는 −를 알맞게 써넣으시오.

4 (+) 3=7

❶ 7 (+) 2=9

❷ 5 (−) 3=2

❸ 3 (+) 4=7

❹ 8 (−) 1=7

❺ 9 (−) 6=3

❻ 5 (−) 1=4

❼ 6 (+) 3=9

❽ 4 (+) 2=6

❾ 6 (+) 2=8

❿ 8 (−) 6=2

⓫ 2 (+) 1=3

⓬ 4 (−) 1=3

⓭ 8 (−) 4=4

⓮ 5 (+) 2=7

⓯ 9 (−) 8=1

⓰ 3 (+) 2=5

⓱ 7 (−) 3=4

⓲ 8 (−) 3=5

⓳ 5 (+) 2=7

⓴ 9 (−) 2=7

150 창문셈

◐ 덧셈, 뺄셈을 하여 빈칸에 알맞은 수를 써넣으시오.

3 + 5 = 8, 8 − 2 = 6, 4 + 3 = 7 ...

❶ 8 − 2 = 6 / 8 − 3 = 5 / 6 + 3 = 9 / 5 + 4 = 9

❷ 4 + 1 = 5 / 4 + 2 = 6 / 5 + 4 = 9 / 6 + 3 = 9

❸ 9 − 2 = 7 / 9 − 1 = 8 / 7 − 3 = 4 / 8 − 4 = 4

❹ 5 − 2 = 3 / 5 + 4 = 9 / 3 + 5 = 8 / 9 − 1 = 8

❺ 6 + 3 = 9 / 6 − 5 = 1 / 9 − 1 = 8 / 1 + 7 = 8

◐ 빈칸에 알맞은 수 또는 +, −를 써넣으시오.

4 + 3 = 7 / 4 − 1 = 3 / 7 − 2 = 5 / 3 + 2 = 5

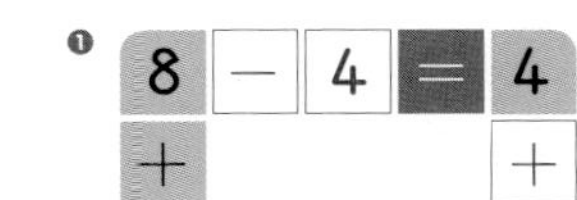

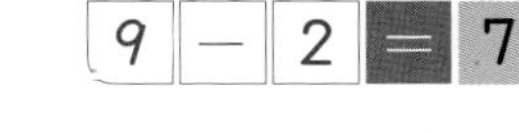

❶ 8 − 4 = 4 / 8 + 1 = 9 / 4 + 3 = 7 / 9 − 2 = 7

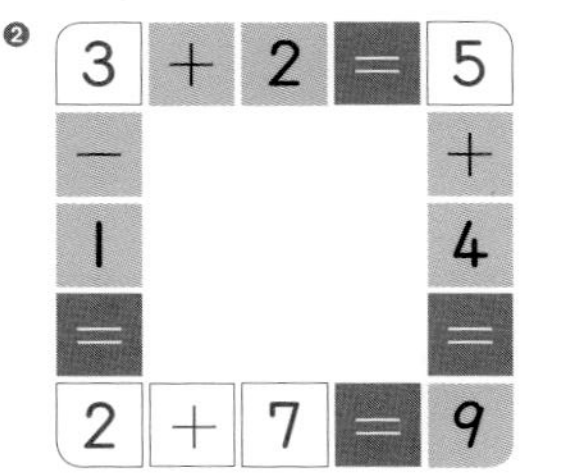

❷ 3 + 2 = 5 / 3 − 1 = 2 / 5 + 4 = 9 / 2 + 7 = 9

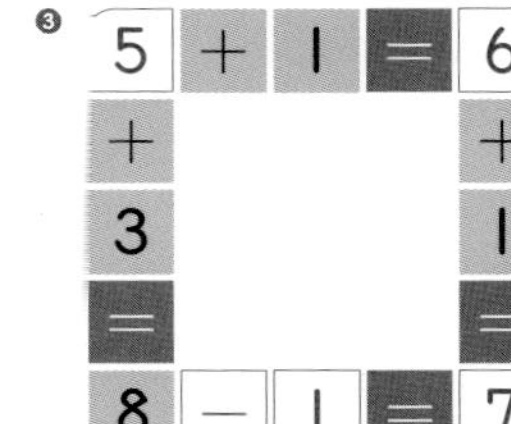

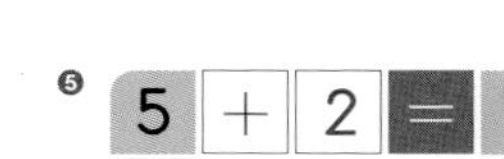

❸ 5 + 1 = 6 / 5 + 3 = 8 / 6 + 1 = 7 / 8 − 1 = 7

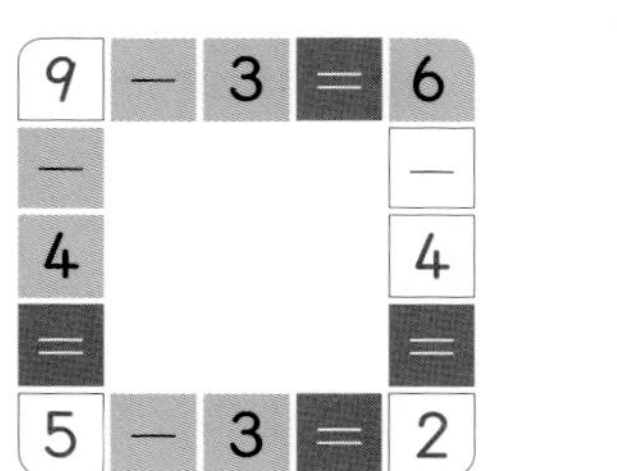

❹ 9 − 3 = 6 / 9 − 4 = 5 / 6 − 4 = 2 / 5 − 3 = 2

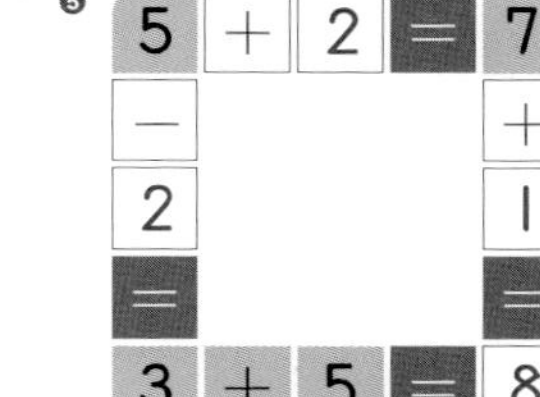

❺ 5 + 2 = 7 / 5 − 2 = 3 / 7 + 1 = 8 / 3 + 5 = 8

151 합차 두 수

월 일

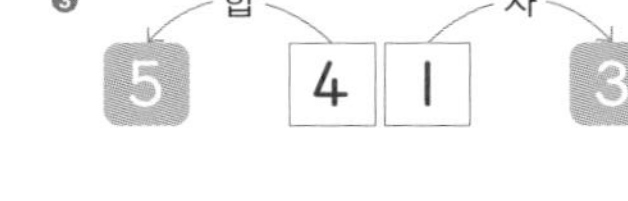

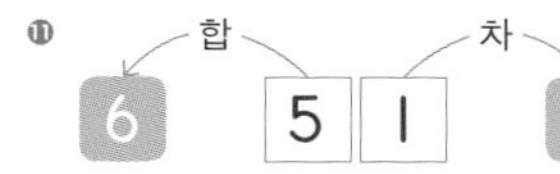

◐ 두 수의 합과 차를 빈칸에 써넣으시오.

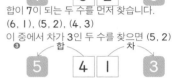

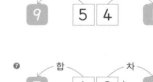

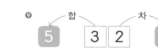

(예시) 6, 2 → 합 8 (6+2), 차 4 (6−2)

❶ 6, 3 → 합 9 (6+3), 차 3 (6−3)

❷ 7, 2 → 합 9, 차 5

❸ 5, 2 → 합 7, 차 3

❹ 4, 3 → 합 7, 차 1

❺ 5, 4 → 합 9, 차 1

❻ 8, 1 → 합 9, 차 7

❼ 3, 2 → 합 5, 차 1

❽ 4, 1 → 합 5, 차 3

❾ 6, 1 → 합 7, 차 5

❿ 5, 3 → 합 8, 차 2

⓫ 3, 1 → 합 4, 차 2

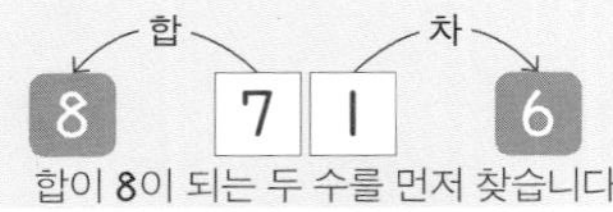

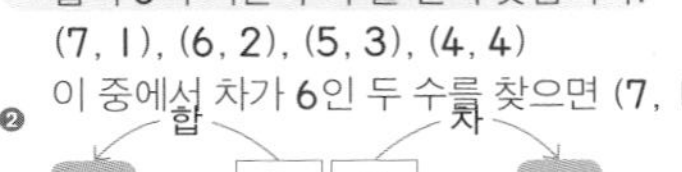

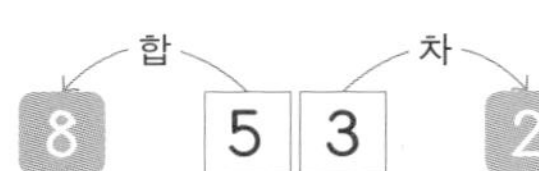

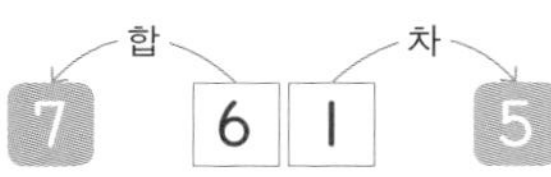

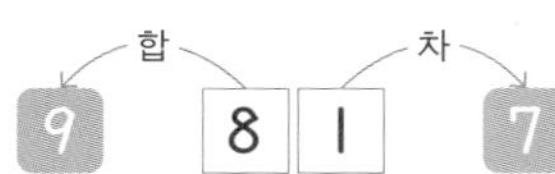

◑ 합과 차에 맞게 두 수를 구하여 큰 수부터 써넣으시오.

(예시) 합 8, 차 6 → 7, 1

합이 8이 되는 두 수를 먼저 찾습니다.
(7, 1), (6, 2), (5, 3), (4, 4)
이 중에서 차가 6인 두 수를 찾으면 (7, 1)

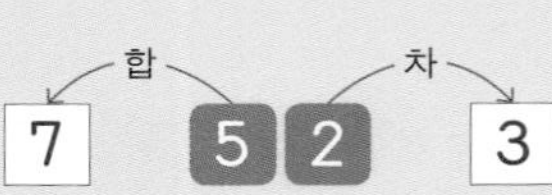

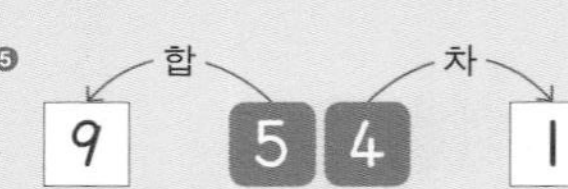

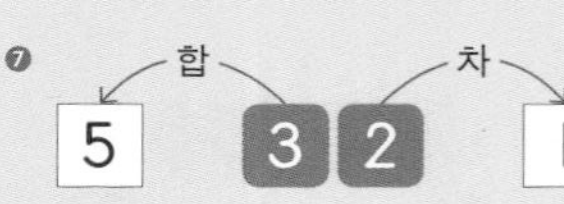

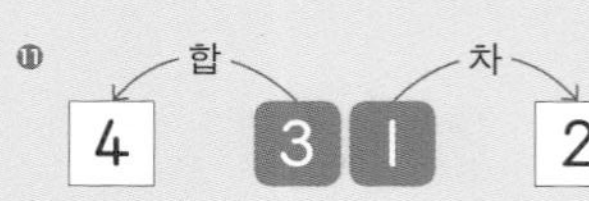

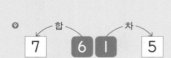

❶ 합 7, 차 3 → 5, 2

합이 7이 되는 두 수를 먼저 찾습니다.
(6, 1), (5, 2), (4, 3)
이 중에서 차가 3인 두 수를 찾으면 (5, 2)

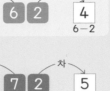

❷ 합 8, 차 4 → 6, 2

❸ 합 5, 차 3 → 4, 1

❹ 합 8, 차 2 → 5, 3

❺ 합 9, 차 1 → 5, 4

❻ 합 6, 차 2 → 4, 2

❼ 합 7, 차 1 → 4, 3

❽ 합 7, 차 5 → 6, 1

❾ 합 5, 차 1 → 3, 2

❿ 합 9, 차 7 → 8, 1

⓫ 합 6, 차 4 → 5, 1

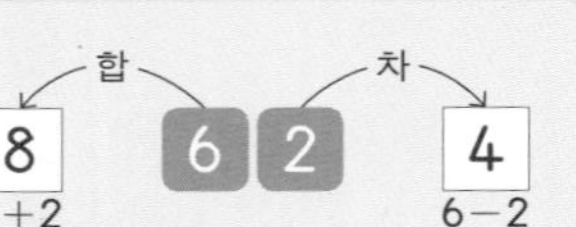

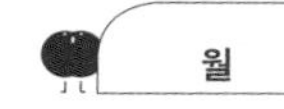

152 삼각형 세 수

● ▲ 안에 있는 세 수를 사용하여 덧셈식을 두 개 만드시오.

(5, 2, 3) 2 + 3 = 5, 3 + 2 = 5

덧셈에서 두 수를 바꾸어 더해도 결과는 같습니다.

❶ (7, 3, 4) 3 + 4 = 7, 4 + 3 = 7

❷ (6, 1, 5) 1 + 5 = 6, 5 + 1 = 6

❸ (8, 2, 6) 2 + 6 = 8, 6 + 2 = 8

● ▲ 안에 있는 세 수를 사용하여 뺄셈식을 두 개 만드시오.

(8, 5, 3) 8 − 3 = 5, 8 − 5 = 3

❹ (9, 7, 2) 9 − 7 = 2, 9 − 2 = 7

❺ (7, 2, 5) 7 − 2 = 5, 7 − 5 = 2

❻ (5, 1, 4) 5 − 1 = 4, 5 − 4 = 1

● ▲ 안의 세 수를 사용하여 덧셈식과 뺄셈식을 각각 두 개씩 만드시오.

(6, 2, 4) 2 + 4 = 6, 4 + 2 = 6, 6 − 2 = 4, 6 − 4 = 2

❶ (9, 4, 5) 4 + 5 = 9, 5 + 4 = 9, 9 − 4 = 5, 9 − 5 = 4

❷ (3, 1, 2) 1 + 2 = 3, 2 + 1 = 3, 3 − 1 = 2, 3 − 2 = 1

❸ (8, 3, 5) 3 + 5 = 8, 5 + 3 = 8, 8 − 3 = 5, 8 − 5 = 3

잘 공부했는지 알아봅시다

월 일

1 계산에 맞게 선을 그으시오.

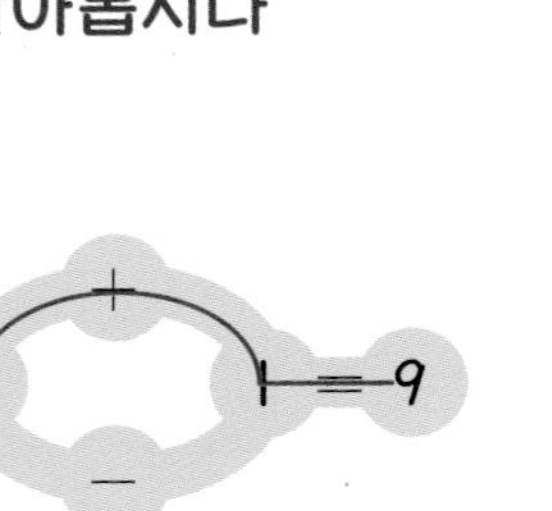

2 합과 차에 맞게 두 수를 구하여 큰 수부터 써넣으시오.

❶

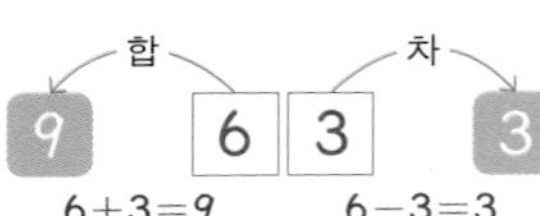

❷

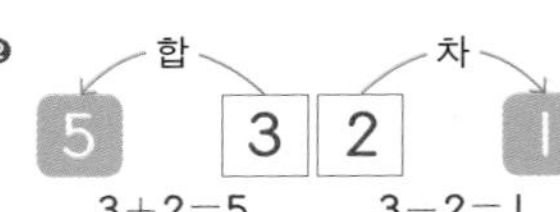

3 ▲ 안에 있는 세 수를 사용하여 덧셈식과 뺄셈식을 두 개씩 만드시오.

3 + 4 = 7
4 + 3 = 7

▲ 3, 4, 7

7 − 3 = 4
7 − 4 = 3

4 뺄셈식을 보고 덧셈식을 만드시오.

5−1=4

1+4=5
4+1=5

153 양과녁셈

● 왼쪽 과녁의 점수는 더하고, 오른쪽 과녁의 점수는 뺍니다. □ 안에 알맞은 수를 써넣으시오.

더하는 두 수를 바꾸어 써도 됩니다.

6 + 3 − 2 = 7

❶ 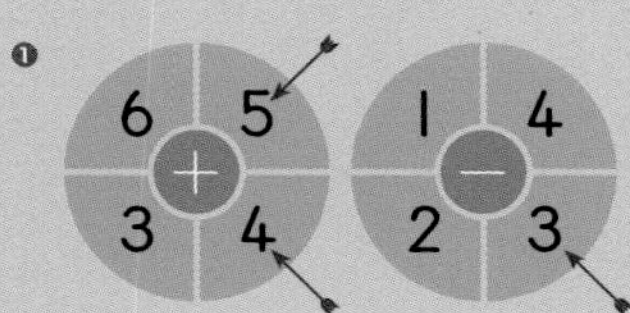

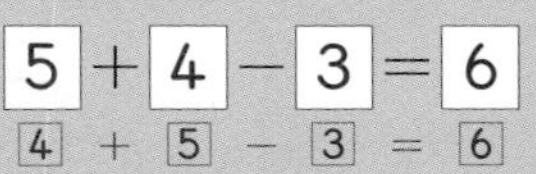

5 + 4 − 3 = 6

4 + 5 − 3 = 6

❷ 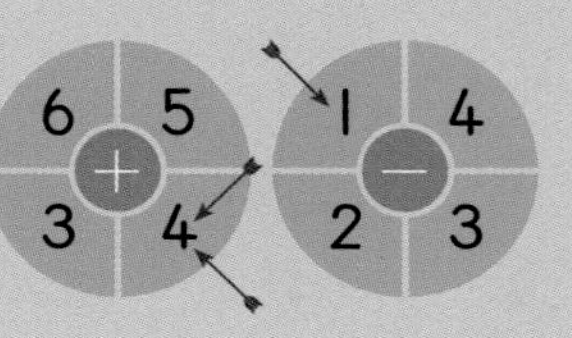

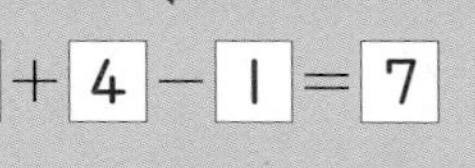

4 + 4 − 1 = 7

❸ 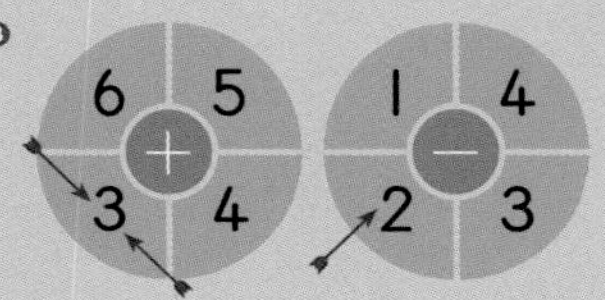

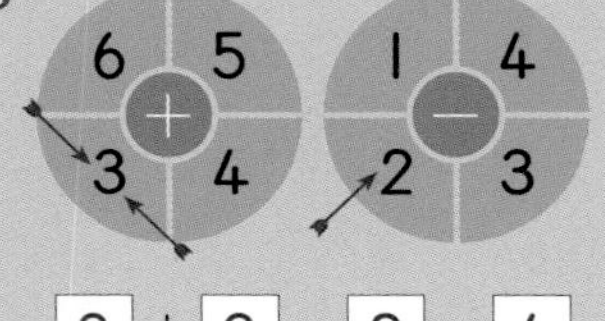

3 + 3 − 2 = 4

❹ 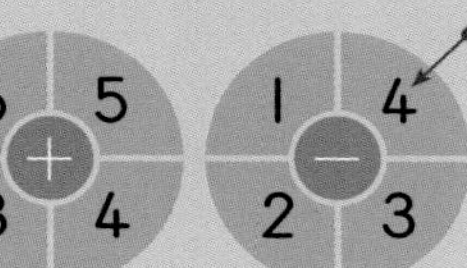

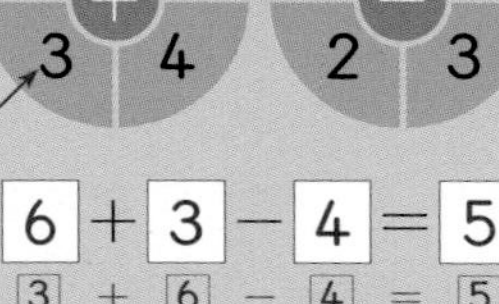

6 + 3 − 4 = 5

3 + 6 − 4 = 5

❺ 

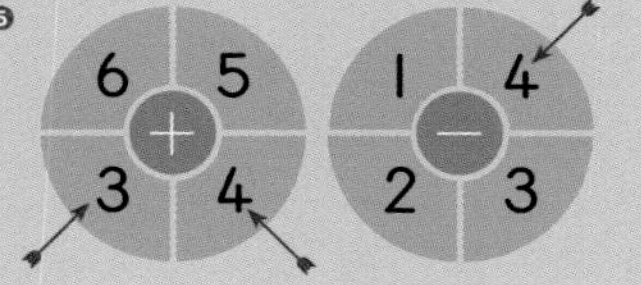

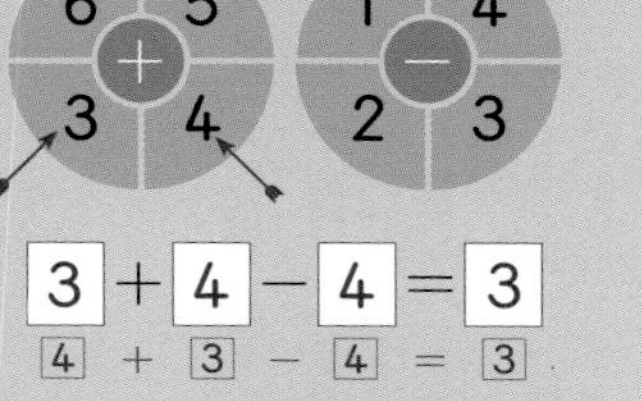

3 + 4 − 4 = 3

4 + 3 − 4 = 3

월 일

● 몇 점입니까?

더하는 수와 빼는 수를 주의해서 구분합니다.

2 점

3+3−4=2

❶ 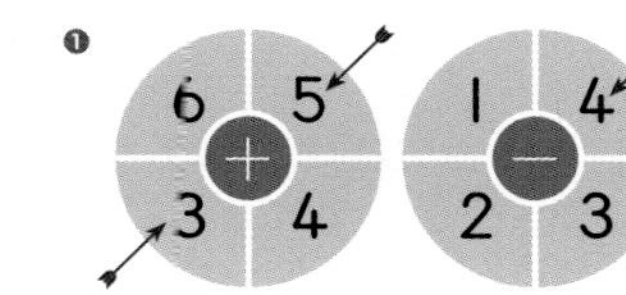

4 점

5+3−4=4 3+5−4=4
5−4+3=4

❷ 3 점

❸ 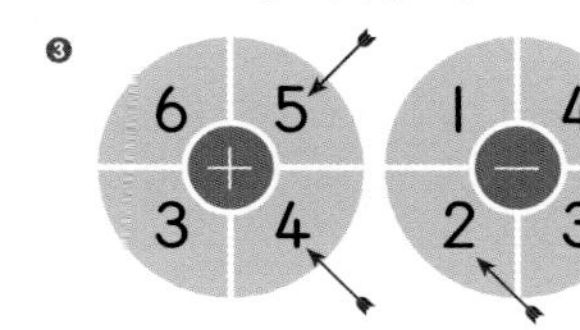

7 점

❹ 5 점

❺ 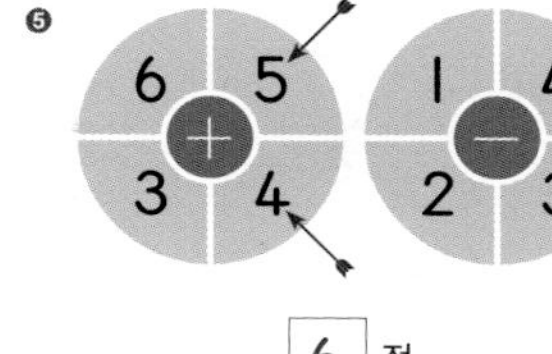

6 점

154 사다리 타기

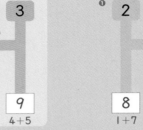

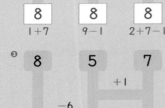

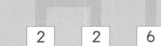

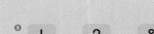

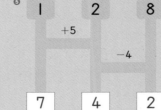

◐ 사다리 타기를 하고, 빈칸에 알맞은 수를 써넣으시오.

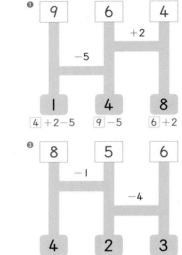

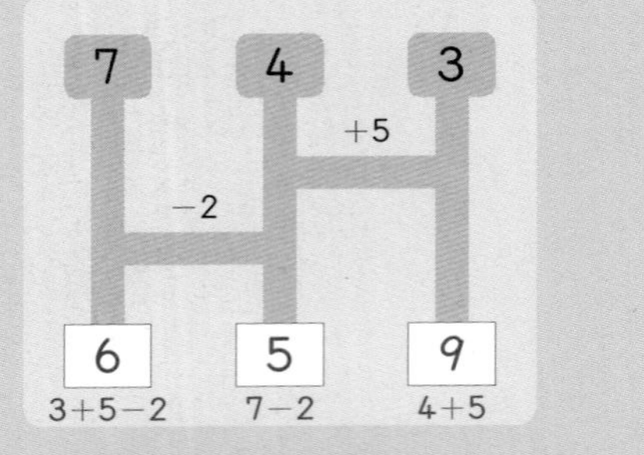
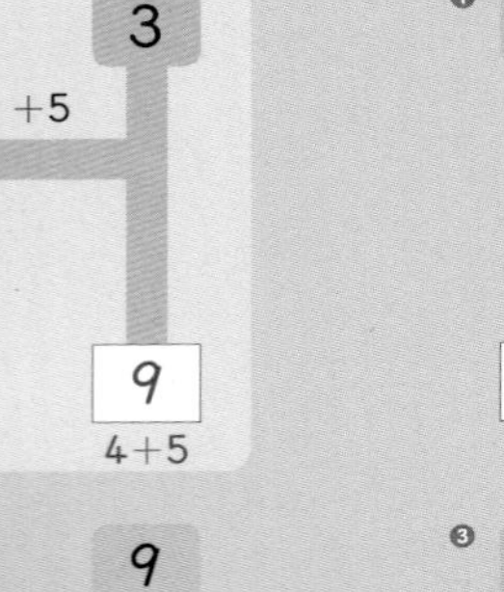
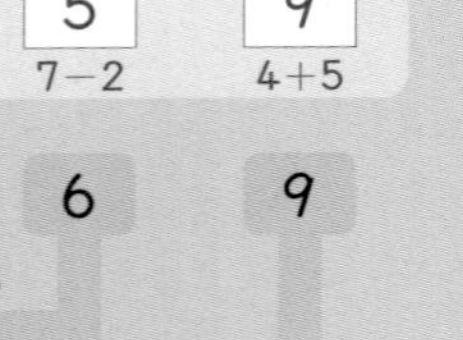

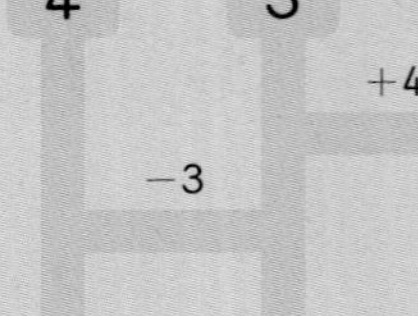

(예시) 7 4 3 / −2 +5 / 6 5 9 / 3+5−2 7−2 4+5

❶ 2 1 9 / +7 −1 / 8 8 8 / 1+7 9−1 2+7−1

❷ 2 6 9 / +3 −2 / 9 7 3

❸ 8 5 7 / −6 +1 / 2 2 6

❹ 4 3 5 / −3 +4 / 6 1 7

❺ 1 2 8 / +5 −4 / 7 4 2

◑ 빈칸에 알맞은 수를 써넣으시오.

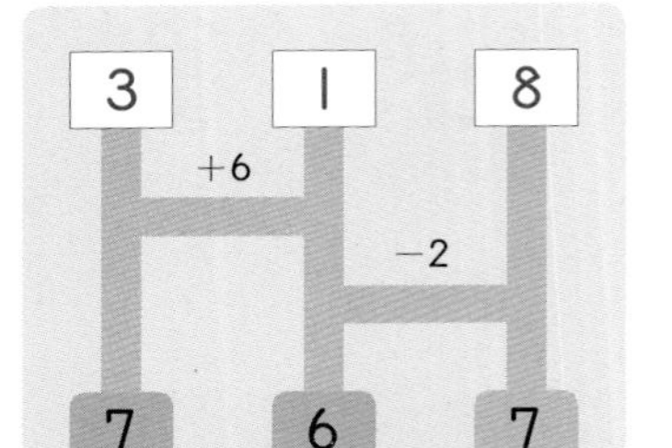
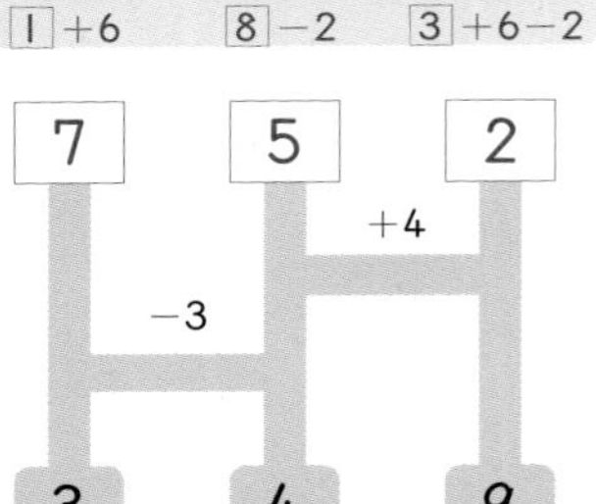
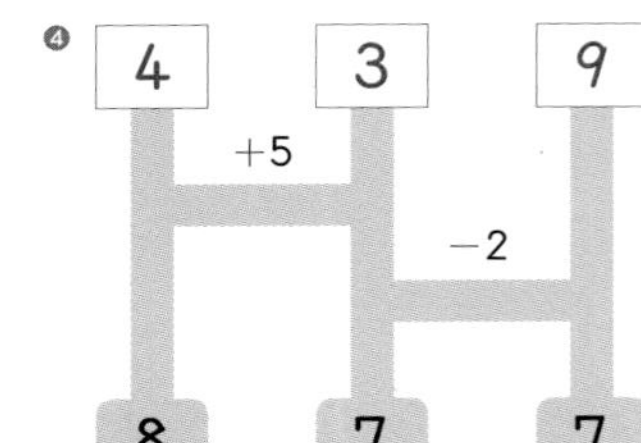
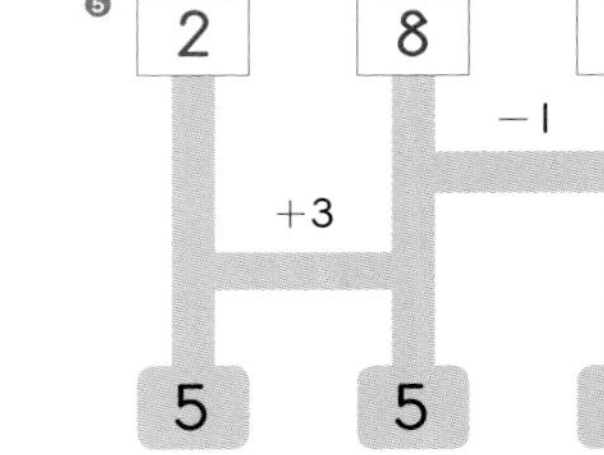
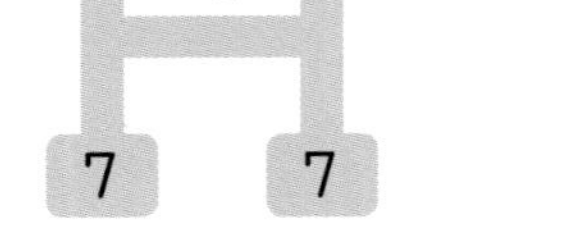

(예시) 3 1 8 / +6 −2 / 7 6 7 / 1+6 8−2 3+6−2

❶ 9 6 4 / −5 +2 / 1 4 8 / 4+2−5 9−5 6+2

❷ 7 5 2 / −3 +4 / 3 4 9

❸ 8 5 6 / −1 −4 / 4 2 3

❹ 4 3 9 / +5 −2 / 8 7 7

❺ 2 8 3 / +3 −1 / 5 5 7

자동차 길

◐ 길을 따라 계산하여 빈칸에 알맞은 수를 써넣으시오.

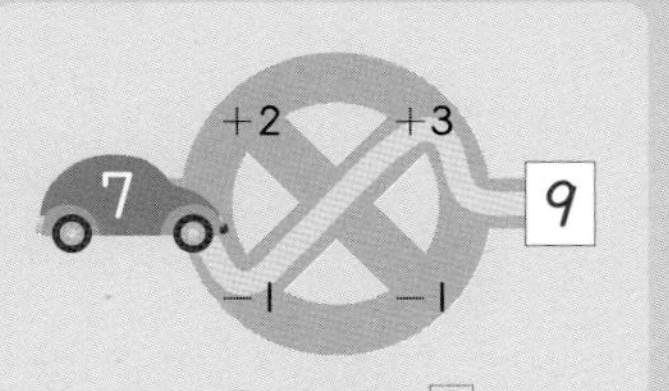

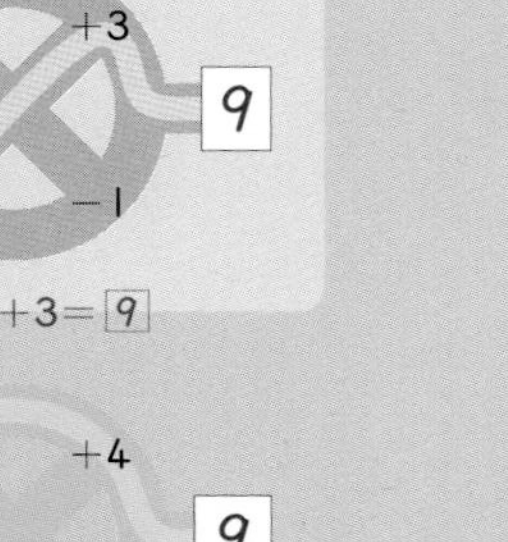

7−1+3=9

❶ 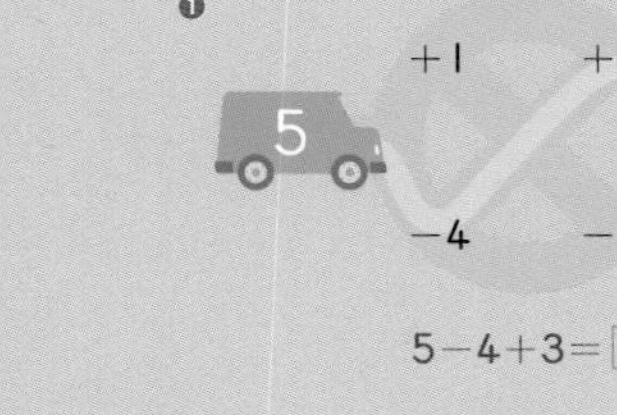

5−4+3=4

❷ 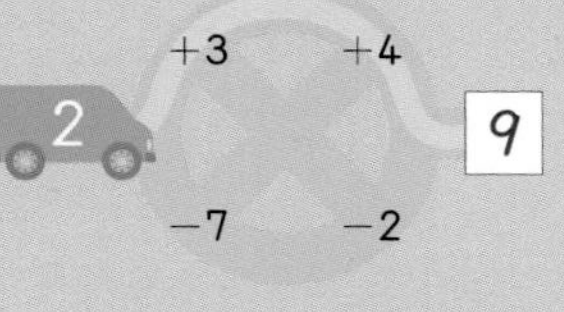

❸ 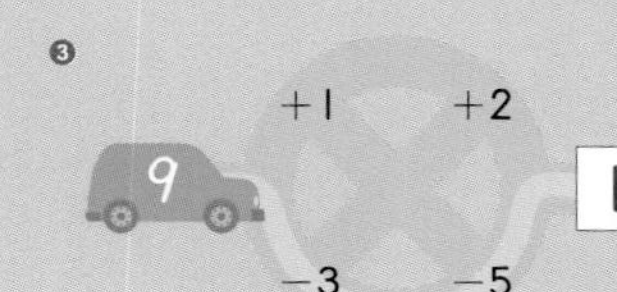

❹ 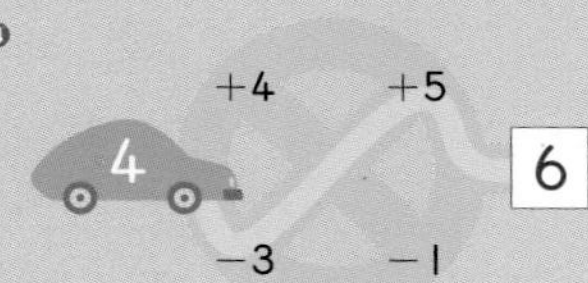

❺ 

❻ 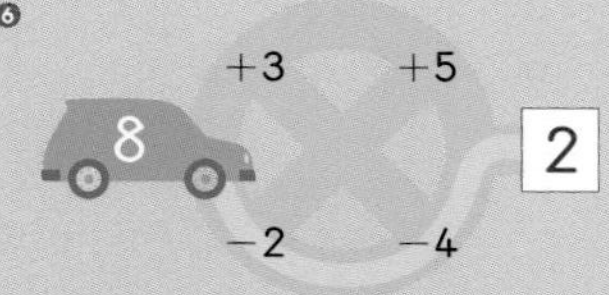

❼ 

◑ 계산 결과에 맞게 자동차 길을 그리시오.

2
+3
+4
−1
−2
9

2+3+4=9

❶ 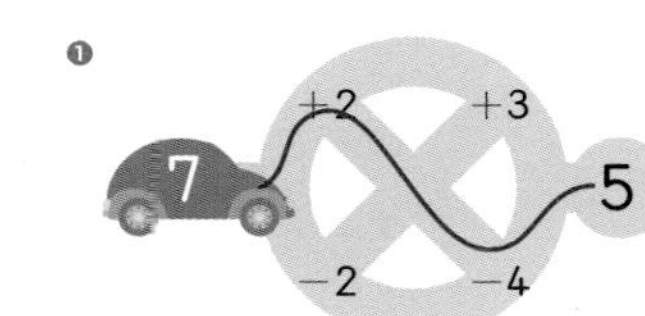

7+2−4=5

❷ 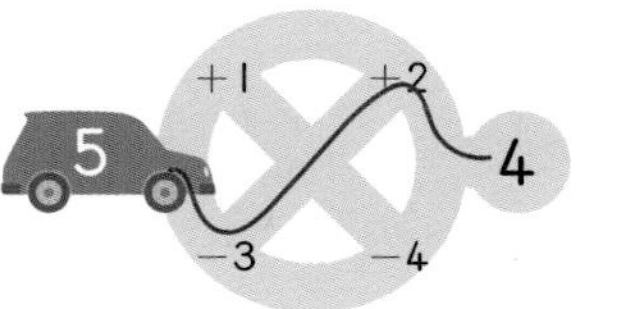

❸ 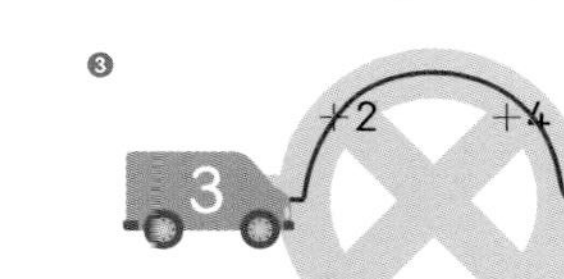

❹ 8
+1
+3
−2
−5
1

❺ 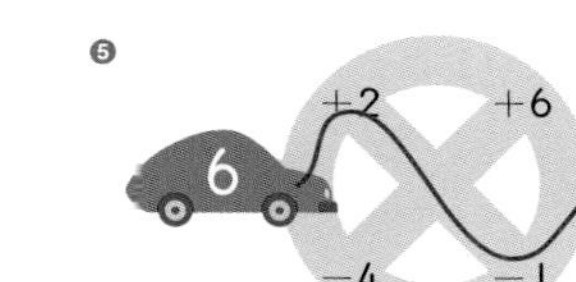

❻ 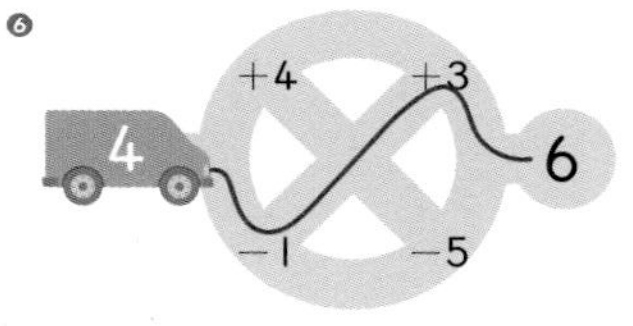

❼ 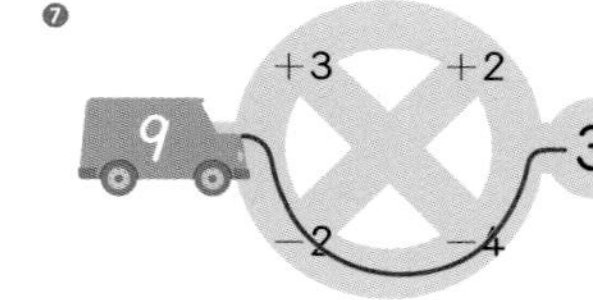

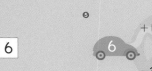

156 거꾸로셈

월 일

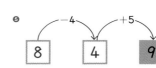

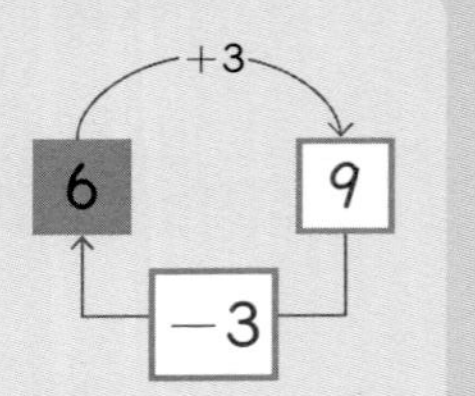
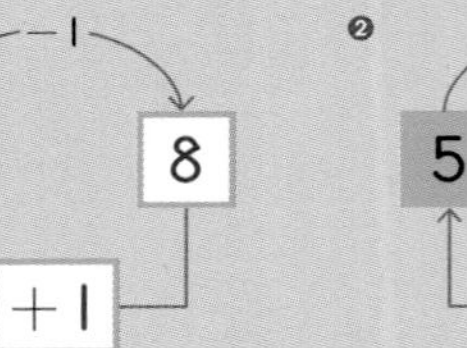

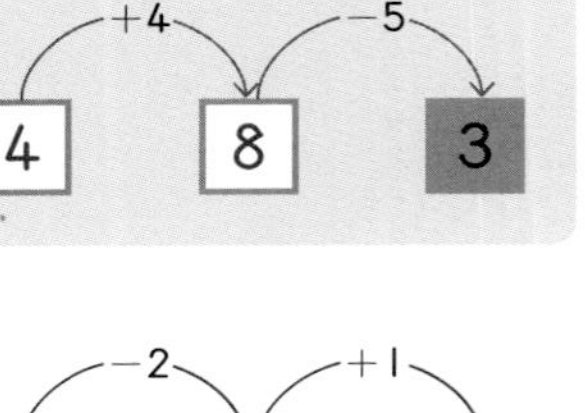
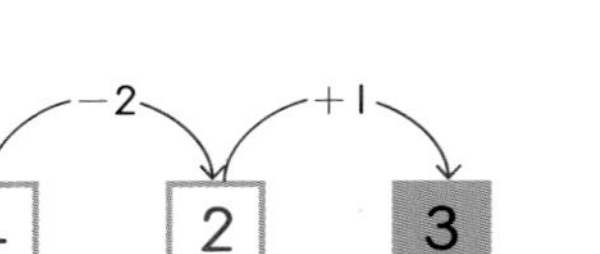
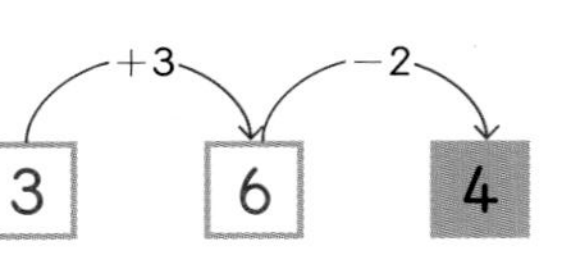
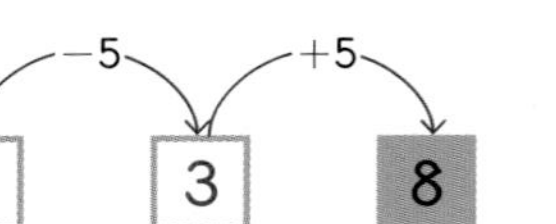

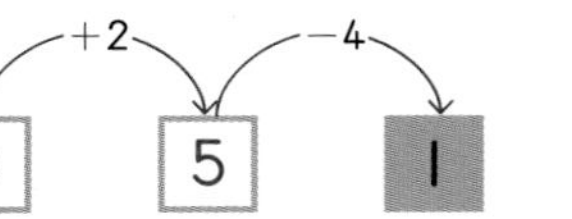
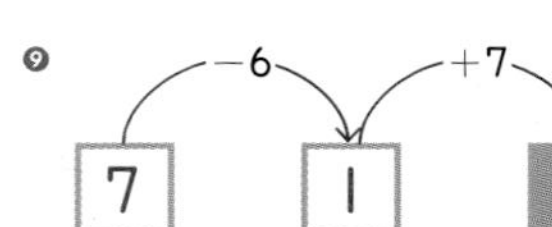
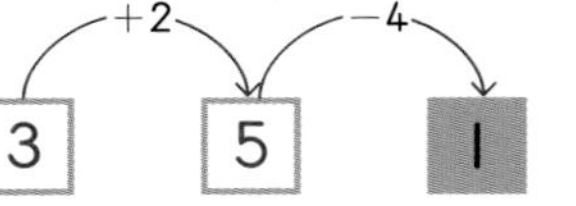

● 빈칸을 알맞게 채우시오.

- (예) 6 → +3 → 9, 9 → −3 → 6
- ❶ 9 → −1 → 8, 8 → +1 → 9
- ❷ 5 → +4 → 9, 9 → −4 → 5
- ❸ 4 → −2 → 2, 2 → +2 → 4
- ❹ 6 → +2 → 8, 8 → −2 → 6
- ❺ 8 → −6 → 2, 2 → +6 → 8
- ❻ 7 → +1 → 8, 8 → −1 → 7
- ❼ 3 → −2 → 1, 1 → +2 → 3
- ❽ 2 → +7 → 9, 9 → −7 → 2

거꾸로 계산할 때, 덧셈은 뺄셈으로, 뺄셈은 덧셈으로 바꾸어 계산합니다.

● 거꾸로 계산하여 빈칸에 알맞은 수를 써넣으시오.

- (예) 4 → +4 → 8 → −5 → 3
- ❶ 5 → −3 → 2 → +7 → 9
- ❷ 4 → −2 → 2 → +1 → 3
- ❸ 3 → +6 → 9 → −2 → 7
- ❹ 3 → +3 → 6 → −2 → 4
- ❺ 8 → −4 → 4 → +5 → 9
- ❻ 8 → −5 → 3 → +5 → 8
- ❼ 6 → +3 → 9 → −4 → 5
- ❽ 3 → +2 → 5 → −4 → 1
- ❾ 7 → −6 → 1 → +7 → 8

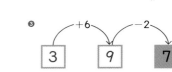

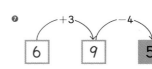

잘 공부했는지 알아봅시다

월 일

1 왼쪽 과녁의 점수는 더하고, 오른쪽 과녁의 점수는 뺍니다. 점수를 구하시오.

❶

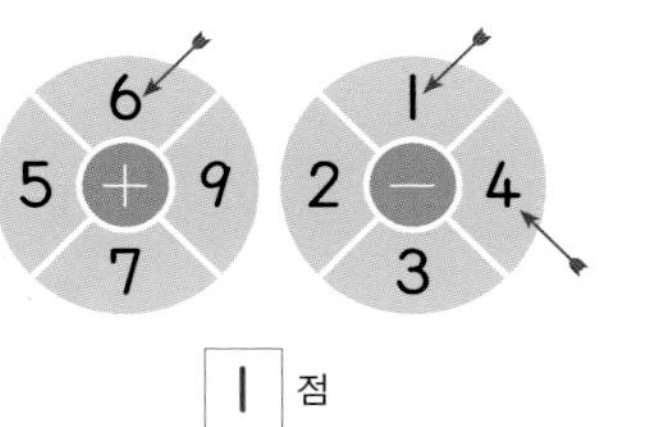

1 점

6－1－4＝1

❷

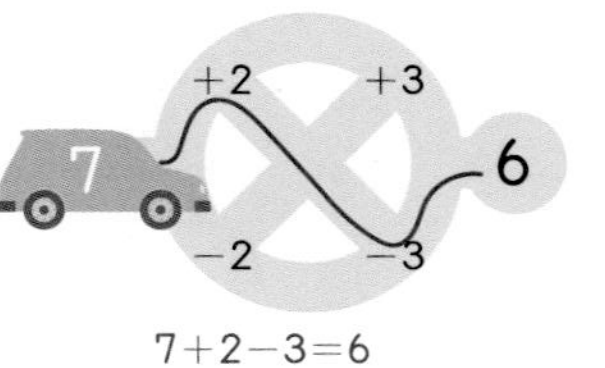

2 점

4＋3－5＝2

2 계산 결과에 맞게 자동차 길을 그리시오.

❶

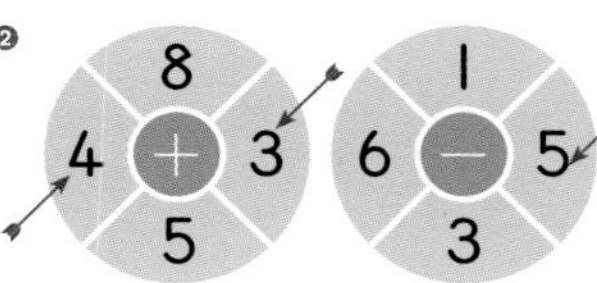

7＋2－3＝6

❷

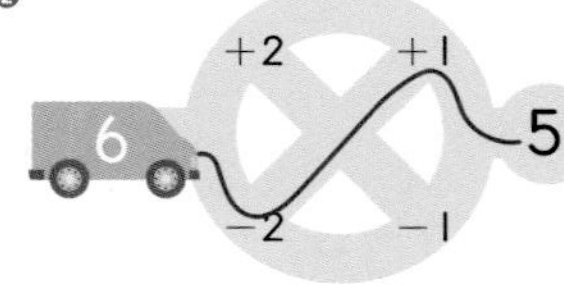

6－2＋1＝5

3 빈칸에 알맞은 수를 써넣으시오.

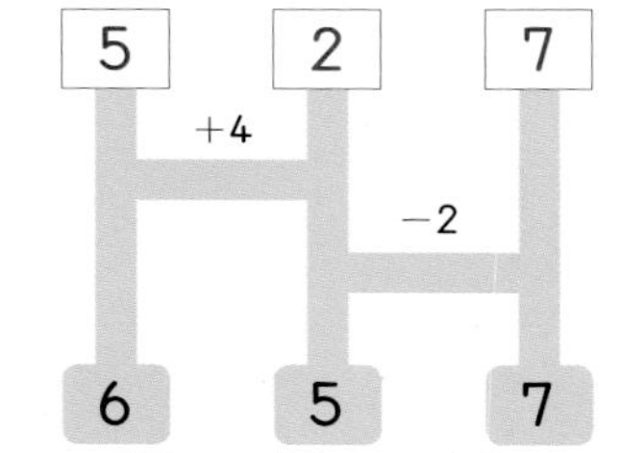

2＋4 7－2 5＋4－2

157 결과 대소

◐ 계산 결과를 비교하여 ○ 안에 >, =, <를 알맞게 써넣으시오.

$3+2 < 8-2$ (5, 6)

① $7-1 < 3+5$ (6, 8)

② $9-5 > 4-3$

③ $2+6 < 8+1$

④ $8-3 > 7-3$

⑤ $4+5 > 9-4$

⑥ $9-3 < 6+1$

⑦ $7-2 = 2+3$

⑧ $5+1 > 8-4$

⑨ $2+2 > 6-5$

⑩ $9-4 > 6-2$

⑪ $8-3 < 5+2$

⑫ $2+7 > 6-1$

⑬ $9-4 < 2+6$

월 일

◑ ○ 안에 >, =, <를 알맞게 써넣으시오.

$7-4+2 = 6-1$ (5, 5)

① $4+3 > 5+2-1$ (7, 6)

② $6-5+2 < 4+1$

③ $9-4 < 8-3+2$

④ $9-2-2 > 7-3$

⑤ $6+2 < 3+5+1$

⑥ $1+5-4 < 3+2$

⑦ $8-6 = 5-2-1$

⑧ $3+6-2 > 8-4$

⑨ $3+3 < 2-1+8$

⑩ $4+2+2 > 1+6$

⑪ $9-1 > 3+4-3$

⑫ $7+2-6 = 7-4$

⑬ $1+4 < 1+2+3$

158 목표수

월 일

◐ 안의 수 중 두 수를 □ 안에 알맞게 써넣으시오.

3+[5]−[2]=6 (2 5 8)

❶ 7+[1]−[3]=5 (1 3 6)

❷ 8−[7]+[3]=4 (3 6 7)

❸ 5−[4]+[6]=7 (4 6 9)

❹ 2+[5]−[1]=6 (1 2 5)

❺ 4+[3]+[1]=8 (3 4 1)

3과 1을 바꾸어 써도 됩니다.

❻ 9−[6]−[2]=1 (1 2 6)

6과 2를 바꾸어 써도 됩니다.

❼ 8−[5]+[2]=5 (2 5 7)

❽ 1+[8]−[7]=2 (5 7 8)

❾ 3+[4]−[1]=6 (1 4 5)

세 수의 덧셈식에서 세 수를 바꾸어 써도 계산 결과가 같습니다.

세 수의 뺄셈식에서 빼는 두 수를 바꾸어 써도 계산 결과가 같습니다.

◑ 안의 수를 한 번씩 사용하여 식을 완성하시오.

[9]−[3]+[2]=8 (2 3 9)

❶ [3]−[1]+[6]=8 (1 3 6)

❷ [3]+[5]−[2]=6 (2 3 5)

❸ [1]+[8]−[4]=5 (1 4 8)

❹ [6]−[3]+[4]=7 (3 4 6)

❺ [8]−[7]+[3]=4 (3 8 7)

❻ [2]+[4]−[3]=3 (2 3 4)

❼ [2]+[7]−[1]=8 (1 2 7)

❽ [8]−[4]+[3]=7 (3 4 8)

❾ [9]−[8]+[5]=6 (5 8 9)

159 복면셈

● 같은 모양은 같은 숫자, 다른 모양은 다른 숫자입니다. 빈칸을 채우시오.

(예시)
6 + 2 = (8)
(8) − 7 + 3 = [4]
[4] + 5 = ◇9

❶
5 − 3 = (2)
9 − (2) − 1 = [6]
[6] + 1 = ◇7

❷
4 + 2 = (6)
(6) − 1 + 3 = [8]
[8] + 1 = ◇9

❸
7 − 4 = (3)
4 + 1 + (3) = [8]
[8] − 2 = ◇6

❹
3 + 6 = (9)
(9) − 2 − 2 = [5]
[5] + 2 = ◇7

❺
9 − 2 = (7)
1 + (7) − 5 = [3]
[3] + 1 = ◇4

● ◆가 나타내는 수를 쓰시오.

(예시)
1 + 4 = ♣5
♣5 − 3 + 7 = ♠9
♠9 − 5 = ◆4
◆ = [4]

❶
6 − 3 = ♣3
5 + ♣3 − 1 = ♠7
♠7 + 2 = ◆9
◆ = [9]

❷
8 − 2 = ♣
♣ − 4 + 2 = ♠
3 + ♠ = ◆
◆ = [7]

❸
2 + 2 = ♣
7 − 2 + ♣ = ♠
♠ − 4 = ◆
◆ = [5]

❹
6 + 2 = ♣
♣ − 5 − 1 = ♠
6 − ♠ = ◆
◆ = [4]

❺
9 − 3 = ♣
1 + ♣ − 5 = ♠
♠ + 6 = ◆
◆ = [8]

160 약속셈

월 일

◐ 약속에 맞게 계산한 것입니다. 빈칸에 알맞은 수를 써넣으시오.

약속: ■⊙●=■+●+■

2⊙4=2+[4]+2
=[8]

2⊙3=[2]+3+[2]
=[7]

❶ 약속: ■◈●=■−●+■

5◈3=5−[3]+5
=[7]

4◈2=[4]−2+[4]
=[6]

❷ 약속: ■⊡●=■+●+●

3⊡2=3+[2]+2
=[7]

4⊡2=[4]+2+[2]
=[8]

❸ 약속: ■◬●=■−●−●

9◬4=9−4−[4]
=[1]

7◬3=[7]−3−[3]
=[1]

◑ 약속에 맞게 계산하시오.

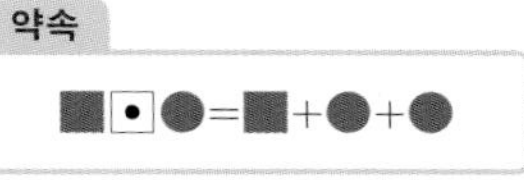

약속: ■⊙●=■+●+■

3⊙1=[7] 3+1+3

2⊙5=[9] 2+5+2

❶ 약속: ■◈●=■−●+■

3◈1=[5] 3−1+3

5◈2=[8] 5−2+5

❷ 약속: ■⊡●=■+●+●

1⊡3=[7] 1+3+3

5⊡2=[9] 5+2+2

❸ 약속: ■◬●=■−●−●

8◬3=[2] 8−3−3

7◬2=[3] 7−2−2

❹ 약속: ■▽●=■+■−●

4▽5=[3] 4+4−5

3▽4=[2] 3+3−4

❺ 약속: ■⊙●=■+●+■

3⊙2=[8] 3+2+3

4⊙1=[9] 4+1+4

잘 공부했는지 알아봅시다

월 일

1 ○ 안에 >, =, <를 알맞게 써넣으시오.

❶ $2+6-3$ (=) $4-1+2$ (5, 5)

❷ $8-4+5$ (>) $9-6+2$ (9, 5)

2 ▭ 안의 수를 한 번씩 사용하여 식을 완성하시오.

[7] − [5] + [2] = 4

2 7 5

3 ◆가 나타내는 수를 쓰시오.

3 + 5 = ♣ (8)

♣ − 6 + 2 = ♠ (8, 4)

9 − ♠ = ◆ (4, 5)

◆ = [5]

4 약속에 맞게 계산하시오.

약속

■⊙●=■−●+■

6⊙5= [7]

6⊙5=6−5+6=7

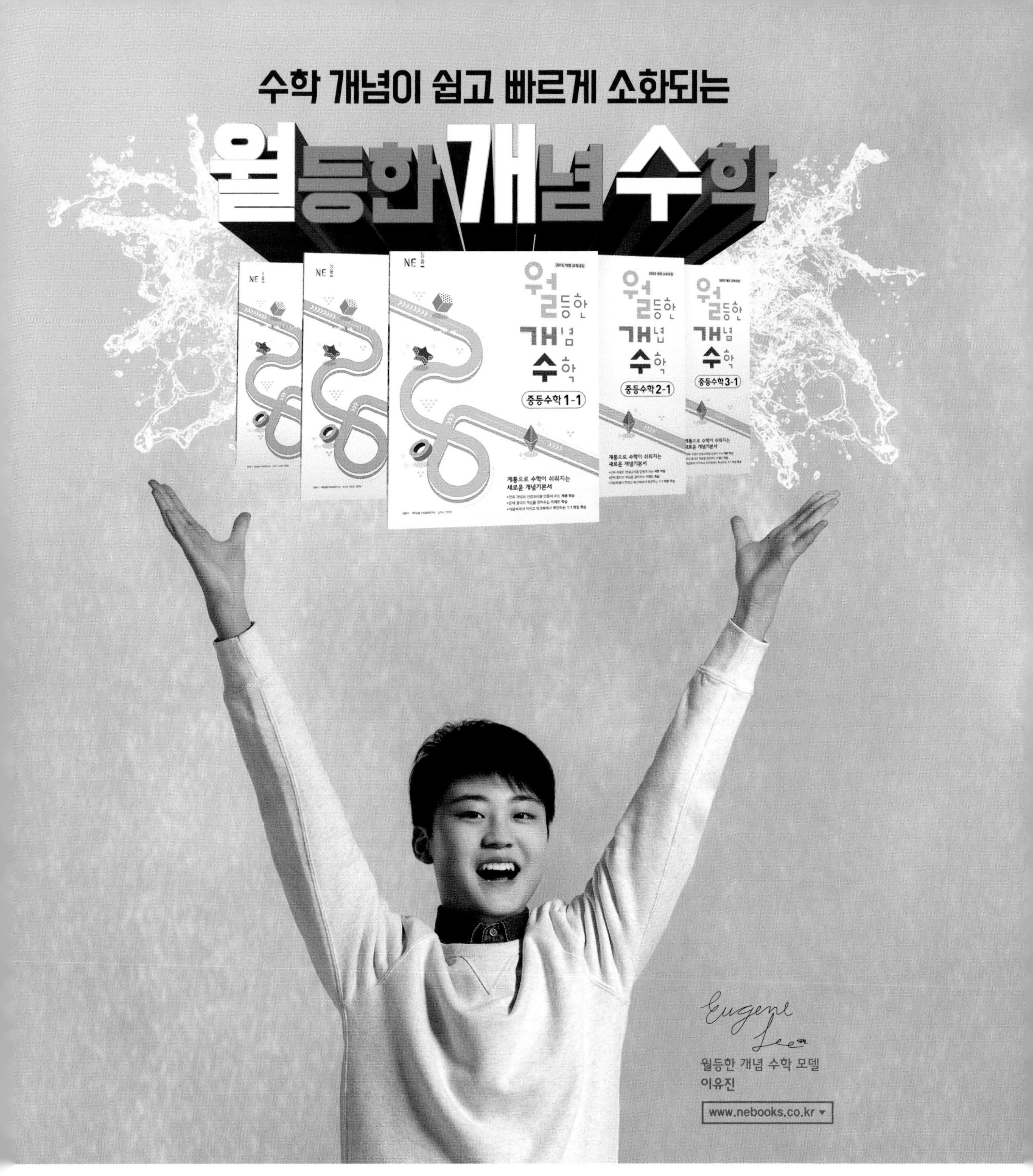
수학 개념이 쉽고 빠르게 소화되는
월등한 개념 수학
월등한 개념 수학
중등수학 1-1
중등수학 2-1
중등수학 3-1
월등한 개념 수학 모델
이유진
www.nebooks.co.kr